Ukraine
ngarn
pest
Moldawien
Rumänien
Donaudelta
Sulina
Braila
Tulcea
i Sad
Schwarzes Meer
Bukarest
ad
Donau
Russe
Serbien
Vidin
Bulgarien
Sofia

4,5 Millionen Schritte

KEHRWASSERVERLAG

Beatrix & Florian Weichselbaum

4,5 Millionen Schritte

Die Donau zu Fuß vom Schwarzwald
bis zum Schwarzen Meer

KEHRWASSERVERLAG

1. Aufage 2012
Gesamtherstellung: _free(agents
Covergestaltung: Michael Moder
Titelfoto: Gotthard Wagner
Fotos: Beatrix & Florian Weichselbaum,
Seite 72, 81, 82, 83 Thomas Metschitzer
Lektorat: Dominika Meindl
Druck: Point
ISBN 978-3-902786-10-4

„Wege, die in die Zukunft führen, liegen nie als Wege vor uns.
Sie werden zu Wegen erst dadurch, dass wir sie gehen"

Franz Kafka

Inhalt

Der Stein des Anstoßes

Prolog

Furtwangen – Sulina

3 111 km / 4,5 Mio Schritte

Nein, wir sind nicht verrückt! Wir haben auch keine Alters-Sinnkrise! Das mussten wir unseren Eltern, Arbeitgebern und Freunden erst einmal klarmachen, als wir kundtaten, dass wir unsere Jobs kündigen und Auszeit nehmen werden.
Schon bei unserer Hochzeit haben wir das beschlossen. Einige Zeit später wurde das Jahr festgelegt: 2011. Vorerst wollte uns niemand glauben, doch je näher dieses Datum kam, desto ernster nahm man uns. Wie kann man einen guten, gesicherten Job aufgeben? Dieser und ähnliche Vorwürfe wurden uns gemacht. Die Kündigung wurde eingereicht.

Das war aber noch nicht alles. Wir hatten uns entschieden, nach dieser Auszeit unser Leben neu zu organisieren. Und daher haben wir uns in einer Schule für biologische Landwirtschaft angemeldet. Wir wollen in Zukunft zuerst Selbstversorger und später Erzeuger von Bio-Gemüse werden. Wir waren fest davon überzeugt, dass wir uns um unsere weitere Zukunft keine Sorgen zu machen brauchen. Schon länger machten wir uns Gedanken über Sinnhaftigkeit, Nachhaltigkeit und Gerechtigkeit. Unser Lebenstempo wurde immer rasanter, dagegen wollten wir etwas tun. Beide hatten wir die Köpfe voll mit Ideen, die uns besser erschienen als das aktuelle Leben. Wir mussten nur eine davon umsetzen.

Den Jakobsweg nach Santiago de Compostela zu gehen, war eine solche Idee. Ende des Jahres 2010 wurde durch die Presse ein neuer Pilgerrekord vermeldet. 300 000 Pilger waren nach Santiago de Compostela unterwegs. Das stimmte uns nachdenklich, es waren einfach ein paar Pilger zu viel. Wir wollten etwas für uns selbst tun, den Kopf freibekommen, nachdenken über das bisherige Leben und über unsere Zukunft. Außerdem wollten wir auch bestätigt wissen, ob unsere Beziehung solch eine Herausforderung übersteht. Was wir sicher nicht wollten, war an einem Massenauflauf teilzunehmen.

Als wir eines schönen Tages an der Linzer Donaupromenade spazieren gingen, standen wir auf einmal vor einer Tafel mit der Aufschrift *„2 135 km von Sulina.“*
Dies war unsere Inspiration: *„Wir gehen die Donau entlang, von der Quelle bis zur Mündung.“*
Sofort wurde mit der Planung begonnen, wir besorgten uns Geschichtsbücher, Reiseberichte von Schiffs- und Radreisenden, Sagenbücher und Bildbände zum Thema Donau. Wegbeschreibungen für Wanderer waren nicht aufzutreiben, daher wurden die verfügbaren Radreiseführer studiert.

Wir machten Probewanderungen und beschafften uns dazu Stück für Stück die notwendigen Reiseutensilien. Rucksack, Schuhe, Kleidung usw. Informationen über die uns unbekannten östlichen Länder an der Donau waren schwer zu beschaffen. Auch mit Pfefferspray rüsteten wir uns aus, da uns viele Menschen mit ihren erfundenen Räubergeschichten aus den Ostländern verunsichert hatten. Wir kauften einen Schrittzähler und testeten diesen bei diversen Probewanderungen. Als wir die gesamte Strecke berechneten, ergab dies die unglaubliche Anzahl von 4,5 Millionen Schritten. So ist auch der Titel dieses Buches entstanden.

Wir machten einen Reisezeitplan für fünf Monate, das sollte genügen, um nicht unter Zeitdruck zu gelangen.
Uns ging es nicht um Rekorde und Superlative, sondern darum, Mensch und Natur in Harmonie zu begegnen. Auch wollten wir viele Sehenswürdigkeiten und kulturelle Stätten besichtigen, einfach fünf Monate gemächlich die Donau bis ins Schwarze Meer hinuntertreiben.

Mit dem Rad zu fahren war für uns kein Thema, gehen ist die natürlichste Art sich fortzubewegen. Körper, Geist und Seele sind im Einklang und in gleichem Tempo unterwegs.
Für unsere daheimgebliebenen Freunde hatten wir ein Blog eingerichtet, das zu unserer großen Überraschung enormen Zuspruch fand.
Wir möchten allen danken, die uns in dieser Form begleitet haben, besonders denen, die uns immer wieder mit Kommentaren erfreut haben.

In diesem Buch erzählen wir von unseren Erlebnissen und Begegnungen, aber auch von den Anstrengungen. Wir hoffen, dass unsere große Freude bei dieser Reise für andere ansteckend ist, dass die Wege entlang der Donau von vielen Menschen als Wege der Natur, der Geschichte und der Kraft erkannt werden.
In den Abschnitten erzählen wir abwechselnd und persönlich. Es ist nicht schwer zu erkennen, wer von uns beiden gerade der Erzähler ist. Die in den jeweiligen Kapiteln angeführten Orte kennzeichnen die Unterkünfte, in denen wir eine oder mehrere Nächte verbracht haben. Ein authentisches Bild unserer Wanderung zeigen auch die vielen Fotos die wir gemacht haben.

Beatrix & Florian

Die ersten SCHRITTE

1. Deutschland

Linz – Furtwangen – Donaueschingen – Immendingen – Fridingen – Burg Wildenstein – Sigmaringen – Hundersingen – Zwiefaltendorf – Ehingen – Blaubeuren – Neu Ulm

309 km / 448 000 Schritte

Die ersten SCHRITTE

Überraschungskaffee vor der Abfahrt

Darauf haben wir uns also zehn Jahre gefreut: mitten in der Nacht loszugehen, einen schweren Rucksack auf dem Rücken und jeden Tag die Frage, wo wir morgen sein werden. Will ich das überhaupt noch, warum mache ich das? Weil ich das Abenteuer suche, einmal etwas Verrücktes machen will und etwas erleben möchte? Wie wird sich diese lange Zeit, die absolute Nähe auf unsere Partnerschaft auswirken? EINE Antwort auf diese Fragen finde ich nicht. Manchmal gibt es keine, dann wieder mehrere. Das ändert sich je nach Gefühlszustand. Wahrscheinlich werde ich mir die Fragen nach dem Warum noch öfter stellen. Ich könnte auch diese Nacht zu Hause im Bett liegen und am nächsten Tag das tun, was ich immer tue, zum Beispiel ins Büro arbeiten gehen.

Kurz vor 1.00 Uhr dann der Abmarsch zum Bahnhof. Mit einem Zwölf-Kilo-Rucksack, Stock, Hut, festen Wanderschuhen. Es hat gerade aufgehört zu regnen. Es ist kühl, trotzdem irgendwie schwül. Wir stapfen los. Nur in wenigen Wohnungen brennt noch Licht, ein Gefühl der Einsamkeit überkommt mich. Bei Finsternis gehen wir durch die stille Stadt, machen uns auf den Weg in unser Abenteuer.

Am Bahnhof überlege ich, wie und wo ich ein Selbstauslöserfoto von uns machen könnte – da eilt Hilfe herbei! Roswitha und Manfred, unsere Segelfreunde, haben irgendwie unsere Abfahrtszeit herausgefunden. Mit-

Umsteigen in Donaueschingen

ten in der Nacht haben sich die beiden von Steyr auf den Weg nach Linz gemacht, um uns mit Kaffee für besondere Anlässe (schwarz, mit Cointreau) zu verabschieden. Das muss man sich einmal vorstellen! Ich bin gerührt und kann es nicht fassen, so treue Freunde zu haben. Der Zug hat zehn Minuten Verspätung und wir können noch ein kleines Weilchen Abschied feiern. Als wir schon im Zug sind, ruft uns Manfred nach: „Egal wann oder wo ihr was braucht, ruft an – wir sind sofort für euch da!“ Manfred meint das auch so. Wenn du solche Freunde hast, brauchst du dir keine Sorgen zu machen!

Wir fahren bis nach München, steigen in den Zug Richtung Ulm, dann nach Donaueschingen und dort nehmen wir am späten Vormittag den Bus nach Furtwangen. Wir haben schönes Frühlingswetter im Schwarzwald, die Wiesen sind saftig und grün, der Löwenzahn steht in voller Blüte, die Obstbäume blühen und wir sind gut gelaunt. Die Architektur ist eher ein Desaster. Fabriken, Firmengebäude, schöne Holzschindelhäuser – alles kreuz und quer. Die Schwarzwäldler sind freundlich, aber wie es scheint, nicht sehr ortskundig. Die Jugendherberge, in der wir reserviert haben, kennt keiner. Schließlich zeigt uns jemand die Touristeninfo. Hier kann man uns endlich helfen.

„Kommet zu mir, die ihr mühselig und beladen seid. Ich will euch erquicken!“ Das steht in Furtwangen tatsächlich über dem Kircheneingang. In

Ich will mich erquicken

An der Bregquelle

unserer Situation kommt uns der Spruch sehr witzig vor. Beladen sind wir, und Erquickung hätte ich auch gerne. Nachdem wir das Zimmer in der Jugendherberge bezogen haben, müssen wir gleich wieder weiter, um zur Quelle der Breg zu wandern. Brigach und Breg bringen die Donau zu Weg, diesen Spruch kennt jeder.

Zielstrebig gehen wir den Bach entlang, bis uns allmählich etwas komisch vorkommt. Wir beginnen zu zweifeln, ob das überhaupt der richtige Bach ist. Das fängt ja gut an! Schon nach ein paar Kilometern müssen wir nach dem Weg fragen. Ein älteres schwäbisches Paar klärt uns auf, dass dieses Rinnsal tatsächlich nicht die Breg ist. Ihre Quelle befindet sich auf der gegenüberliegenden Seite des Tales. Im Schwarzwald gibt es halt mehr als einen Bach! Manchmal ist es doch besser, rechtzeitig Einheimische zu fragen, weil man dadurch Zeit und Kilometer sparen kann.

Endlich ein Wegweiser! Im Eilschritt steigen wir zur Martinskapelle hinauf. Jetzt sind wir auf dem richtigen Weg, in der Nähe dieser Kapelle ist die gesuchte Quelle. Da stehen wir nun davor, hier entspringt die Breg, Hauptfluss der großen Donau. Auf 1 078 Meter Seehöhe und nur hundert Meter von der Wasserscheide zwischen Donau und Rhein entfernt, zwischen Schwarzem Meer und Nordsee. Wir sind bei Kilometer 2 888, das ist unser Weg bis ans Ende der Donau. Ein kleines Fläschchen füllen wir mit Quellwasser. Die Füsse tun mir weh, und schon kommt das Warum daher. 3 000 Kilometer und immer Schmerzen – nein danke, wenn das so weiter geht, will ich lieber nach Hause. In der Herberge gibt's kaltes Abendessen, danach schreiben wir unseren ersten Blogeintrag von un-

Uhrenmuseum in Furtwangen

terwegs und gehen früh ins Bett, denn wir haben letzte Nacht nicht viel Schlaf abbekommen.

Super! Wenigstens brauche ich mir am Morgen keine Gedanken zu machen, was ich anziehen soll. Mit nur einer langen Hose und einer langärmeligen Fleecejacke ist die Frage schnell geklärt, mehr Auswahl gibt es in der Rucksackgarderobe nicht.

In Furtwangen besuchen wir das deutsche Uhrenmuseum, in dem eine besondere Atmosphäre herrscht. Überall tickt und schlägt es, hier wird Zeit zur Schau gestellt. Momo, die kleine Zeitheldin aus Kindertagen, kommt mir in den Sinn. Die Uhrenverkäufer aus dem vergangenen Jahrhundert, die mit Holzgestellen auf dem Rücken versuchten, Kuckucksuhren in ganz Europa zu verkaufen, bewundere ich besonders. Waren sie auch Abenteurer? Oder gezwungen loszugehen, um Geld zu verdienen? Ob das Gewicht, das sie am Rücken trugen, leichter war als meines?

Die Wanderung von Furtwangen nach Donaueschingern wäre ohne Rucksack ganz nett und idyllisch. Er drückt auf den Schultern, am Rücken

Donauquelle in Donaueschingen

und auf den Hüften. Dabei habe ich bloß zwölf Kilo geschultert und nur das Notwendigste eingepackt. Ich kann mir nicht vorstellen, dass der einmal mein Freund wird.

In Donaueschingen an der Holzsteigbrücke spricht uns ein Mann namens Charly an und gibt uns gleich einen guten Tip: Wir sollen im Hirschen absteigen und im Weinstübli essen und Wein verkosten. Beide Ratschläge befolgen wir dankbar. Das Weinangebot ist außerordentlich groß, schade nur, dass wir heute nicht alle durchkosten können. Wir entscheiden uns für Gewürztraminer, Flammkuchen, Maultaschen und Fürstenberg Bier. Der Rückweg vom Weinstübli zum Hirschen ist nur ein paar hundert Meter lang, und dennoch kaum zu schaffen. Schon das Aufstehen vom Wirtshaustisch ist beschwerlich. Jeder Schritt tut weh. Füße, Zehen, Knie, Hüften schmerzen. Kann mir jemand Krücken leihen? Mühsam schleppen wir uns in das Zimmer und schreiben noch einen Blogeintrag, den wir dann auch noch beim Einfügen der Bilder versehentlich löschen. Mein Wanderleben hatte ich mir schöner vorgestellt. Vor längerer Zeit bin ich einmal einen Halbmarathon gelaufen, am Tag danach haben meine Füße auch so weh getan wie heute. 54 Kilometer in zwei Tagen sind wir nun schon gegangen. So gesehen mehr als einen ganzen Marathon! Da brauche ich mich nicht zu wundern, dass mir alle Knochen weh tun.

Brigach und Breg vereinen sich zur Donau

„Hier entspringt der Hauptquellfluss der Donau“, stand auf dem Schild an der Bregquelle nahe Furtwangen. „Hier entspringt die Donau“, steht jetzt auf dem Schild im Fürstenbergschen Park in Donaueschingen. Ja, wo entspringt sie nun? Das bürgerliche Furtwangen und das fürstliche Donaueschingen haben sich lange Zeit erbitterte Dispute darüber geliefert, wo die Donau ihren Beginn habe. Schließlich kam es zu einer salomonischen Einigung. Furtwangen wurde der Donauursprung zugesprochen, Donaueschingen die Donauquelle. Ob es an dieser jahrzehntelangen Uneinigkeit lag oder an einem Beschluss der Donaukommission in Sulina, dass die Donau von ihrem Ende her vermessen wird, sei dahingestellt. Jedenfalls ist die Donau der einzige Fluss der Welt, der von seiner Mündung bis zur Quelle gemessen wird.

Ein neuer Tag beginnt. Die Füße haben sich über Nacht etwas erholt. Hoffentlich bleibt das so, wenn sie wieder bis zum Abend in den Schuhen stecken müssen. Mein Rücken fühlt sich so an, als ob mich jemand geschlagen hätte. Mit Dehnübungen versuche ich, etwas auszugleichen.

Es ist erst der dritte Tag, und die Beschwerlichkeiten nehmen eher zu als ab. Ob ich es bis zum Schwarzen Meer schaffen werde? Oh Gott, und wir haben erst 1 Prozent des Weges hinter uns!
Unsere Rucksäcke haben wir etwas erleichtert, ein Päckchen mit weniger wichtigen Sachen ist auf dem Postweg nach Hause. Dafür ist die Blase zwischen den Zehen wieder da! Zumindest das Wetter ist heute schön.
Wir wandern entlang des Fürstenbergschen Schlossparks. Der Weg ist nicht mehr so idyllisch wie gestern. Oft führt er direkt neben der Straße entlang. Im Schlosspark sind noch die Auswirkungen des Jahrhundertsturms „Lothar" zu sehen. Mit unglaublicher Gewalt hat der Orkan uralte Bäume wie Grashalme umgeknickt.
Wir kommen voran. Im Storchennest auf dem Kirchturm von Pfohren herrscht Hochbetrieb. Ein Storchenpaar ist mit Reparaturarbeiten beschäftigt, die Brutzeit beginnt bald. In Immendingen angekommen, beginnen wir mit der Zimmersuche. Die Privatvermieter nehmen nur Gäste, die mindestens zwei Nächte bleiben. So landen wir schließlich im „Panda", einem Chinesischen Restaurant. Dort bekommen wir ein kleines Zimmer im Dachgeschoß. Die Duschkabine steht mitten im Zimmer, dafür ist die Toilette am Gang und garantiert aus dem vorigen Jahrhundert. Ich bin trotzdem froh, meine Füße hochlagern zu können und ein warmes Bett für die Nacht zu haben.

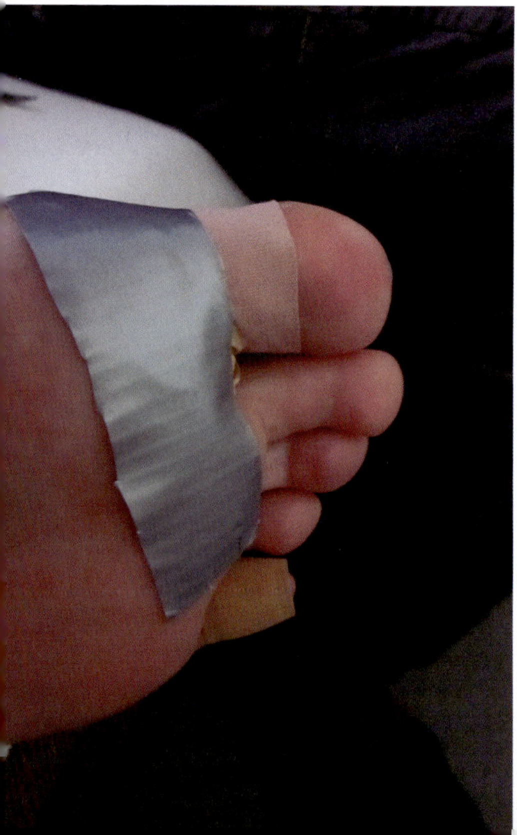

Neuer Tag – neues Glück? Die Versorgung meiner Füße mit Silbertape und Pflaster nimmt etwas Zeit in Anspruch. Zu Silbertape bei Blasen haben uns Freunde geraten, das sei das Beste. „Das klebst du rauf und die Sache ist

Harte Bandagen auf den ersten Kilometern

Fachwerkhäuser

für den Rest des Tages erledigt!" Ich bin gespannt, ob das Wundermittel hält, was die Freunde versprechen.

Frühstück gibt's beim Bäcker an der Durchfahrtsstraße in Immendingen. Frisch und munter machen wir uns schließlich auf die Suche nach der Donauversinkung. Außer viel Verkehr ist in Immendingen nicht viel zu sehen. Eine Durchzugsstraße zerschneidet den Ort und hinterlässt Staub, Schmutz und Lärm. Beim gepflegten Campingplatz außerhalb des Ortes, der uns fast schöner als unsere „Panda"-Herberge vorkommt, nehmen wir den Wanderweg hin zur Versickerung. Eine schöne Landschaft ist das hier, aber es riecht eigenartig nach Moder und altem Wasser. Der heurige Frühling ist extrem trocken, es hat schon lange Zeit nicht mehr geregnet.

Bei Immendingen verlässt die Donau die Baar, das ist die Hochebene zwischen Schwarzwald und Schwäbischer Alb. Hier versickert der Fluss im Boden, nur ein Rinnsal bleibt übrig. Wegen der diesjährigen Trockenheit verschwindet sie komplett im Gestein des Jura und lässt ein ausgetrocknetes Flussbett zurück. Mehr als 10 000 Liter Wasser rinnen in die Höhlensysteme der Kalksteinschichten. Erst im zwölf Kilometer entfernten Aachtopf kommt das Wasser der Donau wieder an die Oberfläche. Das Wasser gelangt von dort über den Bodensee in den Rhein. Die Donau fließt dadurch also sowohl in die Nordsee als auch ins Schwarze Meer. Schon wieder eine Einzigartigkeit. Hochwassermarken von vier Metern entlang des Weges zeigen, dass die Donau auch hier schon große Wassermengen führen kann.

Vor Möhringen spricht uns ein Bewohner des Seniorenheims

Donauversinkung

Scharfeck in Fridin

an. Er erzählt uns seine eigene Lebensgeschichte und wie es aussieht, wenn die junge Donau hier über ihre Ufer tritt. Die Leute im Schwarzwald sind gemütlich und gesprächig, sie nehmen sich gerne Zeit für ein Schwätzle.

Möhringen, Tuttlingen, Mühlheim, diese romantischen Städtchen im Donautal sind überaus beschaulich mit ihren gepflegten Fachwerkhäusern. Wenn es nicht so viele Autos gäbe, fühlten wir uns ins Mittelalter zurückversetzt. Mehr als 25 Kilometer haben wir heute schon hinter uns, als wir bei der Galluskirche ankommen. Weitere acht Kilometer haben wir noch vor uns, um Fridingen, unser heutiges Ziel, zu erreichen.

Das Naturschutzgebiet „Buchhalde Oberes Donautal“ kann uns mit seiner Schönheit nicht mehr wirklich begeistern. Wir gestehen uns ein, dass wir kaum mehr gehen können, humpeln aber weiter. Die Rucksäcke fühlen sich mittlerweile wie mit Wackersteinen gefüllt an. Aber irgendwie erreichen wir dann doch Fridingen. Wir läuten Sturm und es öffnet sich die Tür beim Löwen, der heute eigentlich Sperrtag hat. Wir bekommen ein picobello schönes Zimmer. Wir wollen noch etwas Warmes essen gehen und landen im Scharfeck, einer Kneipe wenige Schritte von unserer Herberge entfernt. Hier gibt's schwäbischen Kaviar (Linsen), Maultaschen und Haferschleimsuppe. Der Fußmarsch zurück zum Löwen ist eine Wiederholung der Leiden des gestrigen Abends. Wir sind froh, niemanden zu treffen und erzählen zu müssen, dass wir vorhaben, bis ans Schwarze Meer zu gehen. In unserem jämmerlichen Zustand hätte uns das niemand zugetraut.

Wahrscheinlich wäre es besser, zu Mittag ordentlich zu essen

Klein und Groß
beim Frühlingsputz

Kleiner Ziegenpeter

und am Abend dafür etwas Leichteres. Mit vollem Magen ist nicht gut schlafen. Der Patron des Löwen behandelt uns beim Frühstück mit Fürsorge, ehrlichem Respekt und Hilfsbereitschaft. Er kündigt mich und meine Blasen in der St. Anna-Apotheke an, damit sie sicher offen hat, wenn wir nach dem Frühstück zum Zehenversorgen kommen.

Es ist der fünfte Tag, erst knappe 140 Kilometer sind insgesamt zurückgelegt. Und ich hoffe, dass die Schmerzen bald einmal aufhören. Heute wollen wir deshalb etwas kürzer treten und nur bis zur Burg Wildenstein gehen. Die Strecke von Fridingen nach Beuron zählt laut unserem Vademecum zu den schönsten Abschnitten der deutschen Donau. Wir machen uns auf den Weg. Bei einem Bauernhof im Tal werden wir Zeugen einer Ziegengeburt. Es ist eine Freude, dem noch feuchten, kleinen „Ziegenpeter“ auf wackeligen Beinchen beim Suchen der Zitzen seiner Mutter zuzuschauen. Mit stolzem Meckern stellt uns das Muttertier ihren Nachwuchs vor.
Mir tun die Füße und Zehen so weh, dass meine Moral darnieder liegt. Wie lange soll das noch so weiter gehen? Die ganze Reise lang nur Schmerzfüße? Auf einmal geht's nicht mehr. Schuhe aus, Socken aus, Socken an, Schuhe an... nichts hilft. Doch ich muss weiterleiden.
Endlich kommt Beuron in Sicht. Wir machen eine kurze Rast vor der Erzabtei. Wir werden für Jakobspilger gehalten und ersucht, für die Leute zu beten! Ich bete nur noch, dass ich die nächsten Kilometer weiterkomme. Ich vergrößere die Schuhe, indem ich die Einlagen herausnehme, schlimmer kann es ohnehin nicht mehr werden.
So landen wir am Nachmittag nach einem steilen Aufstieg auf der Burg Wildenstein. In der Jugendherberge beziehen wir die Kommandantur. Die Rezeptionistin beschreibt uns den Weg zu dieser am höchsten Punkt der Burg gelegenen Kammer: „Geradeaus den Kapellengang entlang, die Wendeltreppe hinauf, den Rittersaal durchqueren, durch eine Tür hinaus in den Freigang, am Ende durch die Tür wieder hinein, über die schmale

steile Stiege hinauf – und schon seid ihr da!“ Uff. Wildenstein ist ein Juwel unter den vielen ritterlichen Behausungen am Oberlauf der Donau. Die Burg konnte nur einmal wegen der Unachtsamkeit des Burgvogts von feindlichen Schweden 1642 eingenommen werden. Der Frühstücksraum der Jugendherberge bietet den atemberaubendsten Ausblick auf das Tal und auf die sich dahinschlängelnde junge Donau. Über dem Wasser liegt Nebel. Wir beobachten, wie er immer weiter aufsteigt.

Blick auf Burg Wildenstein

Ich probiere es heute mit zwei Paar Socken, dafür lasse ich die Einlagen wieder weg. Und los geht's Richtung Bandfelsen. Die Aussicht dort oben ist phänomenal: die umliegenden Berge, Wildenstein auf einer Bergspitze, die bewaldeten steilen Hänge hinunter ins Tal, wo die Donau zwischen grünen Wiesen ihren Weg sucht. Wir bleiben auf dem Höhenweg Richtung Hausen. Er führt bergauf und bergab, über Stock und Stein. Das Gehen fällt mir hier leichter als auf geraden, befestigten Wegen. Trotzdem würde ich ab Hausen am liebsten mit dem Kanu ein Stückchen paddeln. Das ist aber leider nicht möglich, weil die Donau wegen der Trockenheit zu wenig Wasser führt.

Den ganzen Weg bis nach Sigmaringen schaffe ich heute nicht mehr, deshalb steige ich in Thiergarten in einen Ausflugszug und fahre damit ins Hoheitsgebiet der Hohenzollern. Florian marschiert zu Fuß weiter. So bin ich schon am frühen Abend in Sigmaringen und kann mir im Hotel den Luxus eines Nickerchens vor dem Abendessen gönnen, bis Florian auch ankommt.

Wir suchen etwas zu essen. Im Hoftheater Café kann man ganze oder halbe Seelen essen, so nennt man hier warme, belegte Brote. „Osama bin Laden ist tot!“ Die Schlagzeile des Tages bekommen wir auch ohne Zeitung oder Fernseher mit. Abgesehen davon fühlen wir uns vom Weltgeschehen abgeschnitten. Nicht, dass ich traurig darüber wäre. Naja, die Hochzeit des

Donautal am Morgen

Ein glücklicher Tag beginnt

Jahres am vergangenen Freitag vielleicht, die hätte ich schon gerne gesehen… Ich will mir heute noch Sandalen kaufen. Ich habe gedacht, dass ein Paar Schuhe, das gut, alt und bewährt ist, genug für diese Wanderung wäre, doch dem war definitiv nicht so. Die neuen Sandalen weihe ich gleich mit einem modischen Fauxpas ein: Ich trage sie mit Socken! Vorher habe ich die Füße mit Hirschtalg eingecremt und kleine Abstandskeile zwischen die Zehen gelegt. Ich will endlich blasenfrei sein. Beim Wandern muss man Kompromisse eingehen, Eitelkeit hat keinen Platz. Das Schloss Sigmaringen, der Sitz der Hohenzollern, erinnert mich mit seinen vielen kleinen Türmchen, Zacken und Zinnen an das Schloss des Grafen Dracula in den Gruselfilmen. Die Geschichte der Hohenzollern ist eng mit dem gesamteuropäischen Schicksal verbunden. Preußische Könige, deutsche Kaiser und rumänische Könige hat das Adelsgeschlecht hervorgebracht. Der Reichtum im Schloss Sigmaringen wird dezent zur Schau gestellt.

Wir suchen ein Quartier in Hundersingen. Allmählich verändert sich die Sprache. Wir verstehen die Leute nicht mehr so gut und müssen öfter

Ein windschiefes Fachwerkhaus

nachfragen. So stelle ich mir den Dialekt der Donauschwaben vor, eine archaische Sprache, die für uns schwer verständlich ist, von der man aber doch ahnt, dass es irgendwie Deutsch ist.

Am nächsten Tag geht's mit meinen neuen Sandalen besser voran. Obwohl es heute recht frisch ist, ziehe ich sie schon am Morgen an – selbstverständlich wieder mit Socken! Weil es in der Nacht ausgiebig geregnet hat, ist der heutige Weg auf den Hügel zu den keltischen Grabhügeln recht feucht. Teilweise stehen Lacken, ich übersehe eine sumpfige Stelle und schon stecken meine neuen Sandalen samt Socken im Dreck. Super gemacht, Beatrix! Was wird der heutige Tag noch bringen?
Die Ortsbilder entlang der Donau werden von alten, farbenfrohen, gepflegten Fachwerkhäusern bestimmt, bei denen nicht immer alles im rechten Winkel ist.
Von Riedlingen aus wollen wir zum heiligen Berg Oberschwabens gelangen. Der Bussen mit seinen immerhin 767 Metern steht auf unserem heutigen Kulturprogramm. Mit dem Schülerbus fahren wir nach Offingen und erklimmen ehrfürchtig diesen sakralen Hügel. Heute steht hier eine Wallfahrtskirche, viel früher schon haben die Kelten an dieser Stelle eine Kultstätte erbaut. Der ehrwürdige Geheimrat Goethe soll auf dem Berg vor freudiger Erregung gezittert haben, sogar von einem Weinkrampf weiß die Überlieferung. So tief bewegt bin ich nicht, aber die spektakuläre Aussicht von hier ist die Mühsal des Aufstiegs allemal wert.

hloss Sigmaringen

Wallfahrtskirche am Bussen

Bei günstigen Wetterverhältnissen sieht man sogar Jungfrau, Eiger und Mönch im Schweizer Berner Oberland. Die Bussenstübliwirtin lacht nur über die Frage, wann der nächste Bus nach Riedlingen gehe. „Morgen um sechs Uhr in der Früh!" Da sind wir wohl einem Mißverständnis aufgesessen: Bussen heißt nicht, dass hier viele Busse fahren. Aber Frau Wirtin überlegt nicht lange. Der Herr Wirt habe sowieso noch etwas in Riedlingen zu erledigen, das solle er jetzt gleich machen und uns mitnehmen. Auf der Fahrt erklärt uns der besagte Wirt im typischen Altdeutsch die Gegend und wo wir in Riedlingen den Donauwanderweg finden. Wir verstehen zwar das meiste, aber bei weitem nicht alles.

Die Donau hat sich mittlerweile zu einem stattlichen Flüsschen gemausert. Die Lauchert führt ihr kurz nach Sigmaringen viel Wasser zu. Wir marschieren Richtung Zwiefaltendorf durch Aulandschaft. Der Boden ist übersät mit Bärlauch. Sein Geruch lässt mich über Bärlauchrezepte sinnieren und neue Kreationen erfinden. In Zwiefaltendorf haben wir schon zu Mittag telefonisch eine Herberge für uns reserviert. Im Rössle gibts dann auch – oh Wunder – eine saisonale Bärlauchspeisekarte. Der heutige Tag hat mich mit dem Wanderleben versöhnt. Keine bemerkenswerten Schmerzen, hilfsbereite Leute, genug zu essen und trinken, schöne Wanderwege und zum Abschluss ein sauberes Zimmer und freundliche Wirtsleute. Die Gatschsandalen und die Socken kann ich ja waschen.

Mittlerweile hat sich eine gewisse Tagesroutine bewährt. Aufstehen um sieben, Dehnungsübungen, Frühstück zwischen acht und neun, dabei Planung der Tagesetappe. Abmarsch und kurz darauf erneut eine kurze Frühstückspause für mich. Ich kann einfach nicht auf Vorrat essen. Dann Mittagspause – am besten mit warmer Mahlzeit – danach wieder gehen bis zum frühen Abend und Herbergssuche. Den Tagesablauf lockern wir durch den Besuch kultureller Stätten auf. Nach dem Abendessen sind wir streichfähig, doch das Schreiben der täglichen Blogeinträge für unsere Freunde zwingt uns zur Disziplin. Dafür opfern wir manchmal mehrere Stunden unserer kostbaren Schlafenszeit.

Ein Schild vor dem Kloster Obermarchtal wirft die Frage auf, welches die vier Kardinaltugenden sind. Wir einigen uns auf Weisheit, Gerechtigkeit, Tapferkeit und Mäßigung.

Die Gasthäuser in Untermarchtal haben mittlerweile alle aufgegeben. In Algershausen das gleiche Bild. Ich habe schon großen Hunger und werde ungemütlich. Ich glaube, Florian fleht leise das Universum um Hilfe an. Und es hilft! Ein fahrender Greißler hält an, wir kaufen Butterbrezeln, Käse und Schokolade. Gerettet! Wir machen ein kleines Nickerchen in der Sonne, bevor es weiter geht. Der Rucksack drückt aufs Kreuz, Füße

Donau bei Riedlingen

Lebensretter, wenn alle Gasthäuser geschlossen haben

und Fersen tun wieder einmal weh. Zehn Kilometer haben wir noch bis nach Ehingen.
Wir haben mit Tieren in unseren Hotelnamen gute Erfahrung gemacht: Hirsch, Panda, Löwe, Rössle... Warum nicht noch einmal in ein Rössle? Weil es ausgebucht ist! Gut für die netten Patrons, schlecht für uns, weil wir nicht mehr herumsuchen und gehen wollen. Nur noch Schuhe ausziehen und Füße hochlagern! Die Rösslewirten haben Erbarmen und suchen für uns ein Zimmer. „Nur 500 Meter", sagt der Rösslewirt und zeigt uns den Weg zur Ehinger Rose. Wir empfinden das kurze Stück, als wären es mehrere Kilometer. Bei der Familie Bürkle bekommen wir ein schönes Zimmer und werden kulinarisch verwöhnt.

Beim Frühstück gibt es statt der üblichen Semmeln wieder einmal Vollkornbrot, Haferflocken, Müsli und frisches Obst. Fast möchte ich Florian vorausgehen lassen, ich bleibe noch ein paar Tage...
Hätte ich doch wirklich einen Tag Pause gemacht. Es ist wieder dasselbe Theater: Der Rucksack drückt und die Sandalen haben mir eine überdimensionale Blase auf dem Fersenboden eingebrockt.
Nach Allmendingen zieht sich eine kilometerlange Gerade. Ein Radfahrer fährt an uns vorüber, wird langsamer, hält an und dreht um. „Wo geht ihr denn hin, was habt ihr denn vor?" „Wir wollen zum Schwarzen Meer, der ganzen Donau entlang!" „Nein, ist das wahr?! Kann ich ein Autogramm haben?" Das war die mit Abstand originellste und schmeichelhafteste Reaktion, die wir bislang geerntet haben. Sie ist der Beginn einer wunderbaren Freundschaft.
Wolfgang und Gisela sind Stuttgarter, die sich vor kurzem von der hektischen Stadt auf die Schwäbische Alb zurückgezogen haben. So wie wir sind auch sie auf der Suche nach einer besseren Lebensqualität und wollen

im Einklang mit sich und mit der Natur leben. Dies ist gar nicht so einfach für Schwaben, deren Lebensmotto doch „Schaffe, Schaffe, Häusle baue – Hund verkaufe, selber belle“ lautet. Wolfgang muss in seinem Beruf nicht jeden Tag arbeiten und macht dann, so wie heute, mit seiner Frau einen Radausflug. Das bringt ihm schiefe Blicke der Nachbarn ein. Manchmal glaubt er ihre Gedanken lesen zu können. „Der tut schon wieder nichts, die faule Sau.“ Sie versuchen, trotzdem ihr Leben zu genießen. Die beiden sind froh, dass die Grünen die Landtagswahlen in Baden-Württemberg gewonnen haben. Der umstrittene Bahnhofsbau in Stuttgart und die Katastrophe von Fukushima sind dafür sozusagen zur rechten Zeit gekommen.

Die beiden begleiten uns auf der langen Schnurgeraden. Wir sind so vertieft in unser Gespräch, dass die Kilometer rasch abgegangen sind und ich meine Schmerzen vergessen habe. Unsere neuen Freunde wollen bis zum Blautopf – so wie wir auch. Aber sie müssen heute noch zurückradeln. Sie müssen also zusehen, dass sie ihr Ziel erreichen.

Der Blautopf, 2000 l /sec. Wasser sprudeln hier aus dem Boden

Wir machen in Schmiechen eine ausgedehnte Mittagsrast und finden ein offenes Gasthaus, auf der Speisekarte schwäbische Spezialitäten. Vor der Steinzeithöhle legen wir unsere Zeltunterlage auf den Boden und dösen in der Sonne. Das lasse ich mir einreden, so macht Donauwandern Freude!
Der Blautopf ist die sagenumwobene Quelle der Blau. 2 000 Liter Wasser pro Sekunde sprudeln hier aus dem Boden. Das Wasser der Blau braucht zwei Monate bis ins Schwarze Meer. Wir sollten es in vier bis fünf Monaten schaffen. In Blaubeuren steht ein altes Kloster, hier muss man unbedingt verweilen. Kirche, Badehaus, Wohntrakt der Mönche und die schweren Tore lassen uns das Mittelalter spüren. Wie muss das Leben wohl damals gewesen sein? Der Ort war ja noch kleiner als jetzt und alles rundherum war für das Kloster und die Mönche da. Die mittelalterliche Klosteranlage strahlt Kraft und Ruhe aus. Es ist heute nicht mehr in Betrieb, in den Gebäuden befindet sich eine Schule.
Hinter Blaubeuren hört die Welt auf, es ist umzingelt von Bergen. Eine kleine Straße schlängelt sich entlang der Hügel. Wir haben den Verdacht, dass die Zimmer über der Bar auch stundenweise gebucht werden können – doch wir buchen eine ganze Nacht!

Wir sind am nächsten Morgen früh auf den Beinen und kaufen schon um 7.30 Uhr in der Bäckerei Frühstück. Bei Traumwetter marschieren wir ins Blautal, immer der Blau entlang. An einer Brücke sehen wir einen Lieferwagen, der einen großen Wassertank geladen hat. Darin sind 100 Kilo Forellen, die in die Blau eingesetzt werden sollen. Natürlich machen wir Halt, das Spektakel lassen wir uns nicht entgehen. Die Fische

Abschied von Christina

Ulm: Blick vom höchsten Kirchturm der Welt

werden von dem Tank in Kübel umgefüllt und an einer seichten Stelle in den Fluss geleert. Dort schauen sie sich kurz um, um dann das Weite zu suchen. Es ist schön zu sehen, wie sich die Tiere sichtlich über die zurückerhaltene Freiheit freuen. Sogar einen Saibling machen wir unter den Forellen aus, der hat sich heimlich dazugeschwindelt. Er wollte wohl nicht länger in der Fischzucht leben.

Wir sind etwas überrascht, dass in einen derart reinen Fluss Fische eingesetzt werden müssen. Man sollte doch annehmen, dass die sich selbst ausreichend fortpflanzen können. Ein Spezialist vom Fischereiverband erklärt uns, dass in der Blau (und übrigens in beinahe allen heimischen Flüssen) die Vermehrung der Fische nicht mehr funktioniert. Durch die Regulierung der Gewässer werden die Laichplätze der Tiere ruiniert. Es gibt keine Schotterbänke mehr und keine Kehrwasserstellen, die ohne Strömung sind. Das weitaus größere Problem seien aber die Chemikalien, meint der Fischzüchter, der inzwischen seine Fracht geleert hat. Durch das Regenwasser gelangen Düngemittel und Pestizide, durch die Kläran-

lagen Chemikalien aus Medikamenten und Haushalt in das Flusswasser. Dadurch werden die Fische unfruchtbar und können sich nicht mehr fortpflanzen.
Wir wandern weiter und unsere Gespräche drehen sich noch lange um die Fische, deren Wasser wir mit Ertragssteigerungen in der Landwirtschaft und dem Hygienewahn unserer Gesellschaft kaputt machen.
In Ulm können wir unsere Rucksäche gleich hinter dem gotischen Münster in der Spanischen Weinstube lassen. Die Aussicht vom welthöchsten Kirchturm mit 161 Metern lassen wir uns nicht entgehen. Beim Heruntergehen zittern uns die Knie wegen der Anstrengung, aber auch, weil wir so aufgeregt sind: Heute ist das erste Mal Couchsurfen angesagt! Über die Internetplattform „Couch Surfing – participate in creating a better World" finden sich Gleichgesinnte, die bereit sind, anderen eine kostenlose Schlafgelegenheit anzubieten.
Das Profil von Jörn und Christina hat uns sehr angesprochen und wir haben Kontakt mit ihnen aufgenommen. Die beiden verbringen manche ihrer Urlaube mit Wandern, also waren sie neugierig auf uns und unser Abenteuer. Am späteren Nachmittag kommen wir bei ihrem schönen Reihenhaus an. Im Garten werden wir mit einem Gläschen Sekt begrüßt. Zu meinem Glück sind die beiden Vegetarier so wie ich und kochen für uns groß auf. Bei einigen Gläschen Wein reden wir über Ulm, Biolebensmittel, Barfußwandern und sonst noch allerlei. Den Rest weiß ich nicht mehr so genau, da ich wohl ein Gläschen Wein zuviel getrunken habe...
Ulm hat viel mehr zu bieten, als wir in unserer kurzen Zeit besichtigen können. Auch um Christina und Jörn wieder zu treffen, möchte ich Einsteins Geburtsstadt noch einmal besuchen.

Der Pilger mit dem Heiligenschein

Der Weg zum DURCHBRUCH

2. Deutschland

Günzburg – Dillingen – Donauwörth – Hatzenhofen – Ingolstadt – Pförring – Kelheim – Regensburg

237 km / 343 650 Schritte

Der Weg zum **Durchbruch**

Die Ulmer Schachtel diente in früheren Tagen zum Warentransport auf der Donau.

Bei Freunden zu schlafen ist halt doch etwas ganz anderes. Christina und Jörn überraschen uns mit einem Frühstücksbuffet, bei dem alleine die Käseauswahl eine Kompanie hätte satt machen können. Beatrix

hat Kopfweh, trotzdem langen wir ordentlich zu, um für den Tag gestärkt zu sein. Jörn fährt uns zur Donau, sodass wir unsere Wanderung dort wieder aufnehmen können, wo wir gestern abgebrochen haben. Es ist frühlingshaft warm, einiges über zwanzig Grad, alles blüht und duftet, ideale Wanderbedingungen. Am Wanderweg direkt an der Donau sehen wir die ersten Entenküken. Letzte Woche haben wir immer wieder Entenmütter in ihren Nestern sitzen sehen, jetzt schlüpfen nach und nach die Kleinen. Sieben kleine Knäuelbabys schwimmen brav hinter der Mama her. Vielleicht ihr erster Wasserausflug? Die Schwanenmütter sitzen noch in den Nestern, wir sind gespannt, wann wir ihren Nachwuchs bewundern können. Während wir dahinschlendern, beraten wir über unsere Essensstrategie. Wir sollten untertags mehr Nahrung zu uns nehmen. Gestern haben wir tagsüber nichts gegessen und am Abend dann so viel reingeschaufelt,

Oberelchingen, Beginn der Monokulturen

Die Donau bei Leipheim, schon ein stattlicher Fluss.

dass wir schlecht geschlafen haben. Also werden wir versuchen, zu Mittag eine längere Essenspause einzulegen.
Wir treffen zwei 9-jährige Buben, die im Garten spielen. Der eine fragt: „Macht ihr eine Wanderung?“ „Ja, wir kommen von Ulm und gehen nach Günzburg“, sagt Beatrix. Darauf der andere: „Wow! Das bin ich schon mal mit dem Zug gefahren. Das sind ja mindestens 10 Kilometer!“ Dass das 30 Kilometer sind, erwähnen wir nicht weiter.
Wir überschreiten die Grenze zwischen Baden-Württemberg und Bayern. Wir pflanzen unseren täglichen Walnussbaum direkt auf der Grenzlinie, hoffentlich streiten sich die beiden Länder in Zukunft nicht wegen der Nüsse. Etwa hundert Walnüsse haben wir von unserem Baum zuhause mitgenommen und pflanzen täglich zwei davon an einer geeigneten Stelle neben der Donau. Wir wollen eben unsere Spuren hinterlassen, und Walnussbäume scheinen uns geeignet, weil die hier rar sind.
Knapp vor Mittag schaffen wir es noch zur Stiftsbrauerei Oberelchingen, es gibt die erste bayrische Weißwurst. Den Weg zum Stift hinauf gehe ich barfuß, da ich ausprobieren will, ob man so wandern kann. Doch schnell sehe ich, dass das keine gute Idee war. Die Fußgelenke schmerzen bald und sind froh, wieder in einem Schuh zu stecken.
Wir machen einen Abstecher zum Schloss Güssen. Es ist im Privatbesitz eines Schmiermittelhändlers, der es bei einer Zwangsversteigerung gekauft hat. Um viel Geld hat er die gesamte Anlage liebevoll renoviert. Ein Teil ist als Museum eingerichtet und der Öffentlichkeit zugänglich. Der Chef des historischen Arbeitskreises Leipheim erzählt uns voller Stolz von der Geschichte der „Blauen Ente“, und führt uns durch Haus und Museum. Die „Blaue Ente“ ist ein Verein, der seit 1997 ehrenamtlich einen Teil des historischen Schlosses renoviert und ein Heimat- und Bauernkriegsmuseum

Günzburg – Autos haben in Deutschland Vorfahrt

eingerichtet hat. Zu besonderen Anlässen wird in der Hausbrauerei Museumsbier gebraut.
Viele Städte in dieser Gegend waren damals Teil von Vorderösterreich. In Günzburg befand sich eine Münzprägerei, in der bis 1805 die Maria-Theresien-Taler geprägt wurden. Zu Maria Theresias Zeiten wanderten viele Schwaben mit den Ulmer Schachteln ins heutige Serbien, Ungarn und Rumänien aus – die sogenannten Donauschwaben. Auch die Vorfahren von Betrix müssen irgendwann in der Vergangenheit diesen Weg gegangen sein und sind in Weißkirchen, dem heutigen Bela Crkva, in Serbien gelandet. Nach Bela Crkva werden wir ein paar Monate später kommen.
In der Jugendherberge von Günzburg werden wir herzlich aufgenommen. Beim Abendspaziergang durch die Stadt fällt uns wieder einmal auf, dass im schönen Ortskern mit seinen Fachwerkbauten die Autos Vorrang vor den Fußgängern haben. Wir sind eben im Land der Autoindustrie, das müssen wir einsehen.
Schon seit gestern haben wir die Kühltürme des AKW Gundremmingen immer wieder im Blickfeld. Einer der beiden spuckt mächtig Dampf aus. Heute kommen sie uns gefährlich nahe und wir hoffen, sie morgen nicht mehr sehen zu müssen. Noch eine unerfreuliche Begegnung haben wir, als wir eine Schweinemast passieren. Schon von weitem ist das Geschrei der Tiere zu hören. Wir haben keine Chance, in diese Fabriken auch nur einen Blick zu werfen, alles ist eingezäunt, versperrt, abgeriegelt und von Hunden bewacht. Uns geht das schrille Geschrei der vielen Schweine durch Mark und Bein. Am Hof steht der zweistöckige Sattelschlepper für den Transport zum Schlachthof bereit. Wir fragen uns, ob es wirklich sein muss, dass Lebensmittel in so unwürdiger Weise hergestellt werden. Ich komme von einem Bauernhof, aber wir behandeln unsere Tiere liebe-

Rauchender Kühlturm von AKW Gundremmingen

voll und mit Respekt. Hier geht es nur um Profit. Das Tier verkommt zum Produkt, bewertet auf dem Kontoauszug. Wir sind aufgebracht und schimpfen so vor uns hin, als ein Stück weiter eine Raupe den Kiesweg quert und wir uns die Zeit nehmen, ihr zuzuschauen. Es kommt uns vor, als ob eine Entschleunigung in uns im Gange wäre, die es ermöglicht, in der Natur viel mehr wahrzunehmen. Unverständlich ist es stets für uns, wenn wir eine Schnellstraße sehen, auf der alle so rasch wie möglich vorankommen wollen.

Auf Spuren der Römer wandeln wir in Faimingen, wo wir den um 160 erbauten Tempel Phebiana besuchen. In Dillingen hat Sebastian Kneipp Theologie studiert. Als er 1849 an Tuberkulose erkrankte und von der Heilkraft des frischen Wassers las, nahm er kurze Bäder in der eiskalten Donau – und wurde gesund. Auch wir machen Halt und kneippen, aller-

Idyllischer Zeltplatz

dings nur mit den Füßen. Hoffentlich hilft es für die weiteren Etappen.

Wir haben heute erstmals 25 Grad und die Nacht verspricht, lau zu werden. Also schlagen wir auf dem Campingplatz von Dillingen unser Zelt auf. Es ist schon spät, als wir aus der Stadt zurückkommen und uns in unser kleines Heim verkriechen. Diese Nacht werden wir wohl nie vergessen. Schon als wir uns niederlegen, bläst starker Wind. Ein echter Temperatursturz – von der milden Abendstimmung hat es auf eine kalte Winternacht umgeschlagen. In den Bäumen rundherum rauscht es und auf der nahegelegenen Durchzugsstraße donnern die ganze Nacht LKWs vorbei. An Schlafen ist nicht zu denken. Bei nur vier Grad Celsius heißt es alles anziehen, was wir mithaben, zusammenrücken und bibbern. Zu allem Überfluss schreien auch noch zwei Käuze um die Wette.

Um halb sieben packen wir zusammen und marschieren los. Beim Bäcker ist gut eingeheizt; wir genießen mehr die Wärme als das Frühstück. Beatrix hat die ganze Nacht nichts geschlafen und es ist ihr anzumerken, dass sie heute nicht fit ist. Verlange ich zuviel von ihr? Ich werde das heute ansprechen und ein wenig Gas herausnehmen. Den ganzen Tag gehe ich hinter ihr her und lasse sie das Tempo bestimmen, um nicht noch mehr Druck zu machen. Sie leistet ohnehin Unglaubliches. Die vielen Blasen haben sich zwar etwas reduziert, aber ohne Pflaster kann sie noch immer nicht gehen.

Tagsüber wird es wieder angenehm warm und wir kriegen schon etwas Bräune, allerdings nur auf der rechten Hand und Gesichtshälfte. Das kommt davon, dass wir immer in die gleiche Richtung gehen. Aber das ist nicht zu ändern. Wir wandern durch lange Auwälder, die mit blühendem Bärlauch bedeckt sind. So weit das Auge reicht – ein einziger Bärlauchteppich.

Wir nähern uns einem kleinen Schilfteich, wo lautes Schnattern zu hören ist. Eine Versammlung in Entenhausen? Wir schleichen uns vorsichtig heran, um die Teilnehmer dieser sicher wichtigen Besprechung nicht zu stören. Keine Enten, es sind Frösche! Zig Frösche geben im Schilf ein Konzert – extra für uns, es ist sonst keiner da. Wir verlassen in unhöflicher Weise die Vorstellung vorzeitig, der Dirigent hat die Truppe ohnehin nicht wirklich unter Kontrolle. Den Rest des Weges nach Donauwörth gehen wir auf einer Straße zwischen Monokulturen. Die Reihenfolge ist immer gleich, ein Maisfeld, ein Weizenfeld, ein Rübenacker und dann wieder von vorn. Auch hier geht es nicht um die Erhaltung der Natur, sondern darum, möglichst hohen Ertrag mit möglichst geringem Einsatz zu erzielen.

Jetzt rächt sich der Schlafmangel. Auch zu essen haben wir den ganzen Tag nichts gefunden. Das einzige Gasthaus, das wir passierten, hatte Sperrtag. Ausgehungert und total erschöpft kommen wir in Donauwörth an. Just wenn man die Füße kaum mehr heben kann, ist auch keine Unterkunft zu finden. Die Jugendherberge ist noch zwei Kilometer vom Ortszentrum weg. Irgendwie schaffen wir das aber auch noch. Um ein Abendessen zu bekommen, müssen wir erst wieder in die Stadt zurückgehen, also noch einmal die Füße beleidigen.

Wir freuen uns immer über die Post, die wir bekommen. Die vielen aufmunternden E-Mails oder Kommentare zu unserem Blog geben uns wieder Mut. Wenn wir in der Früh aufstehen, ist es beinahe unmöglich zu gehen. Die Füße schmerzen manchmal so stark, dass man gar nicht draufsteigen kann. Aber nach einiger Zeit geht es dann doch immer wieder, den Rucksack zu schultern und loszugehen – und doch kein Fahrrad zu kaufen.

Von der schönen Jugendherberge in Donauwörth gehen wir, im

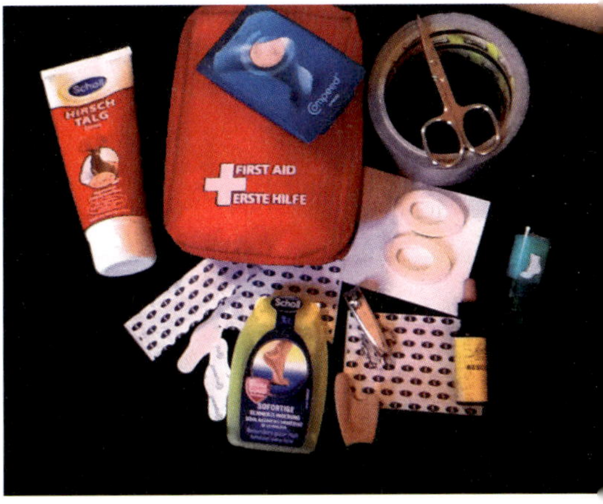

Erste Hilfe für die Füße

Gegensatz zu gestern, durch abwechslungsreiche Landschaft. Die Blumenvielfalt, die wir seit zwei Wochen bewundern können, ist unglaublich. Primeln, Tulpen, Pfingstrosen, Glockenblumen, Mohnblumen, Osterstrauch, Goldregen, Hahnenfuß, Obstbaumblüten – und das alles zur gleichen Zeit. Wir haben keine Probleme mehr mit der Sprache, wir verstehen alle und umgekehrt. Wir machen Gesprächspausen mit Menschen, die uns am Weg begegnen. Ein 92 Jahre alter Mann erzählt uns, dass er auch schon am Schwarzen Meer war. Allerdings im Krieg. Ein anderer Mann, er ist Busunternehmer, verrät uns eine Abkürzung. Morgen sagt er, fahre er mit einer Reisegruppe nach Linz. Schade, dass wir die Thermoskanne schon am Samstag per Post nach Hause geschickt haben, so geben wir ihm nur schöne Grüße mit. Immer wieder fragen uns Leute, ob wir Jakobspilger seien, und ob wir uns sicher seien, dass wir in der richtigen Richtung unterwegs sind.

Schon vor 300 Jahren sind in der Bruckwirtschaft, wo wir Brotzeit machen, die Fährleute und deren Kunden eingekehrt. Dann wurde eine Brücke über die Donau gebaut, und es kamen noch mehr Kunden, vor allem Handelsreisende. Heute sind hauptsächlich Radfahrer zu Gast. Die Bruckwirtschaft liegt genau an der Stelle, wo der Lech in die Donau mündet. Der Lech kommt ja aus Österreich, vom Arlberg.

Wir passieren Stromkilometer 2 490 und graben eine Walnuss ein. Beim Gehen kommen wir unweigerlich ins Grübeln. Einmal etwa denke ich darüber nach, was ich mir gerade wünsche. „Beatrix, was würdest du dir von der Guten Fee wünschen, wenn sie jetzt vor uns stünde?“ Und sie: „Immer schönes Wetter mit moderaten

Schloss Leitheim – Mozart machte hier Station

Die Donau bei Bertoldsheim

Temperaturen, eine mobile Fußpflegerin, einen Gepäckträger, ein kühles Bächlein an der Seite zum Kneippen, ein offenes Gasthaus zu Mittag, Massage am Abend und eventuell ein wohltemperiertes Swimmingpool." Auweia, denke ich – das ist viel. Ich werde schauen, ob ich der Fee etwas abnehmen kann. In Hatzenhofen finden wir ein sehr nettes Privatquartier. Die gute Frau Hager fährt uns sogar noch in den nächsten Ort in ein Gasthaus, wo wir vorzüglich essen und wegen des bekömmlichen roten Weines erst spät nach Hause kommen.

Mit großer Motivation starten wir tags darauf los. Wir wandern anfangs auf einem Höhenweg, wo wir einen herrlichen Blick auf die Donau haben. Bei 25 Grad kommen wir schon ganz schön ins Schwitzen. Inzwischen haben wir herausgefunden, wie wir das Schuhwerk optimal einsetzen können. In der Früh starten wir mit festen Schuhen. Zu Mittag, wenn es in den Schuhen ordentlich heiß wird, wechseln wir auf offene Sandalen. Das tut dann wieder gut, die Zehen können auslüften und sich sonnen. Heute Nachmittag können wir entweder weiter auf der Anhöhe oder entlang der Donau im Auwald gehen. Wegen der Temperatur entscheiden wir uns für den Auwald. Sofort sind wir wieder vom Duft des Bärlauchs umgeben. Manchmal sehen wir auch angeknabberte Bäume. Wir sind mitten im Gespräch

2 490,6 Kilometer bis ans Ziel

Gänseschar beim Morgenausflug

und daher nicht so konzentriert, als plötzlich aus dem Unterholz ein Biber hervorbricht und sich direkt vor unseren Füßen über den Weg schleift. Wie angewurzelt bleiben wir stehen. Auch der Biber erschrickt, als er uns sieht. Er beschleunigt, übersieht dabei den Baum am Wegesrand und knallt voll dagegen. Er rappelt sich wieder auf und krabbelt die Böschung hinunter, wo er schlussendlich in der Donau landet. Inzwischen haben wir uns vom Schreck erholt und sehen ihm nach. Nur der Kopf ist noch in der Donau zu sehen, als er stromaufwärts davonschwimmt. Jetzt schaut das Riesentier wieder klein aus. Für die nächsten Kilometer haben wir Gesprächsstoff.

Auf einem Baum am Donauufer sitzt ein Kuckuck, etwa fünfzig Meter von uns entfernt. Ruft uns laut „Kuckuck" zu. Wir gehen weiter, er hüpft von Baum zu Baum, unserem Tempo folgend und immer wieder rufend. So geht das eine Weile, bis es ihm zu bunt wird und er wegfliegt. Was wollte er uns sagen? Hätten wir etwas antworten sollen? Schließlich kommen wir nach Ingolstadt. Doch hier ist wegen eines Kongresses alles ausgebucht, wir bekommen kein Zimmer mehr. Mit einem Taxi fahren wir aus der Stadt in eine Pension. Ist eh besser, hier haben wir es ruhiger.

Bärlauchteppich

Wir schlafen immer bei offenem Fenster. Im Fenster ist unsere Wäsche zum Trocknen aufgehängt. In der Früh ist die Wäsche trocken und wir können wieder die gleiche, ja sogar

Betriebsfahrt zum „museum mobile“

dieselbe Mode wie am Vortag tragen. Wir übernachten fast immer in einer Ortschaft, haben somit immer einen Kirchturm in der Nähe. Fast täglich weckt mich das 6-Uhr-Läuten, ich liebe das.
Im Frühstücksraum läuft der Fernseher. Das sind wir inzwischen gar nicht mehr gewohnt und finden es völlig unangebracht.
Wir fahren zurück in die Stadt und fragen unseren Busfahrer, wie wir am besten ins „museum mobile“, das Audi Museum, kommen. Er meint, wir sollen einfach Platz nehmen. Gut, machen wir. Irgendwann, wir sind mittlerweile schon sehr verunsichert, ist Endstation, wir sind am Busterminal gelandet. Wir wollen aussteigen, aber der Fahrer ruft uns zurück. „Hier geblieben“, sagt er, „wir fahren zum Audi Museum“. Naja, auch gut! Er habe jetzt Pause, erklärt er uns, und fahre zum Bus-Abstellplatz. Da könne er den kleinen Abstecher zum Museum für uns ohne weiteres machen. Er stellt den Fahrtenanzeiger auf „Betriebsfahrt“ und fährt los. Wir finden das klasse. Als wir den offiziellen Linienbus überholen, sagt er lachend: „Wir sind sogar schneller!“ Als wir ankommen, wünscht uns der Fahrer einen schönen Tag und braust davon.
Zwei Fußwanderer am Audi Werksgelände im Automuseum, das muss die Dame an der Kassa überzeugt haben, uns Pilgerrabatt zu geben – wir dürfen kostenlos hinein. Ein tolles Museum, besonders die alten Modelle gefallen uns. Als wir wieder herauskommen, regnet es, und wir überbrücken die Zeit mit Weißwurstessen am Viktualienmarkt.
Als es aufhört, gehen wir weiter. Doch den ganzen Tag hängen bedrohliche Wolken am Himmel.

Opas DKW

Eingang zum „museum mobile"

Bei Großmehring ist es dann soweit. Es beginnt zu tropfen, ein Gewitter wird niedergehen. Wir haben noch einen Kilometer zur Brücke, dort können wir uns sicher unterstellen. Diesen Kilometer laufen wir, was wegen der schweren Rucksäcke unglaublich anstrengend ist. Aber wir schaffen es. Kaum haben wir unter der Brücke Schutz gefunden, zieht ein Regenguss durch, der so stark ist, dass wir das andere Donauufer nicht mehr sehen. Während wir zusammengekauert unter der Brücke verharren, schaue ich in den strömenden Regen und erinnere mich, wie ich als Kind solche Regenschauer erlebt habe. Manchmal, im Hochsommer sind wir Kinder im Regen auf der Wiese hinterm Haus herumgelaufen. Wir hatten sowieso nichts als eine kurze Hose am Leib, die Luft war schwül und heiß. Also runter mit der Hose und raus auf die Wiese, wo die kühlende Sturzflut die nackte Haut überschüttete. Das war Freiheit. Ich muss das unbedingt wieder einmal tun, denke ich mir, und sauge den feuchten Duft in Erinnerung an meine Kindheit ein. Nach vierzig Minuten ist der Spuk vorüber und wir wandern noch durch abwechslungsreiche Landschaft nach Pförring, wo wir in einem Gasthaus, einer echten Absteige, Unterkunft beziehen.

Leider brauchen wir noch immer jeden Tag Hirschtalg, Blasenpflaster, Anti-Blasen-Stick, Zehenkeilchen und Druckstellenringe. Die Füße von Beatrix sehen nach wie vor arg ramponiert aus. Unsere Füße sind, wie es scheint, um eine weitere Schuhnummer gewachsen. Seit es wärmer geworden ist, drücken die Schuhe wieder.
Heute ist der Tag der Superlative.

Die Donau trifft mit dem Rhein-Main-Donau-Kanal zusammen

Bei Bad Gögging durchwandern wir eines der größten Hopfenanbaugebiete der Welt. In Eining sehen wir die erste Donaufähre. Sie fasst maximal 30 Personen, wenn keiner ein Fahrrad, oder einen Rucksack dabei hat. Wir besuchen Weltenburg, das älteste Kloster Bayerns und trinken im schönsten Klostergarten Klosterbier aus der ältesten Klosterbrauerei der Welt. Anschließend passieren wir den Donaudurchbruch nach Kelheim. Das ist mit 80 Metern die engste und mit 20 Metern die tiefste Stelle der Donau in Bayern. Am Ende des Durchbruchs öffnet sich das Tal und wir sind in Kelheim angelangt. Hier mündet der Main-Donau-Kanal, gerade eben tuckern zwei Frachtkähne stromaufwärts. Motorisierte Schiffe dürfen die Donau erst ab Kelheim befahren. Das Pfingsthochwasser 1999 war das höchste der Neuzeit. Wir haben Bilder gesehen – grauenhaft!
Wieder wollen wir in der Jugendherberge übernachten, was sich als Odyssee herausstellt. Oder als Alpenüberquerung. Wir haben keine Ahnung, wie viele Höhenmeter wir erklimmen, um oben auf dem Berg die Herberge zu finden. Und um im Biergarten der ältesten Weißbierbrauerei Bayerns eine

Weißes Bräuhaus in Kelheim

„Schneider Weiße“ zu bekommen, müssen wir den Berg wieder hinunter... Nach dem Almabstieg besuchen wir den Viktualienmarkt, wo wir die ersten Erdbeeren der Saison vernaschen. Weil wir nun geübt sind, erklimmen wir gleich den nächsten Berg. Den Rucksack parken wir bei einer Marktfrau und nehmen den steilen Aufstieg zur Befreiungshalle in Angriff. König Ludwig I. ließ sie 1863 zu Ehren der „Teutschen Befreiungskämpfer“ errichten. Wir finden den Ausblick rundherum schöner als dieses protzig monumentale Bauwerk. Der gleiche Baumeister hat übrigens auch die Walhalla gebaut.

Bei der Wanderung entlang der Donau begegnen wir einer Menge Frachtschiffe. Mittagspause ist heute in Bad Abbach. In einem Gasthaus ist eine Hochzeitsgesellschaft, im anderen eine Trauergesellschaft. So eng liegen Freud und Leid beisammen, denke ich mir. Beim Italiener tanken wir Kohlenhydrate in Form von Nudeln. Allgemein stellen wir fest, dass wir mehr und kräftigere Nahrung zu uns nehmen sollten. Vermutlich haben wir schon zwei Kilo abgenommen.

Weil wir eine Donauschlinge nicht voll ausgehen, sondern über einen Berg eine Gerade machen, schaffen wir es heute bis Regensburg. Warum heißt Regensburg eigentlich Regensburg? Richtig! Weil es pünktlich, als wir in unserer Herberge ankommen, zu regnen beginnt. Und außerdem, weil hier der Fluss „Regen“ in die Donau mündet.

Damit wir morgen ausnahmsweise ein zweites Mal im gleichen Bett, im gleichen Ort schlafen können, entscheiden wir, hier eine Wanderpause zu machen. Damit kann ich die Fee entlasten und meine Beatrix ein bisschen verwöhnen.

Spektakulärer Donaudurchbruch bei Weltenburg

Regensburg an der Donau

Durch **BAYERN**

3. Deutschland

Wörth – Straubing – Deggendorf – Hofkirchen – Gaishofen – Obernzell

145 km / 210 250 Schritte

Durch BAYERN

Südländisches Flair in Regensburg

Heute bin ich wach geworden – und habe sofort gewusst, wo ich bin! Das ist nicht selbstverständlich. Wenn man jeden Tag an einem anderen Ort, in einem anderen Bett schläft, dann kann es schon einmal passieren, dass der erste Gedanke nach dem Wachwerden der Ortsbestimmung gilt. Manchmal werde ich wach und muss auf die Toilette. Wo wird die wohl sein? Und dann muss ich sie im Stockfinsteren suchen. Es ist mir auch schon passiert, dass ich in der Nacht überlegen musste, wo Beatrix liegt. Neben mir, so wie es mir am liebsten ist, oder über mir in einem

Jugendherbergs-Stockbett? Oft stehen die Betten der Länge nach aneinandergereiht oder getrennt voneinander. Dann baue ich das Zimmer um, was in der Früh wieder rückgängig gemacht werden muss. Aber ich mache das gerne. Ich liebe es, wenn ich neben Beatrix schlafe und sie ihren Arm um mich legt. Es ist Sonntag in Regensburg. Wir genehmigen uns noch schnell Kaffee und Muffins. Unser Besuch hat sich schon am Telefon gemeldet: Beatrix' Eltern werden hier einen Tag mit uns verbringen. Sie haben Shiva, unsere Hündin, mitgebracht. Sie macht beim Wiedersehen meterhohe Freudensprünge.

Die vielen Kirchenglocken läuten um die Wette. Im großen Dom hat der feierliche Sonntagsgottesdienst begonnen, und wir können dem Gesang der berühmten Domspatzen lauschen. Der Fürst Thurn und Taxis musste mit

seinem Schloss an den Rand der Altstadt ausweichen, der Dom nimmt das Zentrum der Stadt ein. Damit ist klar, wer in dieser Stadt die Macht innehat. Dass die Thurn und Taxis das Monopol auf die Postverteilung hatten und damit reich und in den Hochadelstand erhoben wurden, ist wohl allseits bekannt.
Ein bisschen Regen gehört auch heute zum Regensburger Programm. Die Natur braucht aber dringend Wasser, deshalb finden wir das nicht weiter schlimm. An der Wurstkuchl, der ältesten Bratwurststube der Welt, gehen wir nicht ohne Kostprobe vorbei, ebenso wenig wie an der Confiserie Prinzess. Naschkatzen, ich sage euch – hier findet ihr das Paradies!
Johannes Kepler sind wir schon in Ulm begegnet, hier besuchen wir das kleine Museum in seinem Sterbehaus. Wir gehen zum Ufer der Donau und entdecken bei Schwabelweis am Stadtrand einen für die Schifffahrt wichtigen Wasserstandsmesspunkt.
Dann verabschieden wir uns von den Besuchern. Schließlich besichtigen wir noch die Steinerne Brücke und entdecken den Dult, eine Art Jahrmarkt, wo es köstliche Russensemmerl gibt. Regensburg gefällt uns sehr gut, es ist laut Reiseführer die nördlichste Stadt Italiens. Unsere Erwartungen wurden restlos erfüllt. Wir versprechen, wiederzukommen.

Der nächste Tag ist wieder trocken und so wandern wir frohen Mutes los. Die Laune wird aber immer schlechter, je länger wir eine Möglichkeit zum Frühstücken suchen müssen. Erst in Donaustauf werden wir fündig.
Heute beginnen wir die vierte Wanderwoche. Das ist jetzt unumstritten länger als jeder normale Urlaub. Nur dreimal in meinem 35-jährigen Berufsleben hatte ich drei Wochen Urlaub in einem Stück. Jetzt sind es 20 Wochen, und wenn notwendig, noch mehr. Was für ein Luxus! Ich bin stolz auf mich selbst, dass ich mir das erlaube.

Historische Wurstküche an der Donau

Mit Regensburg verlassen wir den nördlichsten Punkt der Donau, ab jetzt geht es nach Südosten. Zwei Landschaftsarten prägen die Gegend: zur Linken die Ausläufer des Bayrischen Waldes, zur Rechten die endlose Ebene des fruchtbaren Gäubodens. Auf unserem Weg liegt die Walhalla. Man sieht beim Gehen doch etwas mehr Details als beim Autofahren auf der A3. Es scheint, als sei hier ein ganzer Marmorsteinbruch verbaut worden. Alle 348 Stufen, die Säulen, die Wände, die riesigen Figuren und Büsten – alles ist aus Marmor.
Einen besonderen Eindruck auf uns macht eine Wanderschäferin, die wir am Donaudamm treffen. Ihre kleine Schafherde grast den Damm ab, die zwei Hunde Rex und Lady passen auf, dass nicht im Feld nebenan genascht wird. In Bayern haben schon die Kelten Wein angebaut. Noch heute wird auf winzig kleinen, steilen Weinhängen Wein gelesen und gekeltert. Wir verkosten Müller-Thurgau, und es wäre sicher nicht bei dem einen Viertel geblieben, hätten wir nicht weiterziehen müssen. In Wörth (althochdeutsch für „Insel") angekommen, besuchen wir noch das Schloss. Die gesamte Anlage ist schön renoviert und wird als Seniorenheim genutzt.

Schloss Wörth

Am Abend sitzen wir in einer gemütlichen Wirtsstube. Die Stammtischrunde uns gegenüber ist derart unterhaltsam, dass auch wir noch bleiben.
„Sepp, nou a Bier?" fragt die Wirtin.
„Oans geht ooowei nu!" antwortet der Angesprochene.
Der Dialog wiederholt sich wortgleich alle zwanzig Minuten, bis weit in die Nacht hinein. Und dann:
„Sepp, nou a Bier?"
„Mia laungts!"
Da helfen weder gutes Zureden der Wirtin noch die Einladung seiner Zechkollegen. Sepp geht nach Hause – wir folgen seinem Beispiel.

Recht unspektakulär ist die Landschaft des Gäubodens. Riesige Felder, Weizen, Mais, Rüben. Manchmal ein Kartoffelacker. Der Boden ist außerordentlich fruchtbar, ähnlich wie das Eferdinger Becken. Die Bauern hier waren schon in der Vergangenheit gut betucht. Heute werden die Äcker mit Unkrautchemikalien behandelt, bio ist hier ein Fremdwort. Den ganzen Tag werden wir von süßlich stinkenden Spritzmittelwolken eingenebelt. Alles, was nicht wie Mais, Weizen und Rüben aussieht, ist braun und kaputt. Wir sehen keine Bienen. Wir vermuten, dass die hier auch gar nicht leben könnten. Obstbäume sind eine Rarität. Im Garten hat man Fichten, Tannen, Buchen, Eichen und Sträucher. Wir gehen auf einem Radweg direkt neben der A3, nur durch einen Maschendrahtzaun getrennt. Alle 500 Meter steht ein Schild, das den „lieben Naturfreund" auf das Vogelschutzgebiet hinweist und ihn auffordert, das Naturparadies nicht zu zerstören. Wir können nicht miteinander sprechen, viel zu laut sind die LKWs und Autos, die mit Vollgas an uns vorbeidonnern.
In Oberzeitldorn erregt unsere Ankunft große Aufregung. Aber nur un-

Felder im Gäuboden

ter den Hunden des Dorfes. Der ganze Ort bellt, aber wir sehen kein einziges menschliches Wesen.

Als wir so dahingehen, haben wir eine Erleuchtung. Es fällt uns wie Schuppen von den Augen, was wir nach unserer Donaupilgerei machen könnten: Wir werden Auftragspilger! Wer selbst nicht in der Lage ist oder keine Zeit hat, kann uns dafür anheuern. So eine tolle Idee nach den ersten 600 Kilometern, wer weiß, was uns auf dem restlichen Weg noch alles einfällt.

Straubing

Während wir noch dahinscherzen, erreichen wir Straubing. Eine schmucke Stadt, aufgeräumt, freundlich, offen, reich. Im Aquatherm aalen wir uns als Kurgäste für zwei Stunden im 35 Grad warmen Wasser. Alle vorhandenen Massagedüsen lassen wir auf unsere gepeinigten Glieder wirken. Auf dem Weg zur Jugendherberge kaufen wir unser Abendbrot und richten uns für den Abend gemütlich ein.

Vor unserem Fenster geht's in der Früh schon emsig zu. Wir haben Ausblick auf das Postverteilerzentrum von Straubing. Auf einer Rampe werden die Pakete vorsortiert, jeder Paketzusteller füllt sein Auto damit an. „De, wo die“ Pakete verteilen, so sagt man in Bayern. Alles ist in Gelb gehalten. Das Gebäude, die Fahrzeuge und auch die Kleidung der Postler.

Heute wird's nach mehreren kühlen Tagen wieder sonnig, dies bestätigt auch unsere Herbergsmutter. Sie trägt schon

Herberge in Straubing

beim Anrichten des Frühstücks Sonnenbrillen. Eine Wallfahrt ist wieder einmal angebracht, und so machen wir den Umweg über den Bogenberg. Mit Gepäck gehen wir den Kreuzweg fast senkrecht zur Marienkirche hinauf. Schritt für Schritt, schnaufend wie eine Lokomotive und bei jeder Station einen Stopp. Weniger um zu beten, als um zu verschnaufen. Es ist ganz schön anstrengend, achtzehn Kilo auf einen Berg zu schleppen. Aber selber schuld, ich hätte das Zelt nicht mitnehmen sollen. In Deutschland wäre es nicht unbedingt notwendig und ich hätte sechs Kilo weniger zu tragen. Aber es ist nicht zu ändern, eine Wallfahrt sollte ja ohnehin eine Aufopferung sein.

In der Kirche steht die Statue einer schwangeren Madonna. Sie ist der Grund, warum so viele Menschen hierher pilgern. Die meisten in der Hoffnung, ein Kind zu bekommen. Die Pilger spenden Kerzen. So viele sind es schon, dass der Pfarrer nicht mehr weiß, wohin damit. Jedes freie Plätzchen ist damit vollgestellt. Bergab nehmen wir einen kleinen, beinahe noch steileren Pfad auf der anderen Seite des Berges, der uns in unsere Richtung führt. Nach etwa 100 Metern merke ich, dass ich meinen Wanderstock in der Kirche vergessen habe. Muss ich doch sehr andächtig gewesen sein. Also Rucksack runter, den steilen Hang hinauf, den Stock aus der Kirche holen, den steilen Hang hinunter und den Rucksack wieder schultern. Unten angekommen, sticht das rechte Knie. So viel zur Aufopferung...

Schwangere Muttergottes mit Kind

Ausblick zur Donau vom Bogenberg

Unterwegs nach Deggendorf passieren wir eine Fabrik, in der Hühner verarbeitet werden. Sie ist so groß wie mehrere Fußballplätze. Sattelschlepper rollen durch die Einfahrt und laden Gitterboxen, vollgestopft mit lebenden Hühnern, ab. Vom anderen Ende des Gebäudes kommen die Kühlsattelfahrzeuge, vollgeladen mit fertigen Hühnerschnitzeln, Nuggets und Chicken Wings. Mit Schauder wenden wir uns ab, wollen gar nicht daran denken, was in der Fabrik vorgeht.

Nach exakt einer Marathondistanz erreichen wir Deggendorf. Beinahe hätten wir keine Unterkunft bekommen. Ja, ich weiß – das Zelt. Aber nach so einem Tag im Zelt schlafen, das ist keine Erholung. Nachdem wir in zwei Gastwirtschaften abgewiesen wurden, lassen wir uns im Hotel Kolping nicht mehr wegschicken. Und siehe da, es gibt ein Behindertenzimmer, das noch nicht vermietet ist. Passt für uns, wir fühlen uns mit den kaputten Füßen ohnehin behindert. Auch die Toilette ist für uns vorteilhaft, sie ist so hoch montiert, dass die armen Füße baumeln können.

Erwin und Roland, zwei ehemalige Arbeitskollegen, machen bei der Rückfahrt von einer Dienstreise kurz Halt in Deggendorf. So bekommen wir ganz überraschend noch nette Gesellschaft beim abendlichen Spargelessen.

Die Megaetappe rächt sich am nächsten Tag. Ich habe Schmerzen im Fuß und in den Beinen. Wir besuchen den Markt, ich hoffe, dass es bald besser wird. Die vielgerühmte Pfarrkirche Mariähimmelfahrt ist wegen Renovierungsarbeiten leider geschlossen. Langsam nehmen die Schmerzen tatsächlich ab. Wir starten los und erleben eine Wanderung durch eine strahlende, duftende Frühlingslandschaft. Der Himmel ist dunkelblau, einige Quellwolken treiben dahin. Der Wind bläst die Pappelblüten wie Schneeflocken durch die Luft. Wir werden vom Duft der Holunderblüte, des Flieders und allerlei anderer Frühlingsblumen begleitet. Auch die Hausgärten sind gepflegt und blühen in voller Pracht. Wir wandern heute gemütlich, trotzdem geht sich eine kleine Wallfahrt aus. Wir besuchen die barocke Benediktinerabtei Niederalteich, die von den Gebrüdern Asam gestaltet worden ist. Weil aber gerade eine Begräbnisfeier stattfindet, können wir nur kurz verweilen. Etwas Besonderes ist der schöne Klosterhof, wo wir Mittagspause machen. Wie klein doch die Welt ist! Auf dem Nebentisch sitzen der Chefredakteur unserer Linzer Lokalzeitung und sein Team.
Am Damm treffen wir immer wieder Leute, alle sind gut gelaunt, wollen wissen, ob wir den Jakobsweg gehen. Und so erklären wir unzählige Male, dass wir zum Schwarzen Meer unterwegs sind. Auf der Donau haben wir den ganzen Tag kein einziges Schiff gesehen. Wir nehmen an, dass wegen des niedrigen Wasserstandes die Schifffahrt eingestellt ist. Erneut begegnen wir einem lebenden Rasenmäher: Was für eine geniale Idee, eine Herde Schafe den Damm abgrasen zu lassen. Beatrix beginnt gleich ein Fachgespräch mit dem Schäfer und dreht dem Hirtenhund die Zecken aus dem Fell. Da ist sogar der Schäfer

Ein schöner Rastplatz

Rexi bei der Arbeit

sprachlos. Der Damm ist übersät mit kleinen Muscheln und sieht fast aus wie der Strand von Irland. Weil die Donau extremes Niedrigwasser hat, können die Enten die freiliegenden Muscheln herausholen. Die tragen sie dann auf den Damm und brechen sie auf.

Kurz vor unserem Ziel in Hofkirchen bauen sich am Horizont Barockwolken auf. Wir können uns gar nicht satt sehen an den wunderschönen Gebilden, die wie von den Brüdern Asam für uns in den Himmel gestellt aussehen. Einige Kilometer vor Hofkirchen wird der Damm erhöht. Um keinen Umweg machen zu müssen, gehen wir direkt durch die Baustelle. Nach „nur" 28 Kilometern sind wir in Hofkirchen und beziehen in einem Gasthaus Quartier. Man erklärt uns, dass der Dammbau eine riesige Sauerei sei. Weil ein Kraftwerksprojekt wegen der Hochwassergefahr abgelehnt wurde, wird jetzt der Damm gebaut und nachher das Projekt durchgeboxt. Die Bürger haben kein Argument mehr, sich zu wehren. Ja, denke ich mir, so ist das mit dem Strom. Wir wollen kein Atomkraftwerk, da sind wir uns ja inzwischen alle einig. Wir wollen Ökostrom, aber keine Windräder, keine hässlichen Solarflächen, keine Wasserkraftwerke...

In Hofkirchen liegt auf einer Anhöhe eine Kriegergedenkstätte. Beinahe 3 000 gefallenen Soldaten unterschiedlichster Nationalitäten wurden in einer großen Wiese Namenssteine mit Geburts- und Sterbedatum gesetzt.

Fachgespräch unter Schäfern

Sehr bedrückend – dennoch ein Muss für uns, dort zu verweilen und Gedanken über diese schreckliche Zeit nachzuhängen.
Wie kommt Afrika nach Schweiklberg? Das dortige Afrika-Museum hat unsere Neugier geweckt. Also rauf auf den Berg, aber diesmal ohne Rucksack. Während eine kräftige Metzgersfrau im Ort unsere Rucksäcke bewacht, können wir in Ruhe Kultur genießen. Das Museum ist in der Benediktinerabtei eingerichtet und zeigt Masken, Waffen, Ahnenfiguren und noch viele Sachen mehr, die Missionare im Laufe der Zeit mit nach Hause gebracht haben.
Die Donau und auch wir sind nun wieder in einem Durchbruchstal unterwegs. Diese schöne Landschaft haben wir nun bis Aschach. Die Temperatur steigt täglich etwas an, wir wandern heute bei 28 Grad. Wir kaufen Sonnencrème und marschieren bei bester Laune nach Gaishofen, wo wir ein Luxusquartier im Fischerstüberl beziehen. Es liegt idyllisch direkt an der Donau und hat liebevoll eingerichtete, helle Zimmer. Dazu noch die Zaubereien aus der Küche – wir haben einen herrlichen Abend.

Es ist nicht mehr weit nach Passau. Am frühen Vormittag queren wir die Donau beim Kraftwerk Kachlet, wo Roman, unser erster Pilgergast, schon auf uns wartet. Er wird uns heute begleiten. Die überdimensionalen Kettenzüge, die Stahl- und Betonplatten, die die Wassermengen aufhalten, sind gigantisch. Es überkommt uns ein mulmiges Gefühl beim Überschreiten. Hurtig gehen wir zum Dom St. Stephan, in dem gerade Vorbereitungen für ein Konzert mit der weltgrößten Kirchenorgel laufen. Fünf eigenständige Orgeln mit insgesamt 17 974 Pfeifen, 233 Registern und vier Glockenspielen können von einem Hauptspieltisch aus gespielt werden. Das Bistum Passau war lange Zeit für den österreichischen Donauraum zuständig. Die Grundsteinlegung für den

Kriegsgräberstätte bei Hofkirchen

Wiener Stephansdom ging von Passau aus, daher auch der gleiche Name. Wir werden vom Personal am Kassenpult abgewiesen: keine Besichtigung vor dem Konzert. Es werden nur zahlende Konzertbesucher eingelassen, die Tickets sind aber schon alle verkauft. Ein Ordensmann, der vermutlich die Oberaufsicht hat, kommt auf mich zu. „Seid ihr Jakobspilger?“ Aus einem Reflex heraus bejahe ich – und es funktioniert! Der gute Mann führt uns in die Kirche; während er unsere Rucksäcke bewacht, dürfen wir bis zum Beginn des Konzerts den Dom besichtigen. Wir haben in Deutschland schon viele Prunkkirchen gesehen, aber St. Stephan in Passau schlägt alles. Es ist Samstag und die Stadt ist voller Leute, vor allem Touristen. Wir sitzen am großen Platz an der Donau und bestellen zum letzten Mal auf dieser Reise rasch vor dem Zwölfeläuten Weißwurst mit Brezel. Für den steilen Aufstieg zur Veste Oberhaus nehmen wir Aufstiegshilfe in Anspruch: Vom Rathausplatz fährt ein Shuttlebus hinauf. Alleine das Museum in der Burg würde einen Tag in Anspruch nehmen. Von hier hat man den schönsten Blick auf den Zusammenfluss des grünen Inns, der blauen Donau und der schwarzen Ilz.

Oben: kurze Pause bei Sandbach
Unten: Donaumuscheln

Oben: Fähre bei Sandbach
Unten: Kraftwerk Kachlet

Oben: Passau – drei Flüsse, drei Farben
Unten: immer einen Schritt voraus, wie wir

Oben: die verdiente Mittagspause
Unten: Schleusenbetrieb bei Passau

Nach dem Abstieg und einer flotten Wanderung zwischen Donau und Uferstraße treffen wir in Obernzell ein. Wir verabschieden uns von Roman. Eine nette Entdeckung machen wir beim abendlichen Füßevertreten, als wir Einkehr im Zaubergarten der Töpferschänke halten. Hier werden wir mit feinem Essen, gutem Bier und Most verwöhnt. Die ausgestellten Keramikarbeiten des Wirts geben dem Ambiente einen warmen und heimeligen Touch.

Zwischenstopp im **EIGENEN BETT**

4. Österreich

Niederranna – Aschach – Linz

81 km / 117 450 Schritte

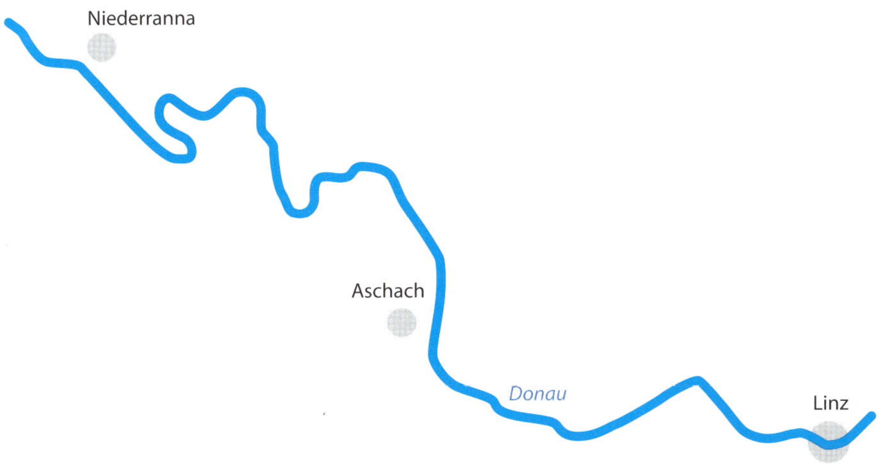

Zwischenstopp im **EIGENEN BETT**

Heute erreichen wir unsere Heimat – wie ich mich darauf freue! Vorher sehen wir uns noch in Obernzell um, wo die Passauer Bischöfe Sommerresidenz beziehen. Im Schloss Obernzell im Keramikmusuem erfahren wir viel über Keramikherstellung von der Jungsteinzeit bis zur Gegenwart, über die unterschiedlichen Keramikarten wie Irdenware, Steinzeug, Fayencen und Porzellan. Im oberen Stockwerk des Schlosses stimmen sich Musiker für die Sonntagsmatinee ein. Mir ist ganz feierlich zumute, an diesem schönen Sonntagvormittag in einem Schloss zu sein, Takte von Vivaldis „Sommer" zu hören und dabei auf die Donau zu blicken.

Schloss von Obernzell, in dem das Keramikmuseum untergebracht ist

Früher war in dieser Gegend der Fischfang ein wichtiger Wirtschaftszweig. Auch die Perlengewinnung aus der Donau wurde von der Diözese Passau systematisch betrieben. Viele Wertgegenstände wurden mit Donauperlen verziert. Das ist lange vorbei. Schade, nicht einmal die süßen Donauperlen werden in der Konditorei von Obernzell noch hergestellt.

Im Naturschutzgebiet Donauleiten hat sich die Donau in das harte Granitgestein des Mittelgebirges eingetieft. Die steilen Hänge sind vom Mischwald bedeckt, immer wieder lugt das nackte Gestein in

Der Jochenstein

bizarren Felsformationen hervor. Fauna und Flora haben an diesen sonnenverwöhnten südseitigen Leiten besonders günstige Bedingungen. Schlangen, Echsen und Pflanzenarten, die sonst nur in südlichen Ländern vorkommen, haben hier eine Heimat gefunden.

In Jochenstein, nahe der deutsch-österreichischen Grenze, machen wir eine kurze Jausenpause. Wahrscheinlich zum letzten Mal verdrücken wir genüsslich die zur Gewohnheit gewordenen Butterlaugenbrezeln, die in Deutschland in jeder Bäckerei verkauft werden. Wodurch werden wir unsere täglichen Butterbrezen jetzt ersetzen? Der Jochensteiner Rastplatz beim Haus am Strom bietet alles, was das Radfahrerherz begehrt: Werkzeug, gekühlte Isogetränke, einen Fahrradschlauch- und einen Eisautomaten. Entsprechend viele Radfahrer machen an diesem heißen Sonntag im Schatten der Bäume Rast. Holländische Radtouristen, Kampfradler, Senioren und Familien – alle freuen sich über diesen herrlichen freien Tag. Eine Familie sitzt auf einer Bank, der kleine Sohn hat ein Eis spendiert bekommen. Plötzlich zerreißt ein lauter Knall die Idylle. Wird hier geschossen!? „Papa, Papa, deinen Reifen hat's z'rissen!" Der aber tut so, als ginge ihn das alles nichts an. „Papa, Papa, hoffentlich z'reißt's dir nicht auch noch den Hinterreifen!" Damit hat der Kleine die Lacher auf seiner Seite. Der Vater würde ihm bestimmt am liebsten den Mund zuhalten und im Erdboden versinken.

Wir genießen es, zu Fuß unterwegs zu sein. Schuhe anziehen, fertig! Keine Pannen, keine Ersatzteile, keine Angst, dass das Fahrrad wegkommen könnte. Wir brauchen nur eine Box Blasenpflaster, quasi unser Flickzeug.

Das Kraftwerk Jochenstein wurde in den 1950er Jahren erbaut, es ist ein deutsch-österreichisches Gemeinschaftsprojekt. Wir gehen über die Staumauer. Die riesigen Kettenzüge, mit denen die Schleusen geöffnet werden,

machen mir Angst. Ich stelle mir vor, was passiert, wenn so eine Staumauer plötzlich einbricht. Ich gehe lieber schnell wieder die Stufen hinunter, um auf festem Boden zu stehen. Auf dem Schild vor der Staumauer stehen Sagen und historische Fakten. Etwa über den Schmuggel, der während des Kraftwerkbaus Hochblüte hatte. Der Teufel selbst habe ja schon bei Jochenstein einen Wall quer über die Donau bauen wollen, aber nur in der Nacht daran arbeiten können. Der einzige Baustein, den die Donau nicht weggeschemmt habe, als der Teufel beim ersten Hahnenschrei bei Sonnenaufgang sein Werk abbrechen musste, sei der Jochenstein. Das erzählt zumindest eine der zahlreichen Donausagen.
Beim heutigen Grenzübergang habe ich freudiges Herzklopfen. So gerne ich verreise und fremde Kulturen und Länder besuche, so groß ist auch das Glücksgefühl, wieder nach Hause zu kommen. Fast 800 Kilometer, ein Monat Vagabundenleben in unbekannten Gegenden haben wir schon geschafft. Für ein paar Tage können wir jetzt bei Gewohntem und Bekanntem entspannen. Der heutige Tag lässt keinen Wanderwunsch offen: herrliches Wetter, glasklares, türkisfarbenes Donauwasser, einladende weiße Kiessträn-

Einkehr beim Mostbauern

de, die an die Karibik erinnern. Es fehlt nur noch die Cocktailbar – dass diese Idee noch niemand gehabt hat! Die vielen Gastgärten sind sehr verführerisch, wir müssen uns überwinden, daran vorbeizugehen. Dem Trautendorfer Mostbauern gegenüber Wesenufer können wir nicht mehr widerstehen. Bei einer deftigen Jause mit Most kommen wir mit einem Fischer ins Gespräch. Er und seine Frau geben uns Tipps für die Reise. Alles sei nur ein paar Kilometer entfernt, meinen sie, manchmal gehe es steil bergauf, aber wir würden das schon schaffen. Natürlich gehen die beiden davon aus, dass wir mit dem Rad zum Schwarzen Meer unterwegs sind. Für uns ist es immer wieder amüsant, wie Leute reagieren, wenn wir ihnen sagen, dass wir zu Fuß unterwegs sind. Der steile Aufstieg zum Schloss Marsbach wäre mit einem Fahrrad nicht lustig, wir kommen ganz schön ins Schnaufen und Schwitzen. Der Weg liegt wenigstens im Schatten. Aber wir können das Schloss nicht besichtigen, es ist in Privatbesitz und wird gerade renoviert. Die Aussicht vom Vorplatz entschädigt uns: Wieder einer der zahllosen unvergesslichen Ausblicke ins Donautal.

Herr und Frau Schlagnitweit begrüßen uns auf ihrem Biohof Ramesedt. Sie waren in den 1970er Jahren unter den ersten Bauern, die von konventionell auf biologisch umgestellt haben. Wahre „Bioniere!“ Ihr Hof liegt oberhalb der Schlögener Schlinge. Hier ist es nachts so ruhig und finster, dass wir in tiefen Schlaf versinken.

Idyllischer Schotterstrand an der Donau

Wahre „Bioniere!“ Herr und Frau Schagnitweit

Der Weg muss auch für Radfahrer sauber gehalten werden

Der Frühstückstisch biegt sich unter selbstgemachten Köstlichkeiten: Marmelade, Honig, Topfen, Müsli.... Ich möchte auch in wenigen Jahren unsere Lebensmittel selbst herstellen. Unabhängig von der verlogenen Lebensmittelindustrie, die uns mit mit Low Fat und Wellness suggeriert, dass ihre Produkte gesund seien. Mein Motto ist, nichts zu essen, wofür Werbung gemacht wird. Nahrung ist der Treibstoff für meinen Körper und auch meine Seele.

Vom Ramesedt zur Ruine Haichenbach ist es nicht weit. Bei bedecktem Himmel kommen wir schnell voran. Als wir den Turm der Ruine besteigen, werden wir von zwei großen Krähen begrüßt, die auf der Burgmauer thronen und mit ihren Schnäbeln ihr Revier verteidigen. Wir versuchen sie zu verscheuchen, doch sie bleiben ungerührt sitzen. Ich muss an Hitchcock denken. Wir machen schnell einige Fotos von der Schlögener Schlinge und verziehen uns dann von der gespenstischen Szene.

Etwas unterhalb der Ruine kommen uns andere Wanderer entgegen. Sie haben für die letzten Meter ihre Mountainbikes stehen lassen. Weiter unten treffen wir einen Mann, der den Weg bearbeitet. Er muss den Weg schön halten, damit sich keine Radfahrer über Wurzeln oder Hindernisse beschweren...

Endlich ist es Zeit für unsere erste Fährenfahrt auf der Donau. Die „Santa Maria" bringt uns von Haichenbach nach Grafenau. Der Fährmann erzählt, wie hart es ist, in diesem Geschäft sein tägliches Brot zu verdienen. Sein Hund bleibt bei dieser Fahrt an Land und wartet, er fährt für gewöhn-

Fährmann der Santa Maria

Gerettete Kröte

lich nur mit, wenn er sich von den Fährgästen Leckerlis verspricht.
Unsere heutige Begleiterin Isabella wartet schon, sie ist uns von Aschach entgegengeradelt. Auf dem Weg macht sie eine ganz seltsame Entdeckung: eine Schlangen-Kröten-Kreatur. Bei genauerer Begutachtung erkennen wir, dass eine Schlange gerade dabei ist, eine Kröte zu verschlingen. Ein grausames Schauspiel. Ein Stück weiter bekommen wir tatsächlich eine der seltenen Smaragdeidechsen zu sehen. Wir gehen schnellen Schrittes durch das schöne Naturschutzgebiet. Isabella kennt sich gut aus in der Gegend, sie zeigt uns viele Kräuter und weiß, was man damit alles heilen und zubereiten kann. Kurz vor Schloss Neuhaus nehmen wir wieder eine Fähre, damit wir auf der Aschacher Seite weitergehen können. Aschach kennen wir schon von einer Probewanderung im Winter. Die Marktgemeinde wurde bis zum 20. Jahrhundert vom Schiffbau und der Schifffahrt bestimmt. Das Schoppermuseum hält die Erinnerung daran aufrecht. Durch Zufall stolpern wir in das Atelier eines Glasbläsers. Thom fertigt wunderschöne Trinkgläser, Spezialwindspiele und viele andere kunstvolle Gegenstände an. Die Donau fließt direkt vor seinem Fenster vorbei. Eine schöne Kombination von Feuer und Wasser!
Isabella führt uns durch Aschach und zeigt uns verborgene Details. Bei ihr zu Hause gibt es dann die weltbesten überbackenen Kartoffelnudeln. Wie ich mich nach selbstgemachter Hausmannskost gesehnt habe! Ich muss mich sehr beherrschen, um nicht den Eindruck eines Vielfraßes zu hinterlassen.

In Pupping soll 994 der Heilige Wolfgang, Bischof von Regensburg, gestorben sein. Seine Reliquien befinden sich auch an vielen anderen Orten in ganz Europa. Man könnte fast glauben, er habe mehr als zehn Finger

Blick auf Schloss Neuhaus

gehabt. In der Kirche von Pupping gibt es übrigens in der Weihnachtszeit eine lebende Krippe mit Esel, Ochs und Säugling.

Das Schloss Harrach in Aschach ist heute in Privatbesitz, kann jedoch besichtigt werden. Das Schlosscafé mit Garten ist an einem warmen Tag ein schönes Ausflugsziel. Vom 17. Jahrhundert bis 1959 gehörte das Schloss der Grafschaft Harrach. Im Auto von Franz Graf Harrach wurde in Sarajevo 1914 Franz Ferdinand ermordet, der Graf war bei dem Attentat selbst dabei. Beim Feldkirchner Badesee erwartet uns schon sehnsüchtig unser vierbeiniger Bade-Pilgergast. Mein Vater hat uns Shiva mit dem Auto zugestellt. Wir wandern nun zu dritt weiter, leider sehen wir den Hund nicht zu oft, weil er die meiste Zeit in der Donau verbringt und uns dann nachdackeln muss. In Ottensheim warten weitere Mitpilger: Manfred und Roswitha, Thomas, Armin und Leo. Die Strecke ist uns bestens bekannt, sozusagen unsere Heimstrecke. Im Jahr 2009 war Linz Kulturhauptstadt Europas. Eines der vielen Projekte war „Kulturbaden“, bei dem es unter anderem darum ging, von Ottensheim nach Linz zu schwimmen. Als begeisterte

Linzer haben wir natürlich mitgemacht. Es war ein unglaubliches Gefühl, diese zwölf Kilometer stromabwärts zu schwimmen - für mich das Bestehen eines Abenteuers. Nie hätte ich 2009 daran gedacht, hier entlang bis zum Schwarzen Meer zu gehen.

Ich freue mich sehr auf zu Hause. Ich bin gespannt, wie es sein wird, die eigene Wohnungstüre aufzusperren. Es ist schön, wieder Freunde um uns zu haben und plaudernd unserer Heimatstadt näher und näher zu kommen. In einem Biergarten direkt an der Donau werden wir mit Applaus von weiteren Freunden und Arbeitskollegen empfangen. Wir setzen uns erfreut zu ihnen. Kurz nach Sonnenuntergang überfallen Millionen von Mücken den Gastgarten. Es ist unheimlich. Wie in einem Horrorfilm schwirren unzählige der Insekten herum, man kann kaum die Hand vor Augen sehen, kaum atmen. Nach einer halben Stunde ist der Spuk vorbei. Kurz vor Mitternacht beenden wir den ersten Teil unseres Abenteuers. Wir sperren unsere Wohnungstüre auf!

Am Weg nach Ottensheim

Unser Hund Shiva begleitet uns ei
Stück des Weges (wir freuen uns

Wir gönnen uns einen wanderfreien Tag zu Hause. Frühstück im Bett, Wäsche waschen, Mittagessen kochen.... Es wird mir bewusst, wie ich solche banalen Dinge genieße. Sogar ein Mittagschläfchen ist an diesem Luxustag drinnen. Ich gehe zur Pediküre, darauf habe ich mich seit den ersten Blasen gefreut. Wie auf Wolken fühlen sich die Schritte danach an. Unsere Rucksäcke räumen wir komplett aus, überlegen, was wir zu Hause lassen können und was wir zusätzlich brauchen. Meine Wanderschuhe ersetze ich durch leichte Laufschuhe.

Dann wird wieder eingepackt: Zahnbürste und -paste, kleine Seife, Hirschtalgcrème, Handtuch, Sandalen und Laufschuhe, Erste-Hilfe-Set inklusive Pflaster, Sonnencrème, kleines Manikürset mit Pinzette und Schere, 1 Bluse/Hemd, 2 T-Shirts, 1 Unterleibchen, 3 Unterhosen, 3 Paar Socken, 1 Pullover, 1 kurze Hose, 1 lange Hose zum Abzippen, 1 Kleid, Regencape, Kappe, Tupperdose, Löffel, Taschenmesser, Taschenlampe, Tagebuch, Schreibzeug, Reiseführer, Telefon, Pocketkamera, Kamera, iPad, Ladegeräte, Wasserflaschen, Walnüsse, Trillerpfeifen, Zelt mit Unterlegplane, Schlafsäcke, Luftmatratzen.

Erstaunlich, wie wenig man tatsächlich braucht zum Überleben. Erstaunlich, wie viele unnötige Dinge wir anhäufen, wie wichtig sie uns immer wieder erscheinen.

Einen Vormittag Ruhepause gönnen wir uns noch, bevor wir mit neu gepacktem Rucksack und frisch gewaschener Wäsche über die Eisenbahnbrücke wieder losstapfen. Wir kommen an einem Gebäude vorbei, aus dem mir ehemalige Arbeitskolleginnen zuwinken, bis wir außer Sicht kommen. 2 135 Kilometer liegen vor uns. Das wirkliche Abenteuer beginnt erst jetzt!

Wieder zu Hause in Linz bereiten wir
uns auf die nächste Etappe vor

Linz
Friedensstadt se t 1986
0.953

Auf in die
WACHAU

5. Österreich

St. Pantaleon-Erla – Grein – Persenbeug – Aggsbach Dorf – Stein

138 km / 200 100 Schritte

Auf in die WACHAU

Schlackeberge der VOEST

Den neuen Donausteig von Linz nach Mauthausen sind wir mit unserem Hund schon oft gegangen. Auch der Radweg, der teilweise die gleiche Streckenführung hat, ist uns bestens bekannt. Shiva wandert auch heute wieder badend mit. Das und die sommerlichen Temperaturen reduzieren unser Tempo heute. Oder fallen mir die Schritte heute so schwer, weil wir unser Zuhause verlassen?
Wir gehen unterhalb des Dammes, da ruft uns ein Radfahrer von oben zu: „Ihr geht Richtung Budapest." „Danke, wissen wir eh." Wieder einmal hält man uns für Jakobspilger, mittlerweile irritiert uns das nicht mehr. Wir scherzen manchmal, dass in einigen Jahren, wenn unsere Erlebnisse am Donauweg „weltberühmt" sind, der Weg entlang der Donau genauso überlaufen sein wird wie heute der Jakobsweg. Dann freuen wir uns, dass wir zu den Pionieren des Donauwanderns gehören.
Bei der Ruine Spielberg werden wir entführt. Mario kommt uns entgegen und bringt uns zu sich nach Hause nach Erla. Mit großem Hallo und bereits angeheiztem Grill werden wir dort von Freunden empfangen. Der gedeckte Tisch unter dem Fliederbaum biegt sich. So lässt sich ein Pilgerleben aushalten. Wir erzählen von unseren Erlebnissen, von den wehen Füßen, von den Begegnungen und, ja, auch vom Wetter. Etwa, dass wir schon so oft von Regenwolken verfolgt wurden und immer trocken davongekommen sind.

Meine Eltern holen Shiva ab, es folgt ein Abschied für lange Zeit. Sie wird mir fehlen.

Mario muss früh zur Arbeit, wir können etwas länger bleiben. Viel Schlaf haben aber auch wir nicht abbekommen. Wir frühstücken mit Andrea am Balkon. Der Himmel ist heute bedeckt, es sieht nach Regen aus. Mal sehen, ob wir gestern den Wettergott herausgefordert und ihn zu früh gelobt haben. Um neun brechen wir auf, Andrea gibt uns noch einige Stücke vom Frühstückskuchen mit. Man kann sich gar nicht vorstellen, wie ich mich darüber freue, etwas Selbstgemachtes mit auf den Weg zu bekommen. Kurz nach dem Ortsende tröpfelt es, nach wenigen Minuten beginnt es richtig zu regnen. Wir klettern auf einen Jägerhochstand und nützen die Zeit, um Tagebuch zu schreiben. Wir warten eine Stunde. Der Regen lässt zwar nach, aber die Wiesen, durch die wir gehen, sind pitschnass. Ich beginne in meinen Schuhen zu schwimmen. Florians Eltern kommen uns am Damm des Kraftwerks Wallsee mit Regenschirmen entgegen. Sie können es gar nicht fassen, dass wir schon mehr als 800 Kilometer gegangen sind. Beim gemeinsamen Mittagessen versuchen wir unsere Schuhe trocken zu bekommen. Der Himmel schaut wieder freundlicher aus. Florians Vater will uns bis Grein im Auto mitnehmen, unsere Pilgerehre lässt dies aber nicht zu.
Mit verdrießlicher Miene wandern wir weiter. Wir suchen den Güterweg nach dem Ortsende, der direkt zur Donau führt. Die Wanderung durch das Augebiet bedrückt mich. Alle paar Meter steht ein massiv gebauter Hochstand. Wir stehen an einer Wegkreuzung und können rund um uns acht davon sehen. Kaum zu fassen, wie die Jägerschaft hier aufgerüstet hat. So muss es in einem Hochsicherheitstrakt aussehen. Warntafeln weisen darauf hin, dass hier im Jagdgebiet mit Schüssen gerechnet werden müsse. Leider können das die Rehe und Hasen nicht lesen.

Jause unterm Fliederbusch

Der Regen hat den Boden aufgeweicht, durch den Dreck erreichen wir wieder den Donauweg. Hier haben wir einen befestigten Weg und wechseln die Schuhe. Sobald die Sonne scheint, wird es heiß – wie im Dschungel. Von Ardagger nach Grein haben wir noch acht Kilometer, wenn wir flott gehen, können wir um 18 Uhr dort sein. Nach der kurzen Nacht und dem Wechselwetter bin ich schon ziemlich fertig, aber wahrscheinlich wäre ich das auch ausgeschlafen und bei gutem Wetter. Einen ganzen Tag gehend im Freien zu verbringen, macht müde. In Grein haben wir ein Privatzimmer reserviert. Beim Telefonat hat die Hausfrau einen sehr netten Eindruck gemacht, ich freue mich auf den Abend und das trockene Quartier. Die Vorfreude auf die Unterkunft lässt mich noch einen Gang zuschalten und wir erreichen zur geplanten Zeit den Greiner Stadtplatz. Hier herrscht Weltuntergangsstimmung: Der Himmel ist pechschwarz, der Gewitterwind bläst mit voller Stärke. Die Geschäftsleute machen die Läden dicht und huschen schnell über den Platz, wir alle hoffen noch im Trockenen zu landen, bevor das Gewitter losgeht. Wo wir die Brucknerstraße finden, fragen wir den Trafikanten. Er beschreibt den Weg und fragt uns, ob wir nach Santiago gingen. Die Wolken hängen dramatisch tief und direkt über uns. Wir laufen, aber diesmal ist der Regen schneller als wir. Bei einem Hauseingang suchen wir Zuflucht und warten, warten, warten. Mehr als eine halbe Stunde schüttet es wie aus Fässern. Da wir nicht ewig hier stehenbleiben wollen, rufen wir bei unserem Quartier an und bitten darum, abgeholt zu werden. Kein Problem. Herr Kloimhofer kommt wenige Minuten später und packt uns in sein Auto. Unsere Regencapes und die völlig verdreckten Schuhe lassen wir in der Garage. „Darum kümmern wir uns später“, meint der Hausherr. Mit einem herzlichen „Grüß Gott!“ und festem Händedruck stellt sich Frau Kloimhofer vor und führt uns in unser

Donauschrottsammlung

Greinburg Sala Terrene

Zimmer. Ob wir heute noch einmal fortgehen, will sie wissen. Eher nicht, vom Regen haben wir für heute genug. Wir genießen den Abend „zu Hause“ und schauen fern.
Zum Frühstück gibt es selbstgeimkerten Honig sowie Tipps und Tricks für mich angehende Imkerin. Über Nacht waren die Heinzelmännchen da und haben unsere Schuhe nicht nur getrocknet, sondern auch wieder picobello sauber gemacht – was für eine angenehme Überraschung. Was uns nicht gefällt, sind die Wetteraussichten. Es regnet. Der Regen ist leicht und dünn, aber „es hat sich eingeregnet“ wie man bei uns sagt. Wir trödeln im Zimmer herum und gehen dann in Regencapes zur Greinburg. Ich sammle seit Kindheitstagen Steine. So etwas wie die Sala Terrena in der Greinburg lässt mein Herz höher schlagen. Ein riesiger Raum ist durch und durch mit Donaukieseln ausgelegt. Im Schifffahrtsmuseum im Obergeschoß der Burg kann man sich gut in die Zeit zurückversetzen, als die Schifffahrt im Strudengau noch ein lebensgefährliches Unterfangen war.
„Das älteste, in seinem ursprünglichen Zustand erhaltene Theater Österreichs“, diesen Satz mussten früher die Greiner Volksschulkinder Tag und

Nacht parat haben. Ob sie ihn auch heute noch herunterrasseln müssen, wissen wir nicht. Ein Kleinod ist das Theater auf alle Fälle, mit seinen original Sperrsitzen und einer nur durch einen Vorhang vom Zuschauerraum getrennten Toilette. Auch die Gefängnisinsassen konnten durch Sehschlitze Theateraufführungen mitverfolgen. Der Wohlstand des Städtchens kommt von der Gefährlichkeit dieses Donauabschnittes. Grein war ein wichtiger Warenumschlagplatz. Lotsen, die Schiffe durch die gefährlichen Stromschnellen und Untiefen des Strudengaus führten, wurden hier angeheuert. Ob die Lotsen auch im Kaffeehaus Blumensträußel saßen, ist nicht überliefert. Ich tue das sehr gerne und es ist Pflicht bei jedem Greinbesuch. Heute können wir wegen des Regens länger verweilen. Um die Mittagszeit brechen wir auf, obwohl es von oben noch immer nass herunterkommt. Mit der Fähre setzen wir nach Wiesen über. Dabei werden wir beinahe zu Massenmördern: Tausende winzigkleine Frösche hüpfen über den Wandersteig Richtung Donau. Im Slalom müssen wir zwischen ihnen durchlaufen.

Stadttheater Grein im Rathaus

Tiefe Wolken ziehen über uns, hinterlassen Nebelschwaden, wir sind ganz alleine unterwegs. Das passt gut zur sagenumwobenen Gegend des Strudengaus. Mir ist, als könnte jeden Augenblick eine Elfe, ein Wichtel aus dem Wald kommen.

Die Ruhe währt nicht lange. Auf der Donau geben sich heute die österreichischen Wasserskifahrer einen Wettkampf. Irre, mit welchem Speed die vorbeiflitzen, irre auch, welchen Lärm die Schnellboote machen.

Vor Ybbs wechseln wir über das Kraftwerk auf die Nordseite der Donau. Wir wollen in Persenbeug übernachten. So können wir morgen die Beuge abschneiden und müssen nicht die gesamte Donaukurve ausgehen. Die Gefährlichkeit des Strudengaus ist im ursprünglichen Namen von Persenbeug („Böse Beuge") verewigt. Mit dem Kapitän des Donaukreuzfahrt-

Hier beginnt der Strudengau

schiffes „Swiss Diamond", das gerade geschleust wird, können wir ein paar Worte wechseln. Es kommt gerade vom Schwarzen Meer und fährt Richtung Kelheim. Er wünscht uns viel Erfolg, vielleicht sehen wir sein Schiff während unseres Marsches ja noch einmal.

Am nächsten Tag gibt's Sonntagswetter und auch einen Sonntagspilgergast. Thomas wartet in Krummnussbaum auf uns. Er hilft dem Fährmann beim Einladen, damit die Fähre uns schneller von Marbach übersetzen kann. Tom macht gutes Tempo, mit ihm kommen wir schnell voran. In Pöchlarn suchen wir das Kokoschka-Museum. Eine Frau kommt uns zu Hilfe: „Ihr seht so lustig aus, ich verrate euch was. Geht geradeaus bis zum Feuerwehrhaus, dort spielt heute die Musik und zu essen kriegt ihr auch was." Ok, dankeschön. Beim Feuerwehrhaus hören wir auch schon die Frühschoppenmusik. Wir suchen gerade ein freies Plätzchen, als der Kapellmeister die Ansage macht: „Für die Gäste, die gerade mit Hut, Rucksack und Stock eingetroffen sind, spielen wir jetzt den Wanderer." Wow, ein Empfang mit Blasmusik – eine Premiere!
Was haben Pförring, Passau und Pöchlarn gemein? Abgesehen davon, dass alle mit P anfangen und wir dort Station gemacht haben? Richtig: Es sind Schauplätze der Nibelungensage. Die Geschichte der rachsüchtigen Kriemhild ist in Pöchlarn in einem Denkmal verewigt. Hier sollen die Nibelungen über eine Furt die Donau überquert haben. Rüdiger von Bechelaren (Pöchlarn) kommt als Figur in der Erzählung vor.
Der berühmteste Sohn Pöchlarns ist Oskar Kokoschka. In seinem

Die Wallfahrtskirche Maria Taferl

Die Nibelungenstädte

Geburtshaus befindet sich die Dokumentationsstelle mit regelmäßigen Ausstellungen. Die Dame an der Kasse freut sich über unseren Besuch. Sie hat gerade in der Zeitung über Radfahrer gelesen, die von Linz bis ans Schwarze Meer gefahren sind. „Und ihr wollt da zu Fuß hingehen, na wirkli?" Die oberösterreichischen Wurzeln der Dame erkennen wir an diesem Nachsatz. „Respekt, Respekt", so sagten die Menschen in Baden-Württemberg, wenn wir von unserer Wanderung erzählten. „Fuii weit", sagten die Bayern, „na wiakli", die Oberösterreicher, und in Niederösterreich sagen sie: „Jössas na!"
Den Rest des Tages begleitet uns Franz mit seinem Fahrrad. Ich schlage ihm vor, einmal meinen Pilgerstock auszuprobieren, und dazu auch noch den Rucksack – ich bekomme im Tausch sein Rad. So haben wir es geschafft, ihm nach einem halben Tag Begleitung einen ordentlichen Muskelkater anzuhängen.
Weil wir das Stift Melk früher schon einmal besichtigt haben, und es den zeitlichen Rahmen sprengen würde, ist der Aufenthalt hier recht kurz. Außerdem übt die Wachau eine enorme Anziehungskraft auf uns aus –

Beim Oskar Kokoschka Museum

die Aussicht auf ein gepflegtes Fläschchen Wein ist ein Tempobeschleuniger.

Wir bewundern das uns bisher unbekannte Schloss Schönbühel. Wenn an dieser Stelle der Donau kein Schloss stünde, man müsste eines hinbauen.

Das nördliche Ufer der Wachau ist uns bestens bekannt, deshalb haben wir uns für die südliche Variante entschieden und gleich der erste Ort gibt uns recht. In Aggsbach Dorf angekommen, landen wir sofort beim Heurigen neben unserer Herberge. Was für ein traumhafter Platz direkt an der Donau. Ein ausgebüchster Bienenschwarm im Fliederbusch, ein Federspiel, der die lange Vorfreude rechtfertigt, und ein kitschiger Sonnenuntergang – so haben wir uns Urlaub in der Wachau vorgestellt.

Von unserem Mansardenzimmer sehen wir bis Melk. Schon am Morgen fahren die ersten Kreuzfahrtschiffe mit winkenden Passagieren vorbei. Bei strahlend blauem Himmel und ständig steigenden Temperaturen nehmen Tom, Florian und ich den steilen Aufstieg zur Ruine Aggstein in Angriff. Unsere schweren Rucksäcke verstecken wir hinter einer Hecke. Von der Burganlage reicht der spektakuläre Blick weit über die Wachau hinaus bis zu den Alpen. Die Burg entstand im 12. Jahrhundert, im 15. trieb hier der Raubritter Scheck vom Wald sein Unwesen. Wenn ein Schiff in Sichtweite kam, spannte er eine Kette quer über die Donau. Wer die geforderte Wegege-

Stift Melk

2011 beiStromkilometer 2011

bühr nicht zahlen konnte, wurde gefangen genommen. Geiseln, für die kein Lösegeld bezahlt wurde, ließ er von der Burg direkt in die Donau werfen.

Unsere persönliche Attraktion des Tages müssen wir mühsamst suchen. Wir wissen, dass bei Rührsdorf Stromkilometer 2011 liegt. Unser Projektname lautet „Donauwelle2011“, deshalb müssen wir bei dieser Kilometermarke unbedingt ein Foto machen. Leichter gesagt, als getan. Die Donau ist an sich zumindest in Österreich durchgängig für die Schifffahrt mit Kilo- und Meterangaben ausgeschildert. An jedem vollen Kilometer steht eine Tafel mit der konkreten Zahl. Leider ist der Kilometer 2011 nicht auf dem Wanderweg, sondern nur durch unwegsames Gebüsch zu erreichen. Also schlagen wir uns durchs Gestrüpp zum Ufer der Donau durch. Der Dschungel lässt mich an Indiana Jones denken, aber bitte, für das Foto spiele ich mit.

Josef und Monika warten in Rossatz auf uns. Sie gehen mit uns bis nach Stein, wo wir beim Heurigen in der Steiner Kellergasse einkehren. Als unsere Wanderbegleiter nach Hause fahren, suchen wir uns eine Herberge in Stein. Nein, nicht im Gefängnis! Wir residieren am Campus.

Blick in die Wachau von der Ruine Aggstein

Dürnstein in der Wachau

Auf den Spuren
DER RÖMER

6. Österreich

Altenwörth – Langenlebarn – Wien – Orth an der Donau – Hainburg

145 km / 210 250 Schritte

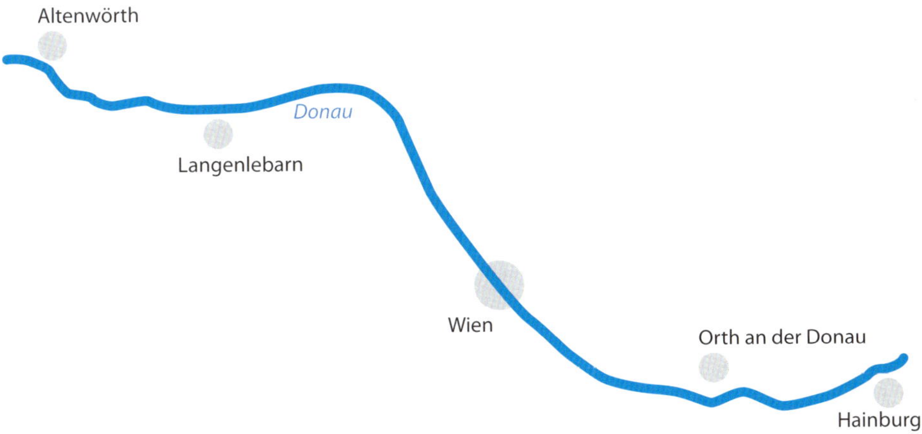

Auf den Spuren **DER RÖMER**

Täglich passiert irgend etwas. Im Hotel Kolping in Krems werden wir vom Feueralarm geweckt. Eine Studentin hat während des Duschens die Milch überlaufen lassen, was ihr kleines Zimmer so verqualmt hat, dass der Feuersensor Alarm ausgelöst hat. So sind wir zumindest pünktlich beim Frühstück. Auch die Mannschaft des Feuerwehrlöschzugs trinkt Kaffee.

Heute haben wir zwei Wanderbegleiter. Gotthard, der mit uns wandern wird, und Erwin, der mit dem Auto ans Ziel fährt. Für uns hat das den Vorteil, dass wir unser Gepäck bei Erwin ins Auto geben können. Vor dem Abmarsch besuchen wir gemeinsam das Karikaturmuseum. Deix meint dort zu einer der sieben Todsünden: „Ohne gesunden Geiz gäb's weder Schottland noch die Schweiz". Wir stärken uns noch bei einer Würstelbude und dann marschieren wir los, direkt am Damm der Donau entlang. Wir sind schon halb am Verdursten, aber der in unserer Karte eingezeichnete Kiosk will und will nicht kommen. Doch plötzlich stehen wir vor einem schmucken, liebevoll eingerichteten Knusperhäuschen. Der Inhaber heißt „Gurkerl". Um dem Namen Ehre zu machen, essen wir einen Teller davon. Weiter der Donau entlang machen wir einen Badestopp. Eigentlich ist es Gotthard zu verdanken, er hat kein Erbarmen mit den armen Donauwanderern und treibt uns ins Wasser. So wie Gott uns schuf, springen wir in die kühlen Fluten.

Pilgerbadegast Gotthard

Regenwürmer, unsere Freunde

Die Radfahrer grüßen alle brav mit „Grüß Gott“. So lernen das unsere deutschen Nachbarn aus dem Reiseführer. Wir antworten mit „Griaß eng“, was stets zu großer Verwunderung führt. Inzwischen hat unser motorisierter Begleiter per Telefon gemeldet, dass eine Unterkunft gefunden sei. Dieser Service ist uns willkommen, wir brauchen uns an diesem Tag um gar nichts zu kümmern. In Altenwörth beziehen wir die Privatzimmer und suchen einen Heurigen, wo wir schnell in beste Stimmung kommen. Der schlaue Erwin hat auch noch Wein gekauft, und als wir in unserer Unterkunft ankommen, wird auf der Terrasse nicht nur weitergelacht.
Am Morgen bereitet uns die Vermieterin ein ordentliches Frühstück. Wir verabschieden uns und machen uns auf den Weg zur nahe gelegenen Regenwurmfarm. Ein freundlicher junger Mann macht mit uns eine ausführliche Betriebsführung. Hier wird Regenwurmhumus erzeugt, der als hochwertiger Gartendünger dient. Wir als angehende Biobauern sind davon begeistert.

den in der Donau

Dann verabschieden wir uns von unseren Wanderbegleitern. Wir haben wieder Zeit für uns und sprechen einige Stunden über die letzten Erlebnisse und Ereignisse. Nicht unweit von uns liegt das sicherste und umweltfreundlichste Kernkraftwerk der Welt. Das AKW Zwentendorf wurde aufgrund eines Volksentscheids nie in Betrieb genommen.

Fünf Kilo Kartoffeln wären zuviel

Egon Schiele ist in Tulln geboren, was durch ein Museum gewürdigt wird. Es ist im ehemaligen Gefängnis untergebracht, wo Schiele wegen seiner unsittlichen Bilder einige Tage einsitzen musste. Die Dame an der Kasse empfängt uns mit besonderer Herzlichkeit, sie ist ein Aushängeschild an Kundenfreundlichkeit. Wir erzählen von unserer Wanderung und sie schenkt uns drei Bildkarten als Erinnerung. Wir haben heute aber noch weitere nette Begegnungen: Die Wirtin am Sportplatzbuffet, wo wir Essenspause machen, schenkt uns eine Flasche kühle Zitronenlimonade. Mit dem Gärtner vom Schloss Neuaigen reden wir eine Weile. Er klagt, dass letztes Jahr der alte Schlossherr gestorben sei, dass die Erben zwei Gärtner eingespart haben und er jetzt alles alleine machen müsse. Die Gemüsefrau auf der Landstraße möchte uns gerne „Heurige" (in diesem Jahr geerntete Kartoffel) verkaufen. Aber wie sollen wir die bloß transportieren?

Ich stelle fest, dass ich so viele Dinge im eigenen Land nicht kenne. Und vieles, das ich zwar oberflächlich kannte, habe ich erst bei dieser Wanderung wirklich gesehen. Orte, Museen, Kirchen, Klöster, Burgen, Flüsse und vieles mehr habe ich erst kennengelernt, als ich Zeit hatte, mich ihnen mit offenen Augen und ganzem Herzen zu widmen.

Durch Österreich sind wir viel auf dem Radweg gegangen und haben schnell gelernt, wer sich da aller tummelt. Da gibt es die Reiseradler. Sie sind fast immer zu zweit

Radfahrereinteilung

oder in größeren Gruppen unterwegs. Sie haben rund um das Fahrrad Taschen aufgeschnallt, kommen vorwiegend an Wochentagen vor, immer von hinten, weil sie langsam donauabwärts fahren, und sie sind ausgesprochen freundlich.

Dann gibt es die Kampfradler. Diese erscheinen immer einzeln, erst am Abend nach Dienstschluss und können von vorne oder von hinten kommen. Man begegnet ihnen immer zweimal, weil sie auf und ab bolzen. Sie wirken verkrampft, schauen verbissen einen Meter vor dem Vorderrad auf den Boden. Ist von hinten ein „Ach—" zu hören, handelt es sich um einen ebensolchen. Beim „—tung" ist er längst vorbei. An Wochenendtagen können Kampfradler auch in Gruppen auftreten, dann wird es für Wanderer wirklich gefährlich. Skater und Läufer sind ebenfalls nur an Wochenendtagen abends anzutreffen, sie zeigen das gleiche Verhalten wie Kampfradler.

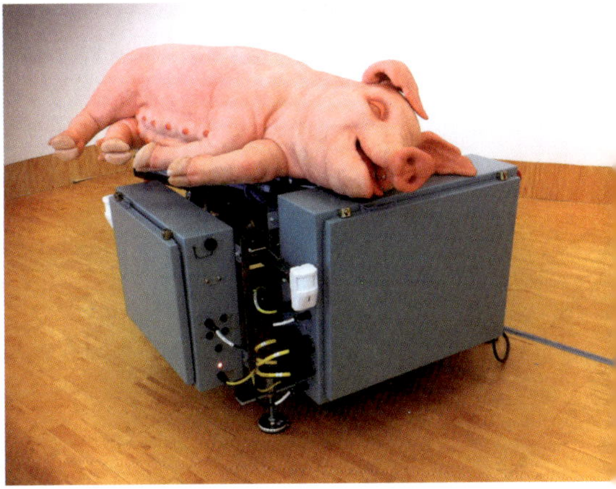

Und zuletzt gibt es noch die Familien. Vati vorne, ein Kind am Kindersitz, weitere ein bis zwei Kinder hinterher taumelnd, und zum Schluss Mami. Familien brauchen den ganzen Fahrweg, fahren Gott sei Dank aber ganz langsam und sind nur an Sonn- und Feiertagen sowie bei wirklichem Schönwetter anzutreffen. Sie sind aufgrund ihrer lauten Kommunikation in allen Stimmlagen schon von weitem zu hören.

Kurz vor Klosterneuburg treffen wir Erwin und Brigitte, sie begleiten uns bis kurz vor Wien. Es ist uns immer eine willkommene Abwechslung, Wanderbegleiter zu haben. Es gibt neuen Gesprächsstoff, über den wir uns hinterher, wenn wir alleine sind, noch einmal unterhalten.

Mit großen Schritten geht es Wien entgegen. Wir können es kaum erwarten, unsere Tochter wiederzusehen, umgekehrt wird es nicht anders sein. Als wir Katharina über unseren Reiseplan informiert haben, war sie zuerst ungläubig, hat das Vorhaben aber bald großartig gefunden. Norma-

Kunstwerk im Essl Museum

lerweise sorgen sich ja die Eltern um ihre Kinder, bei uns ist es umgekehrt. Durch das Blog, das wir täglich aktualisieren, kann Katharina sehen, dass es uns gut geht. Zusätzlich rufen wir sie mehrmals pro Woche an. Als wir endlich in Wien ankommen, nehmen wir für das letzte Stück des Weges die U-Bahn und liegen uns bald in den Armen. Wir werden mit einem großen Topf köstlicher Nudeln mit Spinat und Seelachs verköstigt. Bei unserer Tochter ist es ein bisschen wie zu Hause.
Auch in Wien machen wir einen Tag Pause. Wieder einmal können wir länger schlafen, dann gehen wir am Viktor-Adler-Markt einkaufen, wo wir mit Vergnügen dem Wiener Dialekt lauschen. Wir kochen gemeinsam, gehen in den Eissalon, und das wichtigste: Wir kaufen neue Schuhe. Das Problem ist, dass uns unsere Schuhe einfach zu eng sind. Wir hatten die Wanderschuhe zwar ohnehin um eine Nummer größer gekauft, aber seit es so heiß geworden ist, sind die Füße weiter gewachsen. Die Muskulatur und die Fußballen werden stärker. So haben wir mittlerweile 46er- und 39-er Latschen, obwohl wir normalerweise mit zwei Nummern kleiner durchs Leben gehen.

Viel zu schnell kommt der Abschied, diesmal bleiben die Augen nicht ganz trocken. In der Früh wandern wir über Kaisermühlen entlang der Alten Donau, dann durch die Lobau in Richtung Schönau. Am Stadtrand von Wien tun sich uns zwei Arten von Fleischbeschau auf. Zuerst sind da die Familien, die auf ihren Grillern Spieße, Koteletts und sogar ganze Lämmer braten. Dann kommt das berühmte FKK-Gelände. Details der gesichteten Schaustücke werden wir hier nicht wiedergeben. Nur so viel: Sie waren sehenswert.
Der Nationalpark Donau-Auen beginnt in der Lobau direkt nach Wien und reicht bis Bratislava. Auf dem Damm sehen wir meilenweit, schnurge-

Bei unserer Tochter Katharina in Wien

An der schönen Alten Donau

rade geht der Damm mehr als 50 Kilometer durch die Au. Die einzige Abwechslung sind Schönau, das Schloss Orth und Eckartsau, das wunderschöne Jagdschloss der Habsburger. Dort fand die Monarchie auch ihr Ende: 1918 dankte Kaiser Karl von hier aus ab und trat den Gang ins Exil an.
Zwei Tage gehen wir schnurgerade von früh bis spät am Damm entlang. Es gibt kaum Abwechslung, rechterhand Auwald, linkerhand ein Radweg und Auwald. Sollten sich immer noch Sorgenreste im Unterbewusstsein versteckt haben, spätestens hier werden wir sie los und können mit Sicherheit sagen: Wir haben einen freien Kopf. Diese totale Einsamkeit hat ihren Reiz. Ich nehme Vogelstimmen ganz bewusst wahr, ich höre das Rascheln im Schotter oder im Gras, ich sehe die Bewegung der Äste, wenn der Wind durchstreift, ich sehe die Streifen der Flugzeuge am Himmel, ich spüre den Schweiß auf der Haut, das Salz auf den Lippen.
Vor der zwei Kilometer langen Donaubrücke kurz vor Hainburg kann man noch die gerodete Fläche in der Stopfenreuther Au sehen. Hier hätte ein Kraftwerk gebaut werden sollen, was großen Protest hervorrief. Dank die Besetzung der Au durch Naturschützer und Kraftwerksgegner konnte

Einsamer Fischer in der Au

der Bau verhindert werden. Wir danken allen, die damals im kalten Dezember 1984 in der Au ausgeharrt und diese einmalige Landschaft gerettet haben.

In Petronell wartet unsere Wiener Freundin Christa. Sie wird uns bis nach Bratislava begleiten. Heute besichtigen wir noch gemeinsam die Römerstätte Petronell-Carnuntum. Hier findet in diesem Jahr die niederösterreichische Landesausstellung statt. Wie für uns inszeniert, gibt es genau heute Römerfestspiele. Handwerk, Lebensart und Kriegsführung werden vorgestellt. Schon in der Antike waren Warmwasser, Wasserleitungen, Thermen, Fußbodenheizung, Kanalisation und handwerkliche Fähigkeiten hoch entwickelt. Wir können gar nicht fassen, dass dieser Fortschritt

Mit einem Pilgergast Christa

Schloss Eckartsau

im Mittelalter wieder verloren gegangen ist. Wir übernachten in Hainburg bei einer überaus liebenswürdigen Frau, deren drei Hunde uns gleich in Beschlag nehmen, jeder will gekrault werden. Dazwischen springen wir in den Pool. Das Haus ist hochwassersicher gebaut. Die Türen und Fenster im Erdgeschoß sind mit Absperrvorrichtungen versehen. Kommt Hochwasser, werden die Dichtplatten eingeklemmt. So bleibt man trocken, obwohl einem theoretisch das Wasser bis zum Hals steht. Schon irgendwie ein mulmiges Gefühl. Aber zurzeit ist kein Hochwasser in Sicht, es ist eher viel zu trocken. Bevor wir Österreich am nächsten Tag verlassen, kaufen wir in der Apotheke noch einiges ein. Sicherheitshalber, wer weiß, was uns ab jetzt erwartet.

Hainburg

Der Weg in die PUSZTA

7. Slowakei/Ungarn

Bratislava – Dunakiliti – Hedervar – Györ – Babolna – Tata

146 km / 211 700 Schritte

Der Weg in die *PUSZTA*

Grenzstein

Beim Grenzstein zwischen Österreich und der Slowakei habe ich Herzklopfen. Jetzt verlassen wir definitiv die Heimat und kommen in ein fremdes Land. Der unbekannte Osten will erwandert werden. Was erwartet uns hier? Bisher war das meiste vertraut – Wegschilder, Herbergsbetriebe, Geschäfte, Essen und vor allem die Sprache. Was wird nun, wenn wir etwas suchen oder brauchen? Kommen wir mit Deutsch, Englisch und Körpersprache durch? Müssen wir uns wirklich vor Raubüberfällen fürchten? Vor Rudeln von Hunden, anderen wilden Tieren? Werden wir immer genug Wasser und zu essen haben? Wird uns etwas geschehen, bevor wir am Ziel, am Schwarzen Meer sein werden? Werden wir unser Ziel überhaupt erreichen?

Schon bald nach Hainburg kommt in der Ferne der Burghügel und die darauf thronende Burg von Bratislava in Sicht. Unter der neuen „Ufobrücke", auf der sich an der Spitze des Brückenpfeilers ein Restaurant befindet, welches einem Ufogebilde ähnlich ist, treffen wir Robert, der als Puppenspieler am Bratislavske Babkove Divadlo arbeitet. Er spricht recht gut Deutsch. Meine Aufregung angesichts des vermeintlich „Wilden Os-

Straßenkünstler in Bratislava

Die Ufobrücke

tens" hat sich erst einmal gelegt. Robert geht mit uns zu Fuß zu seinem Haus, dabei erzählt er von seiner deutschen Großmutter, seinen beiden Töchtern und seiner Arbeit im Theater. Neben seiner Puppenspielertätigkeit muss er immer wieder andere Arbeiten annehmen, damit die Familie ein Auslangen findet. Zurzeit ist er in Sachen Volkszählung unterwegs, muss jeden Abend Haushalte aufsuchen und Daten erheben. Ein Dackel und eine Katze begrüßen uns in dem kleinen Häuschen, zwei Busstationen vom Zentrum entfernt.

Bratislava gefällt uns genauso gut wie bei unserem ersten Besuch vor einigen Jahren. Damals waren wir von Wien mit dem Schnellkatamaran nach Bratislava gefahren. Die Gebäude im Zentrum sind renoviert, die Plätze und kleinen Gässchen sehr belebt. Bratislava ist mit 430 000 Einwohnern die kleine Schwester von Wien. Aufgrund der Nähe pendeln viele täglich von einer Stadt zur anderen. Am Abend flanieren viele junge Leute, sie sitzen in den Gastgärten beim guten slowakischen Bier. Die Stadt hat mediterranen Charme. Die untergehende Sonne taucht sie in goldenes Licht. Ich bin glücklich, hier zu sein, und genieße die gute Stimmung.

Es ist was los am Damm

Grenze zu Ungarn

Am slowakischen Donaudamm entlang zu wandern, ist kurzweilig. Erstaunlich, wie belebt der Damm am Vormittag eines Wochentags ist. Die Slowaken benützen ihn fleißig zum Radfahren, Laufen und Skaten. Andere Wanderer sind nicht unterwegs. Störche suchen in der Böschung Futter für die Kleinen im Nest. In Deutschland haben wir die Storcheneltern noch in den Nestern brüten sehen, jetzt schauen die Küken mit ihren flauschigen Köpfchen schon heraus und schreien nach Futter.

Wir beschließen, auf der ungarischen Seite der Donau weiter zu gehen, die Infrastruktur für Wanderer scheint hier etwas besser zu sein. In der Slowakei gäbe es mehr als 100 Kilometer lang keine Übernachtungsmöglichkeit außer unserem Zelt. Die Mühen, zwei bis drei Nächte campieren zu müssen, reizen uns nicht. Die letzte Zeltnacht in Dillingen ist uns noch in unangenehmer Erinnerung und die Wettervorschau kündigt Gewitterwolken, Regenschauer, sinkende Temperaturen an. Also keine guten Aussichten für trockene, romantische Zeltnächte.

Unsere neuen Schuhe machen uns Freude, damit haben wir einen guten Griff getan. Erstaunlich, dass unsere Füße gewachsen sind. Endlich kommen wir ohne Blasen und andere größere Schmerzen voran. Zu Mittag wechseln wir jetzt oft die Schuhe. Wir gehen also in der Früh mit den Geschlossenen los, zur Mittagszeit ziehen wir unsere Sandalen an. Das bewährt sich.

Schon wieder stehen wir vor einer Grenze. Das erste, was wir von Ungarn sehen, sind uralte, wunderschöne Maulbeerbäume. Die Beeren, die wie große Brombeeren aussehen, sind schon reif und schmecken herrlich. In den ungarischen Dörfern schlängeln sich entlang der Dorfstraße schulterhohe Sichtschutzzäune aus Beton, Metall oder Holz. Ähnlich wie auf österreichischen Autobahnen kriegen wir von außerhalb der Straße nichts mit außer Hundegebell. Vor jedem Haus kläfft ein Hund. Man könnte

meinen, dass die Häuser nur von Hunden bewohnt werden, selten sieht man Leute. Dabei haben wir uns extra „Jo napot“ eingeprägt, um auf Ungarisch „Grüß Gott“ sagen zu können.
Am 45. Tag unserer Wanderung regnet es zum zweiten Mal schon vom Morgen an. Dichte schwarze Wolken lassen mich an den Weltuntergang denken. Bisher hatten wir immer Glück, entweder haben sich die Regenwolken verzogen, oder es begann erst zu regnen, wenn wir sicher in unserer Herberge waren. Heute gießt es in Strömen und wir wollen unser Glück nicht herausfordern, huschen in ein Wartehäuschen und beratschlagen. Auf dem Radweg, der direkt neben der Straße verläuft, können wir nicht gehen – jedes Mal, wenn ein LKW oder Bus kommt, werden die Wasserlacken als Querfontänen über den Radweg gespritzt. Auf Feldwege ausweichen geht auch nicht, überall steht schon Wasser.
Plötzlich steht ein Bus mit der Aufschrift „Györ“ vor dem Wartehäuschen... Und wir steigen ein.
Am Busbahnhof in Györ angekommen, warten wir fast zwei Stunden, bis der Regen nachlässt. Florian weigert sich, ins Freie zu treten. So beob-

Bei jedem Haus ein Hund

Schloss in Hedervar

achten wir das Kommen und Gehen am Busbahnhof. Die Leute sehen ernst aus. Ob das am schlechten Wetter liegt? Oder machen sie immer so einen tristen Eindruck? Die fröhliche Neugier, mit der man uns bisher begegnet ist, vermissen wir hier. Niemanden interessiert, woher wir kommen oder wohin wir gehen, warum wir Rucksäcke und seltsame, lange Stöcke haben. Ich komme mir recht einsam und verlassen vor. Wie zwei Außerirdische sitzen wir da. Wenigstens sind wir zu zweit. Diese Reise ohne Florian zu machen, kann ich mir nicht vorstellen.

In einer kleinen Pension im Stadtzentrum packe ich meinen Rucksack komplett aus. Ich will meine Sachen immer durchlüften lassen und meine gesamten Habseligkeiten aufgebreitet sehen. Das Aus- und Einpacken macht mir nichts. Ich habe alles in Plastiksäcken verstaut, damit alles schön trocken bleibt – ein alter Bergfexentrick.

Schließlich lockern die Wolken auf und lassen die Sonne hervorblinzeln. Bevor wir in das Thermalbad entspannen gehen, lassen wir uns beim Stadtfriseur die Haare schneiden. Du meine Güte, die Friseurin ist noch nicht im 21. Jahrhundert angekommen – weder was die Preise, noch die Frisurenmode betrifft. Aber einmal untertauchen in der Therme und die Feuerwehrballföhnfrisur ist beseitigt.

Das warme Wasser hat eine rotbraune Farbe. Der Rotschlammunfall der Aluminiumhütte von Kolontar kommt mir in den Sinn, bei dem auch die Raab 2010 massiv verunreinigt wurde. Florian beseitigt meine Bedenken und zeigt mir die Infotafel, auf der die Bewandtnisse des Heilwassers beschrieben werden. Von da an tut es meinen müden Knochen gut. Ein-

Schöne Aussicht im Thermalbad

bildung ist das halbe Leben. Wir aalen uns im 37 Grad warmen Wasser, lassen uns von Massagedüsen umsprudeln und schlafen dann auf der Ruheliege tatsächlich ein.
Györ besitzt das modernste Theatergebäude Ungarns. Es sieht aus wie eine Sprungschanze, mit riesigen schwarzen und weißen Fliesen, die vom berühmten Maler Victor Vasarely entworfen worden sind. Eine großzügig angelegte Fußgängerzone führt durch das historische Zentrum der Stadt. Die Bischofsburg wurde seit der Errichtung im 12. Jahrhundert mehrmals umgebaut. Sie wurde zur größen Festung Ungarns, als die Gefahr der Türkeneinfälle drohte. Im 19. Jahrhundert verlor sie ihre Wehrfunktion. Ab da dienten ihre mächtigen Mauern den Bewohnern von Györ als günstiges Baumaterial. Györ heißt zu deutsch Raab, benannt nach dem Fluss. Der mündet hier in die „kleine Donau", einen der Nebenarme der Donau. Das Zentrum von Györ hat etwas Beschauliches, es wirkt wie eine Filmkulisse. Wir schlendern durch die Gässchen und genießen eine hervorragende Fischsuppe im Restaurant „Matrozs". Der trübselige Eindruck vom Bahnhof ist vergessen.

Am nächsten Tag aus dem Zentrum von Györ hinauszukommen, erweist sich als schlimm. So nett und beschaulich es in der Fußgängerzone war, so laut und hektisch geht es auf der Ausfahrtsstraße zu. Zum ersten Mal müssen wir längere Zeit neben einer vielbefahrenen Straße gehen. Es gibt leider keinen Wanderweg, der uns ohne große Umwege nach Babolna führen würde. Wir verfluchen die vielen Autos, die an uns vorbeirasen und die Luft verpesten. Es macht keinen Spaß, den zugemüllten Straßenrand entlang zu gehen. Überall Schlamm und überfahrene Tiere. Rettungsautos überholen mit Riesenkaracho und allen zur Verfügung stehenden

Die Synagoge in Györ

Leuchten und Hupen. Wenn du dich da nicht schnell ins Gebüsch rettest, können sie dich auch gleich einpacken und mitnehmen. Zudem säumen jetzt auch noch elendig stinkende, große Hühnerzuchtfabriken unseren Weg. Ist das die Quelle unserer billigen, minderwertigen Hühnergerichte? In solchen Fabriken werden auch auf grausame Weise Gänse gestopft, damit Menschen mit „feinem Gaumen" ihren Genuss an deren Lebern haben.

In Bönyretalap betreten wir ein nach Trinkhalle aussehendes Gebäude. Trinkhallen nennen wir Bars oder Cafés, die von außen fast nicht von anderen Häusern zu unterscheiden sind. Aber unsere Sinne sind schon so geschärft, dass wir sie erkennen, auch wenn keine Schilder darauf hinweisen. Diese Trinkhallen haben keinen Gastgarten, die Männer sitzen an alten schmuddeligen Tischen. Die Einrichtung ist trostlos, erinnert an Bahnhofshallen aus vergangenen Tagen. Es riecht nach altem Tabakrauch und Alkohol. In der Halle in Bönyretalap sitzen Männer an einem Tisch. Einer steht auf und reicht uns seine große Hand: „Toilette, Toilette", sagt er und deutet nach hinten. Nein, nein, wir müssen nicht – das erledigen wir lieber im Freien hinter einem Busch – wir wollen etwas essen. „Haus, duschen, bei mir, Tata, Budapest, morgen..." Er ist anscheinend LKW-Fahrer und will uns zu sich nach Hause mitnehmen. Nachdem der gute Mann schon etwas torkelt und die Kellnerin keine Anstalten macht, sich mit uns zu beschäftigen, überlassen wir Trinkhalle und Fahrer ihrem Schicksal.

Tierfabriken

Beim Greißler bekommen wir Weißbrot, Streichkäse und Tomaten. Und natürlich Wasser, Wasser, Wasser. Seit es so heiß ist, trinke ich schon in der Früh mindestens einen halben Liter, so spare ich beim Gepäck. Trinken, bevor der Durst kommt, lautet unsere Devise. Am Straßenrand im Schatten nehmen wir unser Mittagessen ein.

Ausnahmsweise gibt's in Balbolna einen Wegweiser zu einer Pension, dem wir sofort folgen. Janosne Török begrüßt uns in ihrer Pension mit Palinka (Obstbrand) und frisch gepflückten Erdbeeren. Ihr kleiner Hund macht Schnattergeräusche und zittert mit seinem Unterkiefer. „Alzheimer", sagt Janosne.

uf in
en
euen
ag

Florian schmerzen die Füße nach dem langen Marsch von 33 Kilometern. Trotzdem machen wir uns noch einmal auf den Weg. Die Pferdezucht, für die Babolna bekannt ist, müssen wir uns ansehen. Mitten im Ort steht ein Schlosskomplex, umgeben von einem großen Park, darin befindet sich das Nationalgestüt. Es ist berühmt für seine schnellen Reitpferde, arabische Vollblütler und Shagya-Araber. Wir haben Glück, der Stallmeister hat Zeit und mag uns. Er führt uns im Gestüt herum und erklärt verschiedene Dinge auf Ungarisch. Wir verstehen wenig, bekommen aber das Wesentliche mit. Besonders stolz ist er auf ein kleines, schwarzes Fohlen mit einer schmalen Blesse. Immer wieder streichelt er es und redet liebevoll mit ihm. Ein schönes Erlebnis, so viele Pferdemütter mit ihren Kleinen zu sehen.

Janosne ist Selbstversorgerin. Zum Frühstück gibt's Erdbeer- und Hagebuttenmarmelade, Paprika und Tomaten aus dem Garten. Beim Verabschieden schlägt sie ihre Hände zusammen: Bis nach Tata wollen wir heute, sie kann es nicht fassen, dass wir dorthin zu Fuß gehen. Unser Plan, das Schwarze Meer per pe-

Die Natur setzt sich durch

Pferde von Babolna

des zu erreichen, ist für sie unvorstellbar. Die stark befahrene Hauptstraße führt durch Dörfer und kleine Städte. Wir gehen auf dem schmalen Gehsteig, den man sich nicht eben und gepflastert wie bei uns vorstellen darf. Da die Trottoirs selten benutzt werden, erobert sie die Natur zurück. Hitze und Kälte haben einzelne Pflastersteine gehoben und einen holprigen Weg hinterlassen, der mit Grasbüscheln und herauswachsenden Baumwurzeln übersät ist.

30 Kilometer sind es von Babolna nach Tata, und das immer entlang der Straße. Ich hoffe nur, dass der Verkehr heute am Samstag nicht so arg wird. Doch es ist wie tags zuvor: Die Autos rasen an uns vorbei, auch die Rettung ist wieder lautstark unterwegs. 30 Kilometer Straßenwandern, bei 30 Grad Hitze. Wir haben große Sehnsucht nach dem idyllischen Donausteig zuhause. Neben der Straße liegen Bierdosen, Arbeitshandschuhe, Socken, Unterhosen, Strumpfhosen, Keilriemen, Zigarettenschachteln, Schuhe, Schrauben, Teile von Autoreifen und immer wieder tote Tiere.

Der Ort Nagyigmand zieht sich über mehr als zwei Kilometer. Wir besorgen uns Obst und füllen beim Ortsbrunnen die Plastikflaschen mit

Windkraft in Ungarn

frischem Wasser. Dann geht's wieder 15 Kilometer entlang der Straße bis Kocs. Hier gibt's eine katholische und eine protestantische Kirche, einen „Kozmetik Zsalon" und eine Stätte, vor der das allerheiligste Pilgerkreuz steht: gekreuzte Gabel und Messer. Sehr gut, denn ich war schon etwas unrund vor Hunger. Die Kellnerin, die am Vormittag sicher im Kozmetik Zsalon war, reicht uns mit verzierten, bemalten Fingernägeln die ungarische Speisekarte. Palacinka verstehe ich, sonst nichts. Ich möchte doch etwas „Gescheites" essen und bitte um Übersetzungshilfe. Die Kellnerin holt den Chef, der spricht zwar auch nur Ungarisch, aber er bemüht sich sehr. „No meat, only vegetables, noodles, pasta. I'm vegetarian", sage ich und wir einigen uns auf „Gösser". Gespannt bin ich, was ich serviert bekommen werde. Gösser Bier etwa? Nein, es erweist sich als gebackenes Gemüse – wunderbar.

Essen ist für mich nicht nur Energiespender, sondern auch Seelentrost. Wenn ich den ganzen Tag nichts Ordentliches zu essen bekomme, verschlinge ich zum Trost eine ganze Tafel Schokolade. Wenn wir Chips kaufen, muss Florian zusehen, dass er welche abbekommt. Ich bin eine Chips-

Warten auf die Gösserspeise

vertilgungsmaschine, so gierig bin ich auf das Salzige und Fette. Wenigstens bekommen wir immer frisches, sonnengereiftes Obst und Gemüse zum Ausgleich für die zuweilen schlechte Ernährung.

Es wurde uns empfohlen, unbedingt den Abstecher nach Tata zu machen, auch wenn es einige Kilometer von der Donau entfernt ist. Die Gegend um Tata war schon in der Steinzeit besiedelt. Wegen der vielen Seen und Quellen am Fuße des transdanubischen Mittelgebirges erfreut sich die Stadt eines milden Klimas. Neben Buda und Visegrád war es der Lieblingsaufenthaltsort der Könige. Tata war während der Türkeneinfälle stark umkämpft. Die heftigen Gefechte fügten der Stadt schwere Schäden zu und entvölkerten sie. Die Esterházys siedelten nach Ende der Türkenkriege viele Deutsche hier an. Das Ungarndeutsche Museum hätte ich als Nachfahrin von Donauschwaben gerne besucht, leider ist es geschlossen. Die nationale Begeisterung, die sich durch die magyarische Geschichte zieht, kommt wohl von der ständigen Bedrohung durch die verschiedensten Invasoren. Hunnen, Slawen, Magyaren, Tataren, Awaren, Türken und Deutsche verwüsteten oder zivilisierten das Land.

Es ist Pfingstsonntag. Die Kirche in Tata hat auf jedem der beiden Türme eine Turmuhr. Jede zeigt eine andere Uhrzeit. Ihr Prunk ist schon verblasst, ihre besten Zeiten liegen in der Vergangenheit. In der Kirche stehen Menschen vor dem Beichtstuhl und hoffen auf Sündenerlass. Manche Leute erwarten sich vom Pilgern Seelenreinigung, Erleuchtung, Begegnungen mit Gott oder anderes Spirituelles, Esoterisches. Ich bin ohne derartige Erwartungen losgezogen. Ich fühle mich schon seit Jahren mit mir und meiner Welt im Reinen. Ich fühle die Sicherheit, dass alles immer recht wird und es mir an nichts fehlen wird. Manche Kirchen, besonders die prunkvollen, barocken, machen mich nachdenklich und misstrauisch.

Tata

Der Eingang zu unserem Hotel ist nach ungarischer Manier wieder einmal gut versteckt. Mit Hilfe des Kellners des Cafés „Platan“ bekommen wir aber ein Zimmer. Wir haben vereinbart, die Sonntage von unserem wochentäglichen Wanderleben durch ein wenig Luxus abzuheben. Heute gönnen wir uns demnach ein besonders schönes Zimmer. Das Café liegt auf Terrassen direkt am See, eine prächtige Platane spendet dem Gastgarten Schatten und Namen. Bei einem Glas guten, pannonischen Rotweins genießen wir die Ruhe des Ortes und die friedliche Stimmung am See.

Im Land der MAGYAREN

8. Ungarn

Labatlan – Esztergom – Nagymaros – Vac – Budapest – Tököl

174 km / 252 300 Schritte

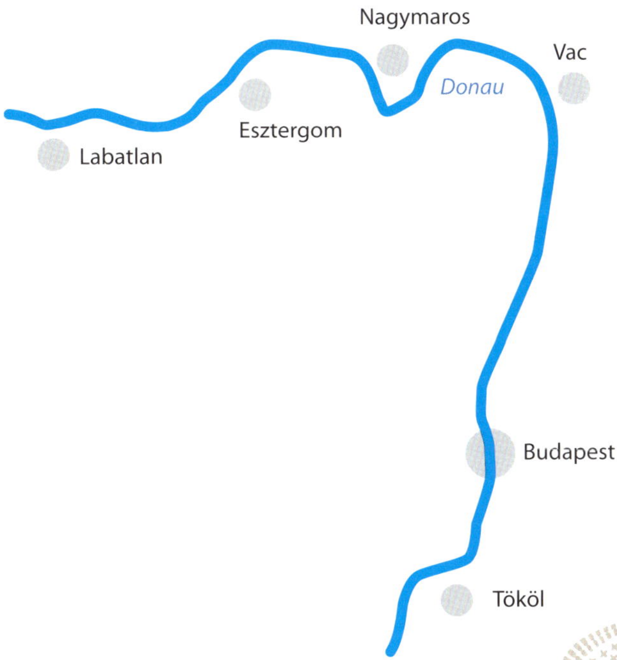

Im Land der MAGYAREN

Ungarische Weinlandschaft

Die Temperatur macht uns immer mehr zu schaffen, wir haben 30 Grad. Wenn wir in der Früh losmarschieren, dauert es keine halbe Stunde und wir sind völlig durchgeschwitzt. Auch heute ist es heiß und wir haben einen mächtigen Anstieg zu bewältigen. Schritt für Schritt, immer den Schatten der Bäume suchend, erklimmen wir den auf knapp 400 Metern gelegenen Ort Dunaszentmiklós, wo noch heute deutsche Auswanderer leben. Die Architektur der Häuser lässt dies auch sofort erkennen. Wir kehren zu Mittag im Gasthaus „Zur grünen Akazie“ ein, es gibt Bohnensuppe und Wels in Dillsauce. Auch in diesem Ort sind viele Häuser mit „Elado“ („Zu verkaufen“) gekennzeichnet. Die Straße ist in unglaublich

Gasthaus „Zur Grünen Akazie"

schlechtem Zustand. Durch große Weingärten wandern wir talwärts und gelangen schlussendlich wieder zur Donau. In Labatlan gibt es ein kleines, nettes Hotel direkt am Ufer. Wir sind die einzigen Gäste und haben ein Zimmer mit Donaublick. Weil das Moskitonetz kaputt ist, wagen wir nicht, das Licht einzuschalten. So liegen wir im Bett, die müden Füße hochgelagert, und lauschen der Stille. Es gibt praktisch kein Geräusch außer unseren eigenen Stimmen. Nur wenn ein Schiff vorbeikommt, ist das Knattern des Dieselmotors zu hören. Ein Geräusch, das ich auch zuhause liebe: Wenn im Sommer die Balkontüre offen steht und ein Schiff flussaufwärts fährt, werde ich oft wach, erfreue mich kurz daran und schlafe wie getröstet wieder ein. Wir liegen mehrere Stunden so da, reden ein bisschen über dies und das. So schön kann Langeweile sein. Die Pausen werden immer länger, bis dann keiner mehr etwas sagt...

Morgens haben wir immer das gleiche Ritual: Kaffee trinken, gegessen wird nicht viel, Tagebuch schreiben, Toilette, Rucksack packen, Wasserflaschen füllen, Zimmerkontrolle, zahlen, verabschieden und dann hinaus in die Hitze. Bei der ersten Einkaufsmöglichkeit wird der Essensproviant nachgefüllt: Obst, ein zweites Frühstück für Beatrix und als Erfrischungsgetränke Cola oder Eistee. Immer wieder passieren wir potthässliche Überbleibsel aus der Zeit der Planwirtschaft,

Mittagspause in der grünen Akazie

Aufgelassenes Fabriksgebäude

Betonruinen und verrostete Stahlkonstruktionen, überdimensionale ehemalige Fabriksgelände. Wir fragen uns, warum man nach dem Ende des Kommunismus all diese Fabriken nicht mehr brauchte. Warum werden sie nicht abgetragen? Bei einer kilometerlangen Militäranlage, derer sich die Natur bemächtigt, können wir verstehen, dass sie nicht mehr gebraucht wird.

Obwohl wir in den letzten Tagen keine riesigen Tagesetappen mehr gegangen sind, und auch heute nach Esztergom nur 26 Kilometer haben, kann ich mich kaum mehr fortbewegen. Es sind noch fünf Kilometer in die Stadt – in der prallen Sonne bei 30 Grad, auf dem Wulst zwischen Fahrrinne und nicht vorhandenem Bankett. Es herrscht starker Verkehr, Ausflügler, Busse und Motorräder. Die Ballen schmerzen, die Ferse brennt, der Rucksack wird immer schwerer. Es hilft auch nichts mehr, ihn dauernd ein bisschen zu verschieben, die Riemeneinstellungen zu verändern, den Bauchgurt enger oder lockerer zu stellen – er wird nicht leichter. Wenn man dann glaubt, am Ziel zu sein, dieses sich aber partout nicht finden lassen will, dann versiegen Mut und Kraft vollends. Noch um diese Ecke, noch in die nächste Straße, noch bis ans Ende der Straße ... Ich fühle eine Blockade, will mich nur noch hinsetzen.

Endlich finden wir den Campingplatz in Esztergom. Und er hat einen Pool! Daher ent-

Auf dem Weg nach Esztergom

Die Nachspeise nehmen wir in der Slowakei

scheiden wir, wieder einmal im Zelt zu schlafen. Ein Schwammerlgulasch mit Nockerl gibt wieder Kraft und hebt die Laune. Die Nachspeise nehmen wir in der Slowakei ein. Dazu gehen wir über die Donaubrücke nach Stúrovo und kaufen dort ein herrliches Eis. Obwohl es Pfingstmontag ist, gibt es kein Abendleben in der Stadt. Mit einem Schlag ist kein Mensch mehr auf der Straße und auch wir schlüpfen in unser Zelt. Nein, romantisch ist das nicht. Wegen der Gelsen klettern wir schnell hinein, machen alles dicht und schalten natürlich auch die Taschenlampe nicht ein. Das Zelt ist so klein, dass jede Bewegung mühsam ist.

Der Palast und die Basilika von Esztergom

So wie man sich bettet, bleibt man am besten bis zum Morgengrauen liegen, wo man dann mit steifen Gliedern auf allen vieren ins Freie kriecht.

Esztergom lebt vom Tourismus, den die Donaukreuzfahrtschiffe bringen. Ein Muss ist der Besuch des Erzbischöflichen Palastes und der prunkvollen Basilika. Diese sind am Berg gelegen und über viele Steinstufen zu erreichen. Wir wollen das Gepäck nicht mitschleppen, so wechseln wir ab. Einer geht auf den Turm, der andere bewacht das Gepäck. Ein herrlicher Ausblick und das akustische Erlebnis unter der großen Kuppel belohnen unsere Mühen. Ein älteres Paar aus Holland spricht uns an, es ist mit dem Fahrrad nach Budapest unterwegs und hat uns schon mehrmals gesehen. Die Tagesetappen

per Rad sind ähnlich kurz wie unsere zu Fuß. Recht haben die beiden. Etwas weiter donauabwärts begegnen wir Santiago aus Barcelona. Ein junger Bursche, der auch zu Fuß unterwegs ist, aber in Zeitrückstand geraten ist. Um seinen Rückflug rechtzeitig zu erreichen, hat er sich gestern in der Slowakei um 20 Euro ein Fahrrad gekauft, und seinen 20 Kilogramm schweren Rucksack draufgeschnürt. Dieser jämmerliche Drahtesel soll ihn heil bis Budapest bringen.

Der Dammweg ist leider so mit Gestrüpp verwachsen, dass wir auf einen Weg durch die Au ausweichen müssen. Bei Szob wechseln wir mit der Fähre auf das andere Ufer. Wir haben keine Forint mehr, aber im kleinen Gasthaus bei der Fährstation können wir die „Pizza" mit Euro bezahlen. Wir bekommen Teig mit Tomatensauce – sonst nichts. Inzwischen zieht ein Gewitter die Donau herab. Es wird stockfinster, der Wind beginnt zu blasen. Jetzt legt die Fähre auf der anderen Seite ab, wir müssen das geschützte Gasthaus verlassen und uns für die Überfahrt bereit machen. Als die Fähre anlegt, fallen bereits die ersten Tropfen, schnell ziehen wir das Regencape über und steigen auf. Nur ein

Die Donau bei Esztergom

Auto fährt mit, das voll besetzt ist. Für uns gibt es keine Möglichkeit, vor dem einsetzenden Gewitterguss Unterschlupf zu finden. Eng zusammengekauert stehen wir auf der Metallrampe, es schüttet wie aus Kübeln, die Sicht reicht nur noch ein paar Meter. Trotzdem hat die Fähre die Anlegestelle gefunden, und als wir die Fähre verlassen, ist auch der Spuk mit dem Regen vorbei. Außer unseren Füßen ist nichts nass geworden, ganz anders als bei den beiden Paddlern aus Deutschland, die wir im überdachten Gastgarten bei der Fährstation treffen. Sie sind nicht mehr rechtzeitig aus dem Wasser gekommen, ihre Kleidung und auch alles im Boot ist komplett durchnässt. Aber die Sonne kommt sofort wieder zum Vorschein, alles beginnt zu dampfen und es wird richtig schwül.

Durch eine wunderschöne Landschaft wandern wir der Donauschlinge entlang in Richtung Nagymaros, wo wir mit der Fähre nach Visegrád übersetzen wollen. Leider schmerzen meine Füße aber wieder so schlimm, dass ich immer langsamer werde. Ich beiße die Zähne zusammen und versuche mich durch die Landschaft und das Zählen der Kilometermarkierungen abzulenken. So erreichen wir verspätet den Fähranleger und versäumen die letzte Fähre des Tages. Verflixt! Ein Mann hat uns beobachtet und fragt, ob er uns helfen könne. Ja, wir suchen eine Schlafgelegenheit. Er telefoniert kurz und deutet uns dann, ihm zu folgen. Hoffentlich nicht weit, denke ich, ich kann nicht mehr. Bei einem Geschäft macht er Halt und erklärt uns, wir müssten warten. Dann fährt eine

Fähre nach dem Regenguss

Frau vor, der er uns anvertraut. Sie führt uns in die Räumlichkeiten über dem Geschäft. Wir gehen von Zimmer zu Zimmer, überall sind Wasserlachen am Boden. Am Nachmittag ist Wasser durch die Dachfenster eingetreten. Schließlich lässt sich doch noch ein trockenes Zimmer finden. Wieder einmal sind wir die einzigen Gäste. Leider gibt es im ganzen Ort nichts mehr zu essen, also bestellen wir in einer Bar ein Glas Rotwein. So sitzen wir im Freien an der Donau, mit Blick auf die gegenüberliegende Burg Visegrád. Eigentlich romantisch, wären wir nicht so hungrig und so müde.
Am Morgen können wir kaum aus den Federn. Wir wissen, dass wieder ein anstrengender Tag vor uns liegt, und es braucht schon eine Portion Disziplin, den Körper in Schwung zu bringen. Frühstück gibt es keines, aber im Geschäft unter uns können wir Kaffee vom Automaten und Brot kaufen, das wir verzehren, während wir auf die erste Fähre des Tages warten. Am anderen Ufer gehen wir in ein Restaurant, in dem wir unser Gepäck zwischenlagern können. Da kein Mensch zu finden ist, stellen wir die Rucksäcke in der Garderobe hinter einen Vorhang.

König Matthias tafelt

Bei glühender Vormittagssonne steigen wir auf einem schmalen Pfad 230 Meter zur Burg hinauf. Hier erhalten wir wieder ein Lehrstück in ungarischer Geschichte. Könige, Bischöfe und andere mittelalterliche Granden sitzen an einem prunkvoll gedeckten Tisch. Nein, nicht wirklich – es ist alles aus Wachs.

Zurück im Tal nehmen wir uns Zeit für ein ordentliches Mittagessen und beschließen, heute weniger zu gehen, um unsere geschundenen Glieder etwas zu erholen. Bei Kisoroszi wechseln wir mit der Fähre auf die Szentendrei Sziget, eine riesige Insel, die von Donauarmen umflossen wird. Wir haben eine Stunde Wartezeit auf die Fähre. Die für das Nichtstun gewonnene Zeit kommt uns gelegen. Ference, der in der Sonne herumlungert, lädt uns auf ein Bier ein. Während ich einige Flaschen mit ihm trinke und er mir dabei die Schattenseiten der ungarischen Politik erklärt, macht Beatrix ein Schläfchen im Schatten eines Baumes. Obwohl wir keine gemeinsame Sprache sprechen, schaffen wir eine Unterhaltung, die mit jeder Flasche Bier problemloser wird. Ference ist arbeitslos. Nachdem er den Kredit nicht mehr zurückzahlen konnte, hat die Bank ihm sein Haus weggenommen und zu guter Letzt hat ihn auch seine Frau verlassen. Jetzt macht er Gelegenheitsjobs und manchmal, so wie heute, trinkt er ein paar Bier, um das Leben zu ertragen. Er fährt mit uns über die Donau

Ference trinkt mit Florian einige Bierchen

Donaulandschaft

und begleitet uns dann noch bis zur Busstation. Als wir ihm zum wiederholten Male klarmachen, dass wir nicht mit dem Bus weiterfahren, sondern zu Fuß gehen, dreht er kopfschüttelnd und murmelnd um. Er versteht die Welt nicht mehr – es gibt noch Verrücktere, als er dachte. Wir wandern auf der Szentendrei Sziget in Richtung Vac. Die Insel ist an Fruchtbarkeit nicht zu überbieten. Obwohl auf der einzigen Straße wenig Verkehr ist, wandern wir querfeldein auf kleinen Feldwegen in unsere Zielrichtung. Es ist ganz still, keine Zivilisationsgeräusche sind zu hören. Zwischen kleinen Gemüsefeldern schlängelt sich unser Weg, hier fahren keine großen Maschinen, nur vereinzelt alte Traktoren mit kleinen Anhängern. Der Duft von Erdbeeren liegt in der Luft, und im nächsten Moment stehen wir neben kleinen Erdbeeräckern. Daran kommen wir nicht vorbei. Obwohl kein Mensch weit und breit zu sehen ist, verhalten wir uns doch ganz vorsichtig, als wir eine Handvoll der süßen Früchte vernaschen. Die einzigen, die es gesehen haben, sind Lerchen, die über uns kreisen. Ich lege mich ins niedrige Gras und lausche ihrem Gesang, so wie ich es als Kind oft gemacht habe.

Am Markt von Vac

Wenn das Heu oder Getreide eingebracht wurde, waren sie immer zu sehen gewesen. Meine Aufgabe war es, das liegengebliebene Heu oder Stroh zusammenzurechen. Wenn Vater zum Hof unterwegs war, um abzuladen, hatte ich Wartezeit und legte mich einfach auf den duftenden Wiesen- oder Strohboden und beobachtete die Lerchen. Wie damals suche ich mir eine Lerche, die singend und zwitschernd immer höher fliegt. Erstaunlich, welche Notenvielfalt dieser Vogel zur Verfügung hat. Immer wieder ändert er die Melodie. Er steigt höher und höher, es ist schwer, ihn nicht aus den Augen zu verlieren. Plötzlich stellt er das Zwitschern ein und fällt wie ein Stein vom Himmel. Knapp, bevor er den Boden erreicht, öffnet er die Flügel, schwingt ab und verschwindet im Gras. Ich bin so glücklich, dass es dieses Naturschauspiel noch immer gibt, rapple mich auf, schultere den Rucksack und marschiere fröhlich weiter.

Aller guten Dinge sind drei. So fahren wir am Ende des Tages noch mit der Fähre nach Vac, wo wir bei Dr. Alt Unterkunft finden. Er ist ein dienstbeflissener alter Herr, der uns mit berechtigtem Stolz sein Haus zeigt und uns ein Zimmer zuteilt. Er bestimmt auch, wo wir zu Abend essen müssen – was wir aber nicht befolgen. Auch in dem von uns gewählten Restaurant gibt es nichts für Vegetarier, weshalb sich Beatrix wie so oft von Pommes und Palatschinken ernährt.

Pünktlich um 7.30 Uhr klopft Dr. Alt an die Zimmertüre, das Frühstück sei angerichtet und dulde keinen Aufschub. Er hat im Wintergarten aufgedeckt. Ein Omelett von vier Eiern, und dazu vier Scheiben Schinken, jede einen Zentimeter dick – für jeden von uns. Dazu noch Pickles, Oliven, Streichkäse und „Becs Virsly“ (Wiener Würstchen).

Vac – ein Kaffeehaus zu verkaufen

Wir tun, was wir können, und machen mit angespannter Bauchdecke eine Stadtbesichtigung. Vac muss einem gefallen. Der schöne Stadtplatz mit reihum renovierten Barockhäusern und den drei großen Kirchen ist Anziehungspunkt für Jung und Alt, für Einheimische und Touristen. Am Markt kaufen wir um wenig Geld ein Kilo herrlicher Kirschen. Dann haben wir wieder Glück, auf die Überfahrt zurück zur Donauinsel müssen wir warten. Beatrix macht sich im schattigen Gras lang, ich sitze auf einem Stein und beobachte die Donau, spucke Kirschkerne auf den Boden. Einige Paddler, ein mit Schotter beladenes Frachtschiff, das Tragflügelboot von Budapest nach Wien kommen vorbei, manchmal springt ein Fisch in die Luft, Enten machen Tauchvorführungen... Warten ist, als würde das Leben kurz Pause machen. Ich habe nie gerne gewartet – bis jetzt.
In Szentendre besuchen wir das Museum der Keramikkünstlerin Margit Kovacs. Zum heutigen Bloomsday passt ganz besonders ihr Werk „Ulysses mit Sirenen“. Eigentlich wollten wir nur einen kurzen Blick hereinwerfen, sind aber so begeistert, dass wir zwei Stunden blei-

ben. Szentendre ist schon ein Vorort von Budapest. Ein zauberhaftes Städtchen, perfekt renoviert und mit allerlei Einkaufsmöglichkeiten, vor allem Souvenirläden. Vierzig Museen und Galerien bieten ein erstaunliches Kulturangebot. Als wir schon Richtung Budapest unterwegs sind, gesellt sich ein Mann zu uns. Er schnitzt kleine Holzpferdchen, die er in Szentendre verkauft. Gemeinsam gehen wir bis zur Stadtgrenze. Auf dem Weg beobachte ich einen Vater mit seinem kleinen Sohn, die mit dem Fahrrad unterwegs sind. Der Vater fährt ein Stück vor, der Kleine strampelt, um den wartenden Papi zu erreichen. Ist er angekommen, steigt auch der Vater wieder in die Pedale, fährt wieder ein Stück vor und wartet. Der kleine gibt wieder Vollgas. So geht das ohne Pause dahin.

Am Ortsrand von Budapest

Wir finden ein Hotel direkt an der Stadtgrenze. Budapest wollen wir nicht spät am Abend, sondern am Vormittag betreten. Ich bin sehr bewegt: Wir sind fast in Budapest. Das war immer eine magische Landmarke, die haben wir jetzt geschafft.

Österreichische Botschaft in Budapest

In der Früh finde ich meine Uhr nicht mehr. Hektik und Nervosität sind uns inzwischen unbekannt, daher ist die Situation spannungsgeladen. Aber wie immer geht alles gut und ich finde das gute Stück in der Bettspalte wieder. Der Stadtrand von Budapest bietet das gleiche Bild, wie wir es schon von anderen größeren Ansiedlun-

Tragflügelboot Wien – Budapest

gen kennen. Industrieruinen, verlassenes Militärgelände, Abschnitte mit Ferienhäusern, wovon jedes zweite zum Verkauf angeboten wird. Gegen Mittag kommen wir in der Innenstadt an. Wir suchen zuerst die österreichische Botschaft, um Beatrix' Reisepass abzuholen. Ihre Eltern haben ihn hierher geschickt, da er für Serbien notwendig ist. Wie üblich verlaufen wir uns auch hier wieder. Komischerweise haben wir in freier Natur ein gutes Gespür entwickelt, um Wege und Abkürzungen auch ohne Karte zu finden. Aber in der Stadt finden wir das Ziel oft trotz Karte nicht. Nach telefonischer Abstimmung werden wir zu Mittag von Livia in einem türkischen Café erwartet. Sie ist Couchsurferin und gibt uns in Budapest Herberge. Wir spüren bei ihr Sympathie auf den ersten Blick. Sie sagt, wir können bei ihr wohnen, solange wir wollen. Und unsere Wäsche, die vom Duft einer Blumenwiese weit entfernt ist, gibt sie sofort in die Waschmaschine.

Natürlich stehen wir heute nicht wie üblich um sieben auf, sondern wir genießen es, etwas länger zu schlafen. Unsere Gastgeberin ist ein echter Schatz, sie hat uns ein kuscheliges Bett in einem selbstgebauten Zwi-

Blick auf Budapest und das Parlament

Die berühmte Markthalle in Budapest

schenstock eingerichtet. Als wir unser Nest verlassen, serviert sie uns Kaffee und Kuchen. Wir bekommen einen Wohnungsschlüssel, damit wir jederzeit ein und aus gehen können, als ob wir hier zu Hause wären. Budapest ist eine wunderschöne Stadt. Weil es im Zweiten Weltkrieg keine Zerstörungen gab, ist die gesamte Innenstadt zwar renovierungsbedürftig, aber im Stil der Monarchie erhalten geblieben. Wollte man alle Kirchen in Budapest besuchen, nähme das schon mehrere Tage in Anspruch. Der Hauptmarkt „Nagyvasarcsarnok“ ist immer noch ein besonderes Erlebnis, obwohl sich hier schon mehrheitlich Touristen aufhalten. Die Kilometer in der Stadt messen wir nicht mit unserem Schrittzähler, aber wir machen wohl genau so viele Kilometer wie an einem normalen Wandertag. Wir besuchen noch das Gellert Bad. Dort lege ich mich auf eine Steinbank und schlafe sofort ein. Jetzt kommt die Anstrengung der letzten Tage erst zum Vorschein. Wir bleiben zwei ganze Tage bei Livia in Budapest. Wir sind so was von müde, dass wir nach einigen Stunden Stadtprogramm wie gerädert in die Wohnung zurückkommen und Pause machen müssen.

Linzer und Ischler in Budapest

Auch Budapest leidet unter der Wirtschaftskrise. Viele sind arbeitslos, Geschäfte stehen leer, Häuser, Wohnungen und wunderschöne Villen werden zum Verkauf angeboten. Aber wer soll sie kaufen? Viele Menschen sind frustriert und ohne Zukunftsperspektive. Mit der Regierung sind viele unzufrieden, sehen aber keine Alternative. Einige Tage zuvor hat es eine Demonstration gegen die Sparmaßnahmen der Regierung mit 25 000 Teilnehmern gegeben. Auch die Polizei, die Feuerwehr und das Militär haben mitdemonstriert.

Wir verabschieden uns herzlich von Livia, in der wir eine liebe Freundin gefunden haben, und verlassen diese schöne Stadt. Ich freue mich aber auch wieder auf die Einsamkeit unserer Wanderung, auf die Gespräche, bei denen wir alles Erlebte gemeinsam aufarbeiten werden. Als wir nach dem üblichen Vorstadtbild aus Budapest draußen sind und wieder am Damm entlang wandern, spüre ich große Behaglichkeit in mir. Die Natur hat uns wieder. Am Damm steht Gras, aber es ist ein kleiner Pfad freigetreten, auf dem es sich fantastisch wandern lässt. Plötzlich entdecken wir drei kleine schwarze Hundebabys. Sie liegen ganz alleine im Gras, und als sie uns sehen, krabbeln sie hoch und wollen zu uns. Beatrix, der unser eigener Köter schon sehr fehlt, würde am liebsten alle drei einpacken und mitnehmen.

Herzige Begegnung

Livia hat uns einen wertvollen Tipp für die Herbergssuche gegeben. Also gehen wir in Tököl in eine Bar und fragen nach einer Unterkunft. Es wird herumtelefoniert und flugs sitzen wir im Linienbus, der uns landeinwärts bringt. „Informatione“, sagt der Fahrer und bedeutet uns, in der ersten Reihe Platz zu nehmen. Nach mehreren Kilometern heißt er uns in einer Kurve auszusteigen, obwohl es hier keine Haltestelle gibt. „Spazieren!“, sagt er zum Abschied und weist uns den Weg. Hinter einem nagelneuen, riesigen Supermarkt finden wir unser kleines, aber feines Hotel.

Übrigens: Wir tun uns mit Ungarisch schwer, die Ungarn tun sich aber auch mit Deutsch schwer.

Fischerbastei

Drei das Ei

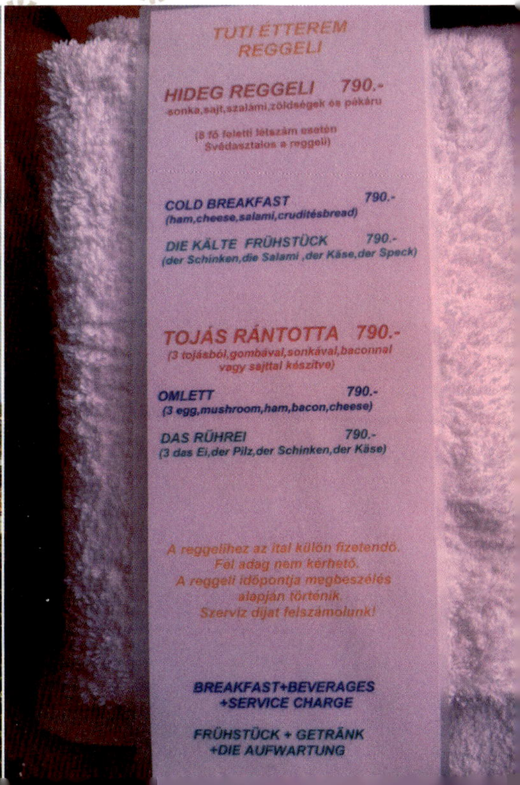

16
56
Tausend
ROSEN

9. Ungarn

Dömsöd – Dunaföldvar – Paks – Kalocsa – Szekszárd – Baja – Mohacs

216 km / 313 200 Schritte

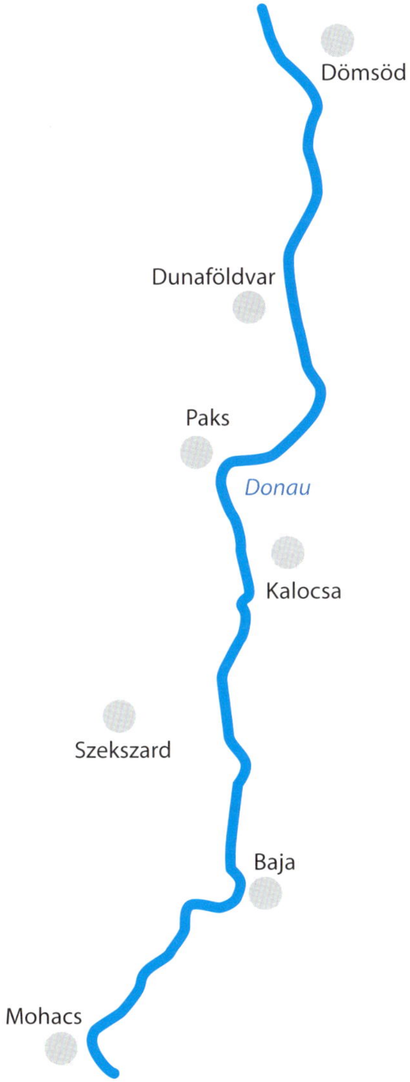

Tausend ROSEN

Prinz Eugens Barockschloss in Rackeve

Südlich von Budapest teilt sich die Donau in zwei Arme, die Nagy-Duna (große Donau) und die Kis-Duna (kleine Donau). Die dazwischenliegende Insel heißt Czepel. Wir gehen auf dieser Insel von Tököl bis Rackeve, auf einer wenig befahrenen Straße, die zugleich der Donauhochwasserdamm ist. Wir kommen an einem Gefängnis vorbei. Der Unterschied zum üblichen ungarischen Dorfbild ist nur der, dass ein Wachturm aus dem Gelände herausragt. Obwohl wir nichts angestellt haben, schauen wir doch lieber, dass wir hier schnell vorbei kommen.

Das Barockschloss in Rackeve bewohnte einst Prinz Eugen, der Sieger über die Osmanen. Es war seinerzeit das erste unbefestigte Schloss Ungarns. Mein Bauch fängt zu grummeln an, hoffentlich braut sich da nichts zusammen. Das Schloss will ich deshalb nicht besichtigen. Lieber will ich versuchen, mich bei einer Rast zu erholen. In einem Gastgarten bestellen wir Limonade. Sie schmeckt herrlich: Zitronen, etwas Zucker, frisches Pfefferminzkraut, Wasser und Eiswürfel. Nach dem zweiten Glas kehren meine Lebensgeister zurück. Ich bin bereit für die nächsten Kilometer des Tages.

Ein Mann spricht uns auf Englisch an, das ist uns in Ungarn noch nie passiert. Er fragt, woher wir kommen, wohin wir gehen, aber auch, ob wir etwas über seinen Ort wissen möchten. Eine freundliche Begegnung wie diese verändert die Gesamtsicht auf einen Ort, eine Stadt, ein ganzes

Idyllisches Fischerplätzchen

Land. Es macht eben einen Unterschied, ob man wahrgenommen wird oder nicht. Ich nehme mir vor, dass ich zu Hause mit mehr Courage fragen werde, ob ich behilflich sein kann.
Wir überqueren den kleinen Donauarm auf einer Brücke. Von hier an haben wir auf der rechten Seite die kleine Donau, auf der linken Wochenendhäuser. Es gibt Läden mit Badehosen, Bikinis, Schwimmreifen und Sandspielzeug. Auch hier sind auf vielen Zäunen „Elado"-Schilder angebracht. Die Ferienstimmung der Ungarn hält sich wohl in Grenzen, wahrscheinlich können sich viele nicht einmal mehr Urlaub im eigenen Land leisten.
In einer Trinkhalle in Dömsöd fragen wir nach einer Herberge. Schreibgerät ist keines zur Hand, also zeichnet man uns den Weg im Sand mit meinem Pilgerstock auf. Wir versuchen uns das Bild einzuprägen. In der nächsten Trinkhalle fragen wir zur Sicherheit noch einmal. Mit Englisch und etwas Donauschwäbisch ist uns der Kellner behilflich und ruft bei unserer Herberge an. Zehn Minuten später steht ein Auto vor der Tür. Der Fahrer lenkt seinen Wagen aus dem Ort und fährt eine schöne Weile, bis er vor einer Siedlung anhält. Zu Fuß und allein hätten wir niemals hierher gefunden.
Wir sind bei einer Rosenzüchterin gelandet. Im Folienhaus wachsen rote und gelbe Rosen, die sie am Budapester Markt verkauft. Die gute Frau quasselt in einem fort, es macht ihr

ienstimmung an der Kleinen Donau

nichts aus, dass wir kein Wort verstehen. Stolz führt sie uns auf ihrem Areal herum: Es gibt ein Kühl- und noch ein Folienhaus, einen Stall mit einer Kuh, eine Koppel mit Ponys und einen angeketteten Hund, der wild herumspringt und sich freut, dass jemand kommt. Ich verstehe nicht, warum hier alles, auch die Hunde, festgemacht, eingesperrt und angekettet werden muss. Am liebsten würde ich den armen Kerl losbinden.

Von Dömsöd nach Dunaföldvar sind es nach Florians Berechnungen 40 Kilometer, das erschüttert uns nicht weiter. Wir starten bald am Morgen bei strahlend blauem Himmel und großer Hitze. Das Leitungswasser bei der Rosentante war uns nicht geheuer, die ersten zehn Kilometer legen wir komplett trocken zurück. Ich kann es nicht leiden, ohne ausreichende Verpflegung und Wasser zu starten. Mittlerweile schleppe ich lieber ein Kilo mehr, als irgendwann vor Hunger und Durst schlechte Laune zu bekommen. Schließlich können wir Wasser und Bananen kaufen.
Am Damm gibt es keine Bäume und damit keinen Schatten. Wenn man vom ausgetrockneten Pfad einen Schritt in das Gras macht, springen tausende von kleine Grashüpfer kreuz und quer davon. Ameisen, Schmetterlinge und Vögel sind unsere Begleiter, sonst treffen wir keine Menschenseele. Mein Schrittzähler zeigt schon mehr als 20 Kilometer. Wir wollen eine Pause machen, ziehen unsere Schuhe aus, trinken und essen das Wenige, das wir noch haben. Wir sitzen mitten in der Natur, weit und breit keine Zivilisation. Vor uns im Gebüsch nehmen wir eine Häuserruine aus, auf einem Baum sitzt eine gurrende Taube und von irgendwoher höre ich eine leise flüsternde Frauenstimme... Gott sei Dank kann sie Florian auch hören. Ich habe also noch keinen Sonnenstich.

„rose is a rose is a rose"

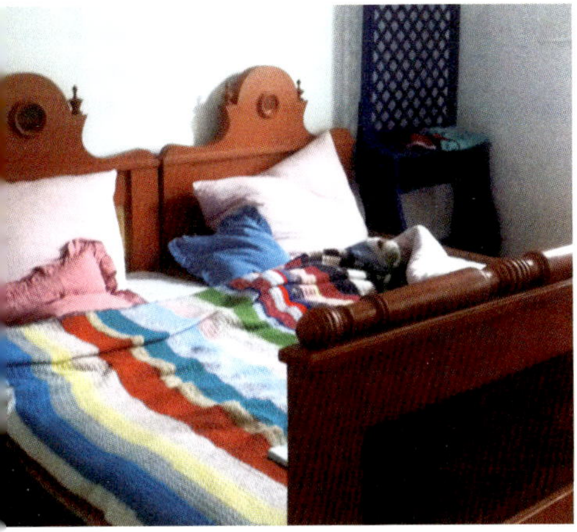

Die Donau konnte hier wegen des geringen Gefälles ihre ursprüngliche Form behalten, wurde nicht reguliert und in Kanäle gezwängt. Kleine Inseln und Seitenarme lassen uns oft raten, wo nun die „richtige" Donau sei. Die Brücke von Dunaegyhaza nach Dunaföldvar ist für Fußgeher eine Herausforderung. Der Gehsteig ist schmal und PKWs und LKWs zischen kolonnenweise an uns vorbei.

Wir beziehen hier im Schwabenhaus der Keramikkünstlerin Rosemary Quartier. Das Haus ist eher ein Museum als eine Pension, voll mit Erinnerungen, Kunstgegenständen und Kleinkram. Die Betten sind original aus den vorigen Jahrhunderten und deshalb um einiges kürzer als die Heutigen. Früher schliefen die Leute im Sitzen, mit dicken Kissen im Rücken. Für Florian ist das Bett zu kurz, er muss sich diagonal hinlegen.

Dunaföldvar

Ein Zeitvertreib beim Gehen auf verkehrsreichen Straßen ist mein spezielles Scrabble: Aus den drei Buchstaben, die auf den ungarischen Autokennzeichen stehen, muss ich ein Wort formen. Deutsch, Englisch, Eigennamen und Abkürzungen sind erlaubt. Fährt also ein Auto mit dem Kennzeichen „BUC" vorbei, wird daraus BUCH. Wenn ein Wagen mit „XUY" vorbeikommt, ist es schon schwieriger. Die Buchstaben und Zahlenkombinationen werden übrigens willkürlich vergeben, man kann daran nicht erkennen, woher ein Auto kommt.

Weindorf Dunakömlöd – Kimling

Es gibt Tage, da wache ich mit bleischweren Beinen auf. Ich bin wie gerädert und auf den ersten Kilometern geht nichts weiter. An anderen Tagen bin ich gut ausgeschlafen, frisch und munter, es kann mir gar nicht schnell genug gehen. So ein Tag ist heute. Wir kommen flott Richtung Paks voran, nicht einmal die Hitze macht uns zu schaffen.

Dunakömlöd, zu deutsch Kimling, war ein deutschsprachiger Ort. Schwabenorte sind anders, haben keine meterhohen Mauern oder Zäune. Wir können die Häuser und Gärten sehen, es bellen keine Hunde davor. Die Hügel in der Gegend sind voll mit Weingärten. Wir entdecken in unserer Karte eine Abkürzung, die über einen steilen Aufstieg führt. Weil wir uns dadurch Straßenkilometer sparen, entscheiden wir uns für den Weg über die Weinpfade. Der Abschneider führt an der römischen Ausgrabung Lissium vorbei. Am Ende des beschilderten Lehrpfades stehen wir vor einem – nennen wir es Bauernhof. Tausende alte Metallteile, Gerüste, Teile von Zäunen, Reste von Maschinen und Traktoren, dazwischen grunzt ein Schwein. Wir müssen durch diesen Schrottplatz und fürchten uns, dass irgendwo ein Hund oder der Bauer mit Heugabel auf uns lauert. Florian geht vor, leise schleiche ich nach.

Alles bleibt ruhig, nur das Schwein grunzt noch immer und mein Herz fällt mir fast in die Hose. Geschafft.
In Paks suchen wir die Touristeninformation, wo wir auf Vermittlung eines Hotelzimmers hoffen. Während wir in den Stadtplan vertieft sind, spricht uns ein Mann an, der John Malkovich auf der Stelle doublen könnte. Was wir denn suchen, ob er uns helfen könne. Touristeninfo gibt es keine, aber er kennt eine günstige Herberge, etwa einen Kilometer von hier. Er bietet uns an, uns mit dem Auto hinzubringen. Aber wir sind ja Wanderer und lehnen dankend ab. Wir machen uns auf die Suche. Mit dem handgezeichneten Plan John Malkovichs kann das ja kein Problem sein. Dachten wir. Wir müssen immer wieder nach dem Weg fragen und kommen sogar bei einem Hotel vorbei. Nun wird die Angelegenheit schön langsam aufreibend. Warum wir denn nicht hier rein gehen, frage ich Florian. Der meint, die Herberge könne ja nicht mehr weit sein. Hätten wir doch das Angebot angenommen. Wir sind einige Male an der „Herberge“ vorbeigegangen, weil sie ganz einfach nicht als solche erkennbar war – kein Schild, kein Hinweis, gar

Fischerboote bei Paks

nichts. Nächstesmal nehmen wir das Hotel, auch wenn es mehr kostet. In der Nacht geht ein arges Gewitter nieder. Gott sei Dank sind wir in der Herberge und nicht im Zelt. Da sind mir dann doch Etagendusche, Gemeinschafts-WC und Federkernmatratze wieder recht.

Das nächtliche Gewitter beschert uns in der Früh angenehme Temperaturen, so haben wir bis zum Frühstück in Uszod schon zehn rasche Kilometer hinter uns. In der Trinkhalle bestellt Florian Kaffee, während ich beim Greißler Croissants kaufe.
Mit Kaffeeantrieb kommen wir dann schnell in die Paprikametropole. Kalocsa ist weltbekannt, von hier kommt das beste Paprikapulver der Welt. Aus der ungarischen Küche ist das Gewürz natürlich nicht wegzudenken und es ist ein wichtiger Exportartikel Ungarns. Die 32 Dörfer der Gegend bilden das weltgrößte Anbaugebiet. Im Herbst, sagt man, brennen die Felder, wenn der feuerrote Paprika erntereif ist. Es gibt auch ein kleines Paprikamuseum.
Mit einem Bus fahren wir nach Hajos pincek, das größte Weinkellerdorf Europas. Es besteht aus mehr als 1 200 Weinkellern und Presshäusern – architektonisch einzigartig. Hauptsächlich reifen hier trockene Rotweine in großen Holzfässern. Wir schlendern durch die ruhigen Kellergässchen. Der Ort ist heute wie ausgestorben, wir haben schon Angst, dass wir ohne Kostprobe wegmüssen. Aber alles wird recht, ein Mann kommt

1 522 km bis zum Ziel

Beim ungarischen Heurigen

gerade aus seinem Keller, als wir vorbeigehen. Er lässt uns verschiedene Weine verkosten. Sie können mit unseren Weinen anstandslos mithalten. Es fällt uns schwer, aus dem Angebot eine Flasche auszuwählen – die wir dann an Ort und Stelle leeren.

Auf dem Weg von Kalocsa zur Fähre nach Meszesidunapart haben wir kühlen Nordwestwind, sechs Beaufort, Böen bis acht. Das Gehen ist anstrengend. Um neun Uhr sind die ersten sieben Kilometer geschafft, als wir zur Fährstelle kommen. Doch die Fähre hat wegen des starken Windes den Betrieb eingestellt, wir sind ratlos. Können wir das Ufer nicht wechseln, haben wir ein Problem. Am Buffet – ein alter Wohnwagen ist zur Getränkeausgabe umfunktioniert – stehen einige Männer beim Frühstücksbier, einer davon spricht Deutsch. Wir erzählen von unserer Misere, und schon kommt Bewegung in die Sache. Wir müssen im Klappsessel Platz nehmen, es wird telefoniert. Nach einer halben Stunde taucht tatsächlich eine Motorzille auf. Istvan, der wahrscheinlich bei der Fremdenlegion dient, knöpft uns fünfzehn Euro ab und los geht der wilde Ritt über die Donauwellen. Die Donau hat hier schon eine enorme Breite, ihre Farbe ist vom aufgepeitschten Wasser fast schwarz. Istvan gibt Vollgas, um die Zille gegen Wind und Wellen übersetzen zu können. Völlig durchnässt kommen wir am anderen Ufer an und setzen glücklich unsere Wanderung fort.

Bei der Wohnwagenbar wird nach einem mutigen Fährmann gesucht

Im Gasthaus in Tolna machen wir Mittagspause. Die Speisekarte ist seitenlang und bietet viele Spezialitäten der ungarischen Hausmannskost: kalte Kirschsuppe, Kutteln, Gulasch, Innereien vom Schwein und Rind und ähnlich feine Sachen. Salat besteht in Ungarn immer aus Eingelegtem: Gurken, Karotten, rote Rüben oder Kraut. Frischer Salat kommt hier nicht auf den Tisch. Florian nutzt die Chance und bestellt tatsächlich Kutteln. Ich kriege zur Abwechslung gebackene Champignons und natürlich die übliche Palacinka.
In Szekszárd hat das versprochene Hotel Gemenec schon längst seine Tore geschlossen. Die Wirtschaftskrise macht vor dem Tourismus nicht Halt. „Elado" steht auch hier in großen Lettern auf dem Eingang. Suchen wir eben eine andere Schlafstelle. Wir gehen in der Stadt auf und ab, weil wir immer wieder einen Wegweiser zu einem Hotel sehen, es aber nicht finden. 35 Kilometer sind wir heute gegangen, ich mag nicht mehr, also frage ich zwei Polizisten um den Weg. Dadurch kommen wir mit Polizeibegleitung ins Hotel Zodiako. Im Ort findet eine kulinarische Massenveranstaltung statt. Ein ganzer Platz ist für den Verkehr gesperrt. In kleinen Abständen werden am Boden kleine Feuerstellen errichtet, in den darüber hängenden Kesseln wird Fischsuppe oder Gulasch zubereitet. Dazu gibt es Wein. Auf den Hügeln rund um Szekszárd werden Merlot und blaufränkische Sorten angebaut, aber auch die Kulturrebe Kadarka.

Kesselgulasch in Szekszárd

Der Nationalpark Gemencer Wald, das natürliche Überschwemmungsgebiet der Donau, ist ein nahezu 20 000 Hektar großer, weitgehend unberührter Urwald. Hier betreibt Waldemar aus dem Schwarzwald eine Hotel- und Freizeitanlage. Der ausgewanderte Deutsche erzählt, dass vor zwanzig Jahren das Gebiet Parteibonzen für die Jagd zur Verfügung stand. Das Fußvolk hatte keinen Zutritt zum ganzen, riesigen Areal. Auch Waldemar ist frustriert über den Zustand der ungarischen Wirtschaft und die tristen Zukunftsaussichten. Am liebsten würde er alles einpacken und nach Deutschland zurückkehren – wenn da nicht die Liebe wäre!

In Baja surfen wir auf der Couch von Ildiko. Sie ist eine lebenslustige Mutter von vier Mädchen. Vor einigen Jahren ließ sie sich scheiden und machte eine Ausbildung zur Krankenschwester. Wir können uns auf Englisch, mit zwei Mädchen sogar auf Deutsch unterhalten. Obwohl die fünf für ungarische Verhältnisse ein gutes Leben führen, wollen sie so bald wie möglich nach Italien oder Österreich. Die Stimmung in Ungarn kennen wir nun schon zu gut. Wie soll das weiterge-

Rathaus von Szekszárd

Wie in der Wachau, Dunaszekcsö

hen? Einschnitte in allen Lebensbereichen motivieren die Gebildeten und Fleißigen wegzugehen.

In Dunafalva, zwischen Baja und Mohacs, kommen uns vier Radfahrer entgegen, einer ruft: „Das sieht ja wie in der Wachau aus!“ Tatsächlich, der gegenüberliegende Ort Dunaszekcsö liegt an Weinhügeln und erinnert mit seiner bunten Häuserfront an Weißkirchen in der Wachau. Die vier Burschen aus Niederösterreich fahren vom Delta der Donau entlang bis nach Hause. Sie kommen also von dort, wo wir hin wollen. Sie warnen uns vor Gelsenangriffen im Delta. Die vier sind nach Rumänien geflogen und radeln nun 150 bis 200 Kilometer pro Tag Richtung Heimat. Bei dem Tempo sind sie bald wieder zu Hause. Die sportliche Leistung steht im Vordergrund, der Genuss des Reisens bleibt bei ihnen wohl auf der Strecke.

Wir haben nichts mehr zu trinken und seit dem Frühstück nichts mehr zu essen. Nun ist schon Nachmittag, aber kein Gasthaus, kein Laden in Sicht. Florian geht tatsächlich in einen zwei Kilometer entfernten Ort und besorgt uns Eistee, Cola und Wasser. Zwölf Kilometer haben wir

Sonnenblume

noch bis Mohacs. Es ist wieder heiß, ich freue mich, wenn eine Wolke die Sonne verdeckt und es für kurze Zeit ein bisschen kühler ist.
Die Fähre nach Mohacs erreichen wir in letzter Sekunde vor dem Ablegen. Schade, so haben wir keine Wartezeit und keine schöne Langeweile. Im Café gleich neben der Fährenanlegestelle trinken wir unseren Halbzeitpalinka: Wir sind bei Stromkilometer 1 447, die Hälfte ist geschafft.
In Mohacs können wir wieder couchsurfen. Marikka wartet schon mit einem großen Pott Spaghetti auf uns. Im Haus stehen alte abgewohnte Möbel herum, das Badezimmer ist mehr als renovierungsbedürftig. Marikka kann keine Fremdsprache, ihre Kinder wären froh, wenn sie eine Lehrstelle finden würden. Da wir durch das Couchsurfen in private Familienverhältnisse eingebunden werden, erleben wir am eigenen Leib die großen Unterschiede zwischen den Lebensumständen unserer Gastgeber. Ist es Schicksal, was man in seinem Leben erreicht? Warum gelingt es Ildiko in Baja, ein Leben in Wohlstand zu führen, Marikka in Mohacs aber nicht? Ist es eine Frage des Glücks oder eine der

Fähre bei Mohacs

Ausbildung? Wir haben damit genug Diskussionsstoff für die nächsten Wandertage.

In Mohacs, unserer letzten Station an der magyarischen Donau, erlitt der ungarische König Ludwig II. im Jahr 1526 eine schicksalsträchtige Niederlage gegen Sultan Suleyman. Die Ungarn wurden völlig aufgerieben, vom König fand man nicht einmal mehr den Leichnam. Für die Osmanen war der Weg nach Buda und zur 150-jährigen Herrschaft über Ungarn frei. Auf dem ehemaligen Schlachtfeld, eine von sanften Hügeln eingesäumte Ebene, wurde zum 450. Jahrestag der Schlacht eine Gedenkstätte errichtet. Immer noch bringen die Pflüge der Bauern ab und zu Menschenknochen ans Tageslicht.

Auf der Fähre von Mohacs nach Ujmohacs steht auch ein Schweinetransporter. Auf zwei Ebenen kann man eine Menge Schweine transportieren. Durch einen schmalen Schlitz kann man sie sehen. Mal schaut ein blutiger Rüssel heraus, dann sieht man ein blutverschmiertes Ohr, ein anderes hat ein verletztes Auge, wieder eines reißt das Maul weit auf und japst nach Luft, als würde es ersticken, eines hat einen Fuß über den Hals eines anderen Schweins und kriegt ihn bei diesem Gedränge nicht mehr herunter. Wir sind am anderen Ufer angelangt, es geht steil die Böschung hinauf. Der Fahrer im LKW gibt Vollgas, die Schweine purzeln durcheinander und schreien wie am Spieß (auf dem sie dann ja eigentlich gar nicht mehr schreien). Der LKW fährt nach Baja, zum riesigen Fleischkombinat, in dem jährlich 300 000 Schweine geschlachtet werden. Wenn die Schlächter Wochenende und Feiertage einhalten, sind das etwa tausend pro Tag. Etwas später kommen wir auch an Masthöfen vorbei. Halle vier von sieben ist heute fertig, an die hundert Schweine „warten“ mit roter Farbe markiert im Gatter auf den Abtransport. Der Spieß kommt ein wenig später.

Im Grenzort Hercegszanto wollen wir unsere letzten Forint verprassen. Beim Kiosk hilft uns ein pensionierter Grenzpolizist bei der Übersetzung der Eissorten und der Speisekarte. Sein Deutsch ist passabel und er genießt es, jemandem sein Leid klagen zu können. Er akzeptiert es nicht, dass ich seine Einladung ausschlage. So muss Florian viele Biere trinken, weil der Grenzpolizist auch für mich immer wieder nachbestellt, obwohl ich beteuere, kein Bier zu mögen.
Die letzten Meter vor einer Grenze sind immer spannend, zu Fuß wird es noch aufregender. Der ungarische Zöllner bleibt gelassen, der serbische ist spaßig und will wissen, wozu unsere Stöcke gut sind. Ich gebe ihm eine Vorführung, wofür wir sie schon gebrauchen konnten: zum Graben für die Walnusspflanzung, zum Zeichnen im Sand, zum Abstützen, zum Anlehnen, als Kleiderständer, damit die Hände nicht anschwellen... Der Serbe ist fasziniert von den vielen Einsatzmöglichkeiten und wünscht uns einen schönen Aufenthalt in seinem Land.

Ungarischer Blaudruck

Kroatien an der DONAU

10. Kroatien / Serbien

Bezdan – Kopački rit – Osijek – Vukovar – Ilok

146 km / 211 700 Schritte

Kroatien an der DONAU

Unterkunft beim Onkel aus Amerika in Serbien

Die Grenze liegt hinter uns, wir folgen einer kleinen Straße Richtung Backi Breg. Ich bin bester Laune, dazu hat sicher auch die Pause mit Ference, dem Grenzpolizisten beigetragen. In unserer Reiseinformation steht, dass es in Backi Breg eine Unterkunft geben soll. Leider ist keine Adresse, nur eine Telefonnummer angegeben, die wir kurzerhand wählen. Funktioniert auch sofort, aber vom Gegenüber ist kein Wort zu verstehen. Plötzlich ist jemand anderer am Telefon und spricht perfekt Englisch. Der

Onkel aus Amerika, wie sich herausstellt, ist gerade auf Urlaubsbesuch bei seinem Neffen. Nun ist es ein Leichtes, alles zu klären. Weil wir zu Fuß unterwegs sind, will man uns mit dem Auto abholen, was uns nicht ungelegen kommt. Wir wandern weiter, und kurz vor dem Ort kommt uns ein alter, weißer Mercedes entgegen, darin John, der Onkel aus Amerika, und sein Neffe Robert. Wir haben keine Dinar und die Bank im Ort hat schon geschlossen. Aber man kennt jemanden, der Geld wechselt, und so kommen wir auch noch zu serbischen Banknoten.

Der Weg zur Unterkunft führt durch Felder und Wälder. Wir erreichen ein Häuschen, das ganz alleine mitten in den Feldern steht, direkt davor liegt ein kleiner Donauarm. So muss es Hänsel und Gretel ergangen sein. Wir haben keine Ahnung, wo wir eigentlich sind und würden von hier nie mehr irgendwohin finden. John beruhigt uns mit dem Versprechen, uns morgen in der Früh wieder abzuholen. Die beiden fahren los, wir sind ganz allein. Das Abendessen besteht aus den Resten, die wir noch im Rucksack haben. Dem Slivovic, den wir im Wohnzimmer entdecken, macht Beatrix den Garaus. Wir könnten schwimmen gehen, aber dazu sind wir zu müde. Also sitzen wir bis Sonnenuntergang auf der Veranda und genießen die Stille der Natur. Als uns die Gelsen überfallen, gehen wir schnell zu Bett. Schön, wenn man gar nichts tun kann, als sich mit sich selbst zu beschäftigen.

Tatsächlich kommt Robert pünktlich am Morgen. Wir haben Packerlkakao und Apfelstrudel zum Frühstück, das reicht fürs Erste. Ich denke, dieses nette Ferienhäuschen wäre für stressgeplagte Menschen das Richtige. Ohne Auto, damit sie nicht flüchten können. Bis zum Ort sind es sicher fünf Kilometer, und den Weg durch die Felder muss man erst einmal finden. Robert fährt langsam zur langen Donaubrücke, die nach Batina in Kroatien führt. Mit großem Abstand zur Zollwache, sodass uns niemand sehen kann, steigen wir aus und marschieren auf die Brücke zu. Wie bei einer Abschiebung, geht es mir durch den Kopf. Der serbische Beamte hat aber kein Interesse an uns. Am Ende der Brücke müssen wir beim kroatischen Posten anstehen. Zwei Autos sind vor uns, wir reihen uns dahinter ein. „Jeschusch!", ruft der Grenzbeamte und schüttelt den Kopf, als wir ihm sagen, wo wir hingehen. Er gibt uns Tipps, welchen Weg wir am besten weiterwandern sollen, und wo wir zu kroatischem Geld kommen.

Wir kommen in das Dorf Batina, dessen beste Zeiten längst vorbei sind. Wir wechseln Geld am Postamt und kaufen Lebensmittel, weil es unsicher ist, wann wir wieder etwas zu essen bekommen. Heißen Kaffee bekommt Beatrix nicht, es besteht also Gefahr, dass sie unruhig wird.

Vor dem Geschäft in Batina

Ein Zwölfender?

Wir folgen der empfohlenen Straße, die neu asphaltiert und für den Verkehr noch gesperrt ist. Herrlich, eine Straße für uns alleine! An ihrem Ende biegen wir auf den Dammweg ab, der uns in den Nationalpark

Kopački rit bringt. Der Naturpark umfasst das 17 000 Hektar große Gebiet am Zusammenfluss von Drau und Donau. Er ist eine der größten Laichstellen von ganz Mitteleuropa. 40 verschiedene Fischarten, Hirsche, Wildschweine und 260 Sumpfvogelarten leben hier. Wir genießen die Stille, hören nur das Gezwitscher der Vögel, das Rascheln der Blätter und die eigenen Geräusche. Wir wandern stundenlang am Damm entlang, was mich in meine geliebten Tagträume verfallen lässt. Das gleichmäßige Knirschen der Schritte im Schotter, der Stockeinsatz im Rhythmus von vier Schritten, genauso wie die Atmung. Zwei Schritte einatmen, vier Schritte ausatmen. Wir gehen durch ein Meer von Schmetterlingen und Hummeln, die uns umschwirren. Plötzlich sehen wir einen Hirsch mit prächtigem Geweih in der Wiese liegen. Eigentlich ist im hohen Gras nur das Geweih zu sehen. Er dreht den Kopf und sieht uns nach.

Ich beobachte, wie die Zeit vergeht. Was gerade noch vor mir war, ist plötzlich da, und dann hinter mir. Weg, vorbei. Mir wird bewusst, dass so das ganze Leben abläuft. Alles, was uns passiert, kommt näher, wird klarer, greifbar, spürbar – es ist nicht aufzuhalten. Und im Nu ist es Vergangenheit und entfernt sich immer weiter.

Am Waldrand torkelt ein Wildschwein, fällt um, rappelt sich wieder auf, torkelt und fällt wieder um. Ist es verletzt? Ich nähere mich vorsichtig. Das Schwein quiekt vergnügt, schnüffelt am Boden herum, seine Füße geraten durcheinander und rumms – fällt es wieder hin. Überall stehen kleine, wilde Pflaumenbäume (Kriecherl). Da liegt das Übel begraben:

Das Schwein hat die am Boden liegenden Früchte gefressen, die schon zu gären begonnen haben. Nun hat es einen ordentlichen Rausch und, wie man hört, Spaß dabei. Wird es morgen auch einen Brummkopf haben?

Etwas später, der Weg ist nun ganz schmal geworden, steht vor uns eine Wildsau mit ihren Ferkeln. Die Frischlinge kümmern sich nicht um uns, laufen herum und spielen wie kleine Kätzchen. Wir wollen diese Idylle nicht stören setzen uns auf Steinen nieder, packen unsere Jause aus und erfreuen uns am Tierschauspiel. Als wir aufgegessen haben, hat sich auch die Schweinefamilie ins Unterholz verzogen. Der Weg ist wieder breiter. Da kommt ein Fuchs aus dem Wald, sieht uns und verschwindet wieder, um nach 50 Metern erneut hervorzukommen. Er schaut nach uns: Alles in Ordnung, sie sind noch da. Verschwindet wieder und taucht etwas später wieder auf.

Am späten Nachmittag erreichen wir eine Herberge, die ganz malerisch auf einer Waldlichtung nahe dem Schloss Tikveški dvorac liegt. Das Restaurant ist nicht mehr in Betrieb. Im Bettenhaus gibt es einen kleinen Souvenirladen, eine Dame ist gerade dabei, zuzusperren. Sie macht uns verständlich, dass Zimmer nur in der Ferienzeit und auch da nur bei drei Tagen Voranmeldung vergeben werden. Wir bleiben hartnäckig und verlassen ihr Stübchen einfach nicht, sodass sie in ihrer Verzweiflung zum Telefon greift und vermutlich in der Buchungszentrale anruft. Sie gibt uns den Hörer und wir sprechen mit einer sehr freundlichen Dame, die gut Englisch kann. Sie versteht unser Anliegen. Wenn es uns nichts ausmache, dass wir kein Warmwasser, keine Bettüberzüge bekommen und in der Nacht ganz

Kriecherl am Weg

Beim Frühstückskaffee

alleine im Haus sein werden, könne sie uns schon ein Zimmer geben. Wir sagen freudig zu. Wir kaufen noch alles Essbare aus dem Souvenirgeschäft, also Kekse, Chips und Eis. Das ist unser Abendessen und auch unser Frühstück.

Wir verbringen einen herrlichen Abend auf der Veranda unseres Zimmers, ganz alleine und mitten im Naturreservat. Wir können wieder nichts tun, als für uns selbst da zu sein. Ich fühle mich ein bisschen wie im Märchen.

Das Frühstück besteht aus Keksen und einem Glas Wasser. Dann wandern wir wieder mehrere Stunden durch den Park, bis wir gegen Mittag den Ausgang erreichen. Hier gibt es zu unserer Überraschung ein Café: eine Holzhütte, die auf Stelzen in den Sumpf gebaut ist und über einen Steg erreichbar ist. Wir sind die einzigen Gäste, es gibt nichts zu essen, aber schon Kaffee macht uns glücklich. Unter uns im Sumpf wimmelt es nur so von Fröschen und Schlangen. Ich beobachte eine Schlange, die einem Frosch nachschleicht. Der Frosch schafft es immer wieder, rechtzeitig weiterzuhüpfen, die Schlange nähert sich wieder ganz vorsichtig. Ich mache mir zwar Sorgen um den kleinen Frosch, greife aber nicht ein. Das ist eben der Lauf der Natur.

Wir wandern nun an Getreidefeldern vorbei und erreichen wieder die Zivilisation. Der erste Ort heißt Bilje und es gibt ein Restaurant. Wie extra für uns arrangiert, beginnt es in Strömen zu schütten. Wir nehmen Platz, lassen uns vom freundlichen Wirt beraten und bestellen eine gemischte Fischplatte mit Karpfen, Hecht, Katzenfisch und Zander, dazu einen

Sumpfgebiet bei Bijelo Brdo

großen Pott mit Kartoffelsalat. Ja, wir haben alles aufgegessen und auch den ganzen Korb mit Brot geleert. Mit Pelinkovac (Kräuterlikör) beenden wir das Festmahl.

Nach dem Regen ist es schwül. Nach acht Kilometern auf dem Radweg neben einer stark befahrenen Straße erreichen wir Osijek. Die Dörfer in Nordostkroatien darf man sich nicht wie die schmucken Ferienorte an der Küste vorstellen. Die Häuser sind alt, oft sind wir überrascht, in welchen Behausungen Menschen leben. Die Wunden des Krieges sind noch sichtbar. Osijek war im Bürgerkrieg heftig umkämpft, aber man bemüht sich, die großen Schäden nach und nach zu beseitigen. Zerbombte und zerschossene Häuser wechseln sich mit neu gebauten oder schön renovierten Häusern ab. Es stehen Rohbauruinen herum, deren Bauherren im Krieg vertrieben oder getötet worden sind. An Nebenwegen stehen noch Minenwarnschilder. Wir fühlen, dass trotzdem Aufbruchstimmung herrscht. Osijek hat durch seinen Hafen unmittelbar vor der Donau – den einzigen an der Drau – wirtschaftliche Bedeutung erlangt. Wir sind von der Altstadt und dem großen Markt angetan. Da es unmöglich ist, sich mit dem

Moderner Brunnen in Osijek

großen Rucksack durch die vielen Menschen zu drängen, wechseln wir uns ab; einer bleibt auf einer Parkbank, während der andere auf den Markt geht. Er ist paradiesisch, seine Fläche riesig. Angeboten werden erntefrisches Obst und Gemüse. Ich finde die Birnen, die es in meiner Kindheit nur auf einem einzigen Baum gegeben hat, aber der stand leider beim Nachbarn. „Nagowetzbirnen" wurden sie genannt – und schmeckten genau so wie die heute in Osijek. Mit dem Unterschied, dass ich für die heutigen bezahle. Dann marschieren wir wieder los. In unserer Richtung gibt es nur eine stark befahrene Hauptstraße. Auf die Feldwege auszuweichen wagen wir aufgrund der Minenwarnung nicht. Wir stehen in einem Bushäuschen und beraten, wo wir länger überleben – auf den Minenwegen oder auf der Hauptstraße. Und da bleibt der Bus auch schon stehen und nimmt uns bis Dalj mit.
Die Kroaten begegnen uns sehr freundlich und offen. Die Kinder rufen „Hello" oder „Guten Tag". Als wir durch Borovo gehen, winkt uns ein alter Herr zu sich in den Hauseingang. Er rüttelt einmal heftig an einem daneben stehenden Marillenbaum und lädt uns ein, die heruntergefalle-

Minenwarnungen sind in Kroatien noch immer aktuell

nen Früchte aufzusammeln. Mit Händen voller Marillen danken wir und gehen weiter. Autofahrer hupen und winken uns zu. Beim Rasten auf einer Bank fragt uns eine Frau auf Englisch, ob sie uns helfen oder auf Kaffee oder Tee einladen könne. Ganz selbstverständlich spricht man hier Deutsch oder Englisch, wir haben keine Verständigungsprobleme. Als wir in Vukovar ankommen, bietet uns ein junger Bursch in perfektem Deutsch seine Hilfe an. Er erzählt von der Geschichte der Stadt und beantwortet unsere vielen Fragen zu den Kriegsgeschehnissen.

Unser heutiger Couchsurfing-Kontakt Ivica ist eine Seele von Gastgeber, freundlich, lustig, offen und auch noch ein guter Koch. Gemeinsam kochen wir Donaufisch mit Gemüse aus dem Garten seiner Freundin Marina. Er ist Fotograf und hat sogar schon Aufträge aus Wien bekommen. Meist fotografiert er Hochzeiten.

Wir machen noch einen Spaziergang in das Stadtzentrum. Hier, wo die Vuka in die Donau mündet, spielt sich das Leben ab. Hier gibt es einen Spielplatz an der Donaupromenade für die Kleinen, einen großen Veranstaltungsplatz, eine Ruine, die als Disco genutzt wird, und einige Cafébars für die Älteren. Hier sind die Schäden des Krieges besonders groß, die Stadt wurde zwischen 1991 und 1995 am längsten und heftigsten umkämpft. Dabei und durch die serbische Belagerung wurde sie weitgehend zerstört.

Markt in Osijek

Couchsurfing

Ein Haus in Vukovar

Neben Häuserruinen stehen neue Glaspaläste. Einschusslöcher sind noch an vielen Häusern zu sehen. In der Schuhfabrik, in der vor dem Krieg mehr als 20 000 Leute beschäftigt waren, arbeiten jetzt nur noch knapp 2 000. Aus einem Teil des Fabrikgebäudes wachsen kleine Bäume, daneben steht der renovierte Teil. Ein besonderes Mahnmal gegen diesen sinnlosen Krieg ist der zerschossene Wasserturm. Kurz nach Vukovar wurde ein Massengrab gefunden, die Gedenkstätte Vukedol erinnert an diese schrecklichen Geschehnisse.

Am nächsten Morgen packen wir schon früh unsere Sachen und verlassen

leise das Haus. Ivica und Marina sind spät heimgekommen, wir wollen sie nicht wecken. In der Nacht hat es abgekühlt und es regnet leicht. Wir wandern durch nasse Weingärten. Die Temperatur ist angenehm. Wieder stinkt es fürchterlich nach Tierkadaver. Wir haben schon viele tote Tiere gesehen: Schlangen, Echsen, Mäuse, Maulwürfe, Frösche, Eulen, Störche, Krähen, Rehe, Hasen, Hunde, Füchse. Aber ein totes Wildschwein hatten wir bis heute noch nicht. Der Straßenverkehr fordert eine unvorstellbare Menge an Tieropfern. Fair ist das nicht, denn wer war zuerst da, das Reh oder das Auto?

Die sanften Hügel direkt neben der Donau sind die Basis für guten Wein. Hier liegt sozusagen das Weinviertel von Slawonien. Die wichtigsten Rebsorten sind Traminer, Riesling und Burgunder. Die kleine Stadt Ilok ist das Zentrum und unbedingt einen Besuch wert. Wir finden Quartier bei einem heimgekehrten Gastarbeiter, sofort zu erkennen am deutschen Autokennzeichen an seinem BMW. Trotz der 38 Kilometer langen Wanderung besteigen wir noch den Berg und besuchen das Schloss. Dort können die Weinkeller aus dem 14. Jahrhundert besichtigt werden. Hier lagern

Wasserturm von Vukovar

unglaublich wertvolle Schätze an alten Flaschenweinen. Mehr als dreißig Jahre alte Weine werden um bis zu 200 Euro pro Flasche verkauft. Weine, die älter als 60 Jahre sind, werden nicht verkauft, sondern nur bei besonderen Anlässen, wie etwa einem Staatsbesuch, geöffnet. Natürlich verkosten wir nach der Kellerführung einige Achterl vom Traminer, der laut Kellermeister der beste der Welt ist. Stimmt, diese Weine sind wirklich ein Wahnsinn. Beim Abendessen im Schloss lernen wir Sigi und Ernst aus Schwanenstadt kennen, die mit dem Fahrrad unterwegs sind. Wir haben Freude daran, wieder einmal eine Abendunterhaltung zu haben, bei der wir reden können, wie uns der Schnabel gewachsen ist. So kommen wir spät ins Bett, aber dafür haben wir heute schon Donaukilometer 1 299 passiert.

Der Abschied von Kroatien

Moderner kroatischer Busbahnhof in Osijek

Weinkeller in Ilok

Verliebt in die VOJVODINA

11. Serbien

Futog – Novi Sad – Beska – Surduk – Belgrad

149 km / 216 050 Schritte

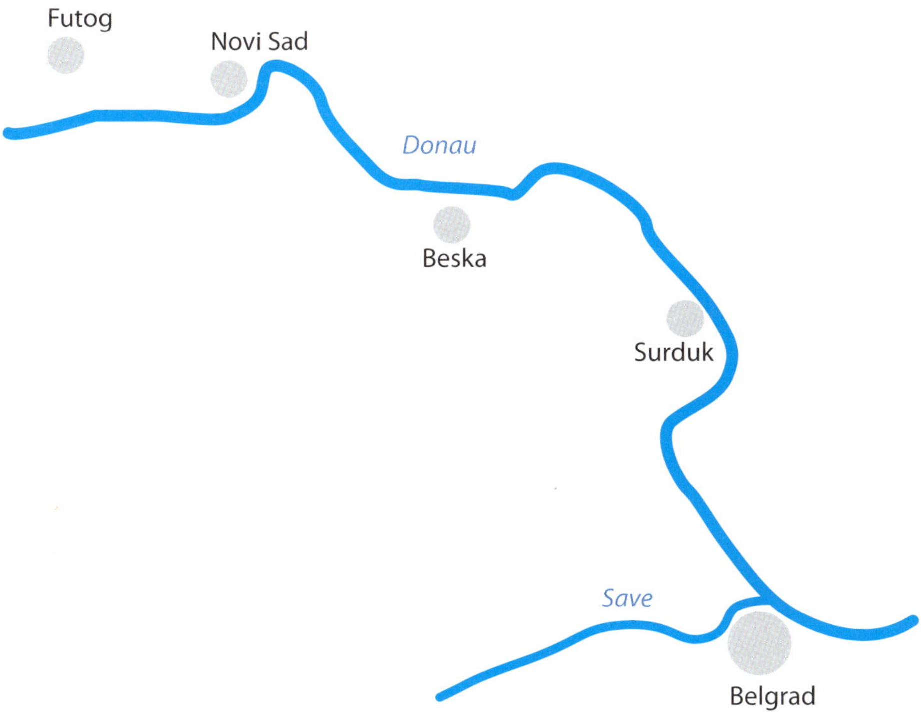

Verliebt in die VOJVODINA

Brücke zwischen Ilok und Bačka Palanka

Nach der Ausreise aus Kroatien machen wir auf der Grenzbrücke noch ein paar Fotos mit der kroatischen Flagge. Ein Gast hat sie uns gestern im Café in Opatovac mit den Worten „Jetzt seid ihr auch Kroaten!“ geschenkt. Vor der Einreise in Serbien bin ich aufgeregt, wehmütig und neugierig zugleich. Was wird uns erwarten? Noch vor wenigen Jahren wurde Reisenden empfohlen, Serbien zu meiden, weil es zu gefährlich sei. Müssen wir heute noch Angst haben?

Nach dem Ende des Krieges 1991 wurde die Donau zwischen Serbien und Kroatien aufgeteilt. Die Grenzlinie verläuft nicht immer mitten in der Donau, sie macht auch bizarre Ausbuchtungen am Ufer, wo unbewohnter Auwald jeweils einem Land zugesprochen wurde. Daraus lässt sich erkennen, wie hart über jeden Meter verhandelt wurde.

Wir bekommen einen Stempel in den Pass und sind in Serbien. Unser Ziel ist der basarartige Markt von Bačka Palanka. Er ist am Sonntagmorgen sehr belebt, die Verkaufsstände sind gefüllt mit Obst und Gemüse. Tomaten sind hier nicht einfach Tomaten. Die Vielfalt ist überwältigend: Es gibt große, kleine, ovale, saftige, süße, saure, runde. In der ersten „Pekara“ (Bäckerei) fragen wir, ob wir die Rucksäcke abstellen können. Eine Kundin, die als einstige Gastarbeiterin gut Deutsch spricht, dolmetscht und gibt uns auch eine Einführung in die serbischen Backwaren und andere Dinge, die wichtig für uns sein könnten. Auf die Frage, ob im Burek Schafkäse sei, antwortet sie: „Nein da ist kein Schafkäse drinnen, wir haben hier keine Schafe.“ Ich finde schön, wie selbstverständlich es für sie ist, dass nur regionale, saisonale Nahrungsmittel angeboten werden. Keine Schafe, kein Schafkäse. Kein Sommer, keine Tomaten. Kein Frühling, keine Erdbeeren. Kein Winter, kein Glühwein. So einfach wäre das.

Dem Rat unserer Dolmetscherin folgend, nehmen wir bis Čelarevo ein Bus-Taxi, da von Bačka Palanka nach Novi Sad nur eine vielbefahrene Schnellstraße führt. Bei der Busstation liegt wieder ein verwesendes kleines Wildschwein, der Gestank ist ekelerregend. Wir müssen zum Glück nur kurz warten, bis eine alte Lada-Schrottkiste mit Taxischild stehen bleibt. Es sind schon zwei Passagiere an Bord, ein altes Mütterchen mit Kopftuch und eine ständig mit dem Fahrer quasselnde Rothaarige. Unsere Rucksäcke kommen in den Kofferraum, die Pilgerstöcke haben irgendwie auch noch Platz und wir quetschen uns auf die Rückbank. Die zehn Kilometer nach Čelarevo schafft die Schrottkiste erstaunlich gut. Hier nehmen wir wieder einmal den Dammweg. Daneben stehen kleine Ferien- oder Fischerhäuschen auf Stelzen. In der Au ist heute viel los, in Gärten und auf Terrassen wird fleißig gegrillt. Beim Jalna-See machen wir eine kurze Kaffeepause. Wir sind stolz, dass wir das kyrillische Schild richtig gedeutet haben und in einem Gasthaus gelandet sind.

In Futog, genauer in Altfutog, ist mein Großvater zur Welt gekommen. Hier beginnt die familiäre Spurensicherung auf dieser Reise. Großvater ist später nach Weißkirchen, dem heutigen Bela Crkva, gezogen und hat dort meine Großmutter kennengelernt. In Futog besuchen wir den alten deutschen Friedhof. Er verkommt und ist schon völlig mit Gebüsch überwuchert. In einigen Jahren wird niemand mehr wissen, dass hier einmal Gräber waren. Im Geburtsort meines Großvaters zu sein, berührt mich

Im Taxi überbrücken wir die Schnellstraße

sehr. Schon oft habe ich mir vorgestellt, wie zu Maria Theresias Zeiten mutige Abenteurer ihr Hab und Gut zusammenpackten und mit einfach konstruierten Booten, den Ulmer Schachteln, in die Ferne gezogen sind. Im Gepäck hatten sie Versprechungen auf ein besseres Leben, aber auch die Ungewissheit, ob das Abenteuer glücklich enden würde. Wie haben sie sich organisiert, sind alle gemeinsam gegangen oder zuerst die Männer? Wie haben sie die Früchte zum Anbauen hierher gebracht? Die Gegend war fast völlig entvölkert, die Menschen von Kriegen, Krankheiten und Hunger dahingerafft. Und als meine Vorfahren 1944 vertrieben wurden, sind sie da auch zu Fuß gegangen? Schade, dass mich das erst jetzt, nach dem Tod meiner Großeltern beschäftigt. Ich hätte so viele Fragen.

Am Friedhof von Futog

Im Restaurant mit Ostblockcharme serviert uns ein Kellner, der aus „Dinner for One" entsprungen sein könnte, zum Frühstück Spiegeleier und Kaffee. Der Fernseher läuft mit voller Lautstärke, das Hauptthema heute: Tennis und Wimbledon. Der Serbe Novak Djokovic hat Rafael Nadal geschlagen. Auch der Kellner schaut ständig bei seiner Arbeit auf den Fernseher und wäre tatsächlich beinah über den Teppich gestolpert.
Der Weg nach Novi Sad führt wieder den Damm entlang. Dort biegen wir zielsicher rechts ab. Was sich nach wenigen Kilometern als falsch herausstellt. Wir sind gefangen auf einer Halbinsel, die hier zu Ende ist. Gefangen, weil unser Motto lautet: Wir gehen nicht zurück. Deshalb fragen wir einen Mann, der in seinem Garten arbeitet, ob es eine Fähre nach Novi Sad gebe. Lazar ist sehr hilfsbereit, wir müssen mit ihm kommen, seine Frau schickt er telefonieren. Er spricht perfekt Englisch, bietet uns auf seiner Terrasse selbstgemachte Holunderlimonade an und meint, dass er schon eine Überfahrt für uns organisieren werde. Einstweilen erzählt

er vom alten und neuen Novi Sad. Etwa vom schönsten Strandbad an der Donau, das man in früheren Zeiten mit einer Straßenbahn aus dem Zentrum der Stadt erreichen konnte. Oder von den vielen verschiedenen Ethnien und Nationalitäten, die in der Vojvodina lange friedlich miteinander gelebt haben. Er empfiehlt uns ein Hotel in der Stadt; während er die Adresse aufschreibt, winkt uns von einem Kanu im Hafenbecken fröhlich ein Mann zu. Lazars Freund hilft uns aus der Patsche und paddelt mit uns, einer nach dem anderen, ans andere Ufer. Es ist rührend, mit welcher Selbstverständlichkeit die Menschen hier alle Energie aufbringen, improvisieren und organisieren, um anderen zu helfen.

Novi Sad ist die Hauptstadt der Vojvodina, autonome Provinz und Kornkammer Serbiens. Die Provinz unterteilt sich in die drei Regionen Syrmien, Banat und Batschka. Offiziell anerkannte Sprachen sind Serbisch, Ungarisch, Slowakisch, Rumänisch und Ruthenisch. Historische Schriften sprechen von 24 ethnischen Gruppen, die in der Vojvodina eine Heimat gefunden haben. Ein Kulturengemisch, das sich in der Fruchtbarkeit und Vielfältigkeit der vojvodischen Landwirtschaft widerspiegelt.

Das „Centar“ von Novi Sad ist aufgeräumt und renoviert, nur die Pfeiler der von der NATO zerbombten Brücke stehen noch im Wasser. Das Leben pulsiert, viele junge Leute und Kinder sind unterwegs. Die Cafés und deren Gärten sind voll besetzt. Die Bibliothekarin der Stadtbücherei macht uns eine kleine Führung durch ihr Reich. Die Souvenirverkäuferin erklärt uns bereitwillig, welcher Heilige wofür im orthodoxen Glauben zuständig ist. Und auch der Rezeptionist im Hotel ist hilfsbereit und freundlich. Wir

Schuhreparatur

Festung Petrowaradin

fühlen uns sehr wohl in dieser Stadt. Leider haben am Montag die Museen geschlossen, das Museum der Vojvodina und das Theatermuseum hätten uns interessiert. Das große europäische Rockfestival „Exit" beginnt erst am Donnerstag, da werden wir schon weiterwandern.

Die Festung Petrowaradin, die sich über der Donau erhebt, erinnert an das altösterreichische und osmanische Erbe. Die Turmuhr auf der Festung war ein Geschenk von Maria Theresia. Sie muss heute noch von Hand aufgezogen werden. Wie beim Grazer Uhrturm sind auch hier die Zeiger vertauscht, der große zeigt die Stunden und der kleine die Minuten.

Zwischen den Ausläufern des kleinen Gebirges Fruška Gora und der Donau liegt die Stadt Sremski Karlovci. Sie war im 14. Jahrhundert klerikaler und kultureller Mittelpunkt. Der berühmte Löwenbrunnen speit in alle Himmelsrichtungen frisches Wasser, mit dem viele Leute ihre Flaschen füllen.

Ich strotze wieder vor Energie, nachdem wir auf dem schönen Platz Kaffee und Palačinka als Vormittagsstärkung eingenommen haben. Wenn ich Kaffee getrunken habe, gehe ich immer wie mit Düsenantrieb. Auch heute mache ich Tempo, trotz brütender Hitze und einer Straße, die in Serpentinen steil nach oben geht.

Die Fruška Gora ist ein Nationalpark mit sanften, bewaldeten Hügeln. Die höchste Erhebung ist 540 Meter hoch und der heilige Berg Serbiens. In der ganzen Gegend gibt es

Eingang zum Kloster Krušedol

Novi Sad

17 serbisch-orthodoxe Klöster. Jenes in Krušedol ist eines der bekanntesten, wir wollen es besuchen. Also hinauf auf den Berg. Da das Kloster nicht auf unserem Weg liegt und kein Bus fährt, machen wir Autostopp. Das dritte Auto hält an, der Fahrer des schrottreifen Opel Rekord deutet uns, auf der fehlenden Rückbank, also am dreckigen Boden Platz zu nehmen. „Monastery“ versteht er. Direkt vor dem Kloster bleibt er stehen und lässt uns aussteigen. Und wie man Benzin spart, lehrt er uns auch noch: Bergab gibt er den Gang heraus, schaltet die Zündung aus und zündet sich selbst eine Zigarette an. Übrigens sehen wir immer wieder Autos ohne Nummerntafel. Die Vorschriften werden hier anscheinend nicht so rigoros kontrolliert.

Die Wanderung durch die Vojvodina ist herrlich. Alles ist jetzt reif. Die hügelige Landschaft sieht wie ein Mosaik aus: gelbe Sonnenblumenfelder, goldene Weizenäcker, Pfirsich- und Marillenplantagen, Weinberge. Die kleinen Straßen, auf denen wir gehen, werden hauptsächlich von tuckernden Traktoren befahren. Alle sind eifrig mit dem Einfahren der Ernte beschäftigt. Immer wieder sehen wir Leute im Gebüsch, die langstielige

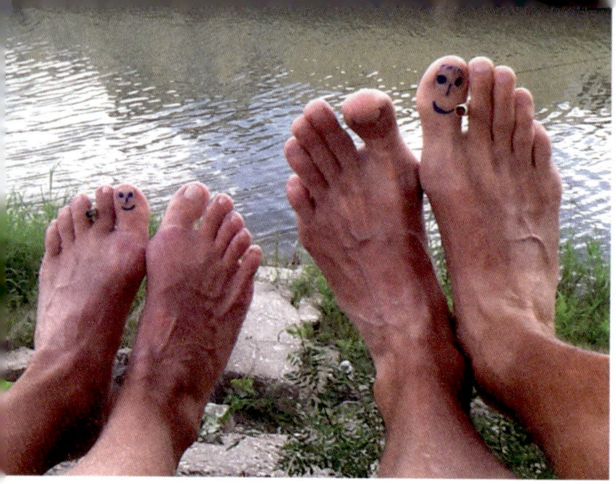

Pflanzen mit vielen gelben Blüten pflücken. Wir rätseln, was damit gemacht wird.
Seit Kroatien finden wir immer wieder Kriecherlbäume. Zu Hause sind diese Bäume längst verschwunden, zu mühsam ist die Ernte der kleinen Früchte, zu gering die Ausbeute. Dabei schmecken die roten, gelben oder blauen Früchte wunderbar. Sie stillen auf schnelle Weise unseren Hunger und Durst.

Ertappt

In Stari Slankamen am Donaustrand haben wir unsere Füße beim Rauchen erwischt. Rauchen gehört in Serbien zum guten Ton. Im Restaurant bekommen wir als erstes immer einen Aschenbecher serviert. Deshalb lassen wir unseren Füßen das Rauchen durchgehen, zu Hause müssen sie dann sowieso wieder aufhören.
In Surduk finden wir bei Aleksander und Dragana eine wunderbare Herberge: An der Straße steht das Haus, dahinter zieht sich ein 200 Meter

Unterkunft

langer Garten mit Marillenbäumen und Haselnussstauden bis zur Donau. Am anderen Ufer ist meilenweit flacher Sumpf sichtbar. Eine unfassbar schöne Donaugegend. Spätestens hier verlieben wir uns beide in die Vojvodina.

Schoko aus Linz hat ebenfalls ein Zimmer bei den beiden gemietet. Er hat vor, mit seinem Fahrrad samt Anhänger ins Donaudelta zu radeln. Schoko erzählt, dass er schon neun(!) Reifenpannen hatte und ständig seinen Anhänger reparieren muss. Auch heute bastelt er an seinem Gefährt herum. Wir empfehlen ihm, doch auch zu Fuß weiterzumarschieren, aber er hat leider nicht so viel Zeit wie wir.

Die Wettervorhersage für diese Woche: 34 bis 37 Grad. Wir beschließen, früher aufzustehen und früher zu starten, in der ärgsten Hitze eine ausgedehnte Mittagspause zu machen und am Abend wieder weiterzugehen. Unseren in Deutschland gefassten Vorsatz, zu Mittag etwas Warmes zu essen, können wir schon lange nicht mehr einhalten. Ab Ungarn hat sich die Lage verschlechtert und hier ist eine fest geplante Mittagsrast nicht mehr drin. Wo es laut Reiseführer ein Gasthaus geben sollte, werden wir oft enttäuscht, weil es schon lange geschlossen hat. In Ungarn gab es Trinkhallen, aber da gibt es kein Essen. In Serbien gibt es in jedem Ort ein Café, doch auch hier nur zu trinken.

In Serbien spielt sich das Leben viel im Freien ab und die Orte sind belebt, das gefällt uns. Die Leute gehen auf uns zu, sind neugierig und offen. Schoko hat

Frühstück im Grünen

Mosaik der Vojvodina

Die goldene Vojvodina

seine Reparaturarbeiten abgeschlossen und überholt uns. Der Arme muss bei mittlerweile 35 Grad mit seinem Anhänger über die hügelige Landschaft. Hoffentlich kommt er ohne Panne erst einmal bis ins nahe Belgrad. Nach Novi Banovci verlassen wir die Straße und gehen direkt die Donau entlang. Die hügelige Landschaft rund um Belgrad sehen wir bald, dann auch die Hochhaussiedlungen an den Hängen. In der Knez Mihailova, der Hauptstraße im Zentrum, trinken wir erst einmal etwas, bevor wir unsere Couchsurf-Gastgeber Aka und Mihailo anrufen, um nach dem Weg zu fragen. „Take near the statue man on the horse bus no. 26, for about 15 minutes, when it starts going down, get off." Es funktioniert, wir finden unsere Couch in Belgrad! Mit Aka und Mihailo stimmt die Chemie. Aka

ist Gymnasiallehrerin für Biologie und Englisch, Mihailo ist Physiker und arbeitet an einem Projekt für das CERN. Außerdem renovieren sie gerade ihre kleine Wohnung. Florian merkt gleich, dass der Wissenschaftler handwerklich etwas überfordert ist und hilft bereitwillig beim Spachteln. Dass ich Vegetarierin bin, löst bei den beiden kein großes Erstaunen aus. Sonst werde ich in Serbien fast des Lokals verwiesen, wenn ich nach etwas Fleischlosem frage. Nach dem Essen reden wir bei einer Flasche montenegrinischem Rotwein über Tito, Gastarbeiter, die Janitscharen, den Balkan, über das Ansehen von Serbien in der Welt und noch vieles mehr.

Unser Sightseeing-Tag in Belgrad beginnt bei erfrischenden 38 Grad um neun Uhr. In den Schanigärten der Cafés werden Ventilatoren aufgestellt, die leichten Sprühregen verteilen, damit die Hitze etwas erträglicher wird. Wir besuchen das Mausoleum Titos und den Kalemegdan, die Belgrader Festung. Aber die Hitze, die vielen lauten, stinkenden Autos, das Gedränge der Leute machen uns fertig. Immer und überall spielt Radiomusik.

Popusta – Serbischer Abverkauf

Und jetzt ein kühles Bier

Schutzpatron der Donauwanderer

Geschenke an Tito

SEZONSKO
SNIŽENJE
OD
-20%
POPUSTA
DO
-50%
POPUSTA

Frikom
Jelen
Jelen Fresh
Totalno osveženje.

Modern oder traditionell ist egal, Hauptsache laut und ständig. Unsere Moral landet am Tiefpunkt, als im Bus ein Taschendieb an Florians Geldbörse will. Es reicht uns. Wir verzichten auf eine Bootsfahrt an der Save und weitere Highlights der Stadt. Jetzt sehne ich mich nach einem normalen, geregelten Leben, ich möchte auf der Stelle zu Hause sein. Unter die Dusche, frische Wäsche aus dem Kasten, ein kühles Wasserbad für die Füße, Eiskaffee, Ruhe und Stille. Ich habe es satt, den ganzen Tag mit verschwitzter Kleidung herumzulaufen, mit Füßen, die von Hitze und Anstrengung wie gefüllte Blutwürste aussehen und sich auch so anfühlen.

Aka macht's wieder gut. Frischer Kaffee und unsere frisch gewaschene Wäsche auf der Leine versöhnen mich doch wieder mit dem Vagabundenleben. Mit uns dreien hat es nicht wollen sein, Belgrad. Du bekommst eine zweite Chance.

Belgrader Parlament

Kalemegdan

Eingang zum Tito-Mausoleum

Heimat der VORFAHREN

12. Serbien

Pančevo – Skorenovac (Székelykeve) – Dubovac – Bela Crkva

112 km / 162 400 Schritte

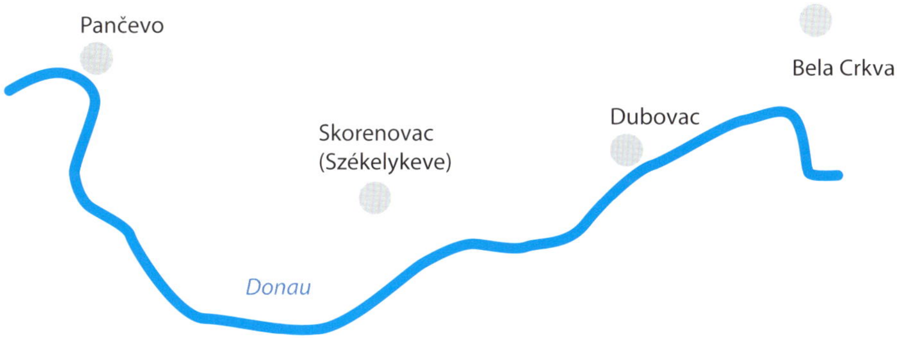

Heimat der VORFAHREN

Zeitig in der Früh, schon beim Warten an der Busstation, kommen wir ins Schwitzen. Es wird wohl wieder über 40 Grad geben. Gestern Abend habe ich präventiv noch eine Schmerztablette eingeworfen. Trotz des Ruhetages in Belgrad sind die Schmerzen in Hüfte und Beinen nicht weniger geworden. Ich will nur noch raus aus dem Lärm, der Hektik und dem Chaos. Der überfüllte Bus bringt uns zur Donaubrücke, wo wir in einem kleinen Café frühstücken. Es ist anscheinend auch bei Polizisten sehr beliebt – das mag an der kessen Kellnerin liegen. Paarweise kommen sie herein, trinken Kaffee, halten ein Schwätzchen mit ihr und gehen wieder, um anderen Uniformierten Platz zu machen.

Wir überqueren die Donaubrücke hintereinander gehend auf einem ganz schmalen Fußgeherstreifen, während daneben auf vier Spuren der Verkehr, hauptsächlich LKWs, vorbeidonnert. In der Mitte schwingt die Brücke, dass einem schwindlig wird. Nur schnell wieder auf sicheren Boden kommen. Die Brücke wurde im Zweiten Weltkrieg vom deutschen Militär gesprengt und dann von den Russen schnell und billig wiedererbaut. Es ist bemerkenswert, dass sie das Pensum des täglichen Verkehrs noch aushält.

Abmarsch in Belgrad

Längst gibt es fertige Pläne für einen Neubau, aber den kann sich die Stadt nicht leisten. Man wartet auf den Beitritt zur Europäischen Union, die dann als Geldgeberin einspringen soll.

Wir müssen die Straße queren und eine steile Böschung hinunter, um auf den Damm zu gelangen. Würde der Rucksack den Körper aus dem Gleichgewicht bringen, würden wir über Steine und Grasbüschel hinweg hinunterkollern. Das bedarf einer ordentlichen Portion Mut, aber inzwischen schrecken wir vor nichts mehr zurück. Mit jedem Meter, den wir auf dem Damm vorwärts kommen, nimmt der Lärm ab, bis er nicht mehr zu hören ist. Wir sind wieder alleine und wieder in der Natur. Rechts von uns liegt ein ausgedehntes Sumpfgebiet mit unzähligen Vögeln, links Felder und Wiesen, dahinter kleine Häuser. Wir stolpern beinahe über vier kleine Kätzchen. Sie können noch nicht sehen, sind vielleicht zwei bis drei Tage alt. Eines davon ist schon ganz schwach und japst nach Luft – es wird vielleicht nicht überleben. Wir decken das Nest hilflos mit etwas Gras zu, damit die Tierchen vor der heißen Sonne geschützt sind, und hoffen, dass die Katzenmutter nicht allzu weit weg ist.

Nach den letzten beiden Tagen in der hektischen Stadt fällt es mir besonders auf, wie ich die Ruhe der Natur genieße. Ich habe mein ganzes bisheriges Leben in Hektik verbracht. Wie habe ich das bloß ausgehalten? Ist das normal, war das richtig? Werde ich, wenn ich nach unserer Reise wieder zu Hause bin, in das alte Tempo zurückfallen? Kann ich und will ich das überhaupt noch? Was werde ich alles ändern, und wie? Wortlos gehen wir dahin, es ist ohnehin zu heiß zum Sprechen. Mehrere Stunden grüble ich dahin, auch während der Trinkpausen, die wir der Hitze wegen jede halbe Stunde machen. Wir sind gleich da, sagt Beatrix, und tatsächlich stehen wir vor Pančevo.

„Hotel kaputt", sagt der Pförtner im Hotel Tamis (benannt nach dem Fluss, der hier in die Donau mündet). Es ist laut Reiseführer das einzige in dieser Petrochemie-Industriestadt. „Nema problema", sagt der Pförtner nach einem Blick in unsere ratlosen Gesichter und deutet uns mit beiden Armen den Weg. Wir starten los, Florian (ein Mann fragt nach dem Weg!) fragt während der Schnitzeljagd noch einmal und wir finden tatsächlich eine Pension.

Die Temperatur geht in der Nacht nicht mehr unter 25 Grad. Wir stehen um 6.30 Uhr auf und sind um sieben schon unterwegs, um vor der großen Mittagshitze ein Stück des Weges zu schaffen. Wir haben Glück, dass heute Sonntag ist. Kilometerlang ziehen sich die Chemieanlagen, wo werktags die langen Tankwägen ein- und ausfahren. Wir frühstücken in Starčevo, dem ersten Ort, den wir passieren.

In Omoljica spricht uns Milena, eine ältere Dame an, wo wir denn hingingen und ob wir aus Deutschland seien. Sie besteht darauf, dass wir mit ihr kommen, Kaffee trinken und erzählen. Es ist beinahe Mittag und eine

Sumpfgebiet vor Pančevo

Der Fluss Tamis in Pančevo

Pause bräuchten wir ohnehin. In Milenas liebevoll eingerichtetem Haus ist es angenehm kühl, in der großräumigen Küche werden uns Kaffee, Marillensaft und Kirschkuchen serviert. Unsere Gastgeberin ist eine herzensgute Frau. Wir erzählen uns gegenseitig von unserem Leben. Sie war sechs Jahre in Stuttgart, ihr Mann, der vor vier Jahren verstorben ist, sogar 45 Jahre. Nun ist sie in Pension und hat den Tierbestand auf einige Hühner und einen großen Hund reduziert, den sie vom Tierheim geholt hat. Schweine hat sie keine mehr, dafür pflegt sie mit Liebe ihren großen Garten. Die Früchte von siebzig Obstbäumen verarbeitet sie zu Kompott, Marmeladen, Säften und eingelegten Früchten. Dazu kommen noch Erdbeeren, Tomaten, Gurken und vieles mehr. Fünfhundert Einmachgläser oder -flaschen stehen im Keller gelagert. Jeder im Ort weiß: Kommt man mit drei leeren Gläsern, bekommt man ein volles im Austausch. In den Ferien kommen Milenas Enkelkinder zu Besuch und lassen sich verwöhnen, den Rest des Jahres lebt sie ganz alleine. Bei der Geburt ihres Sohnes wurde eine 40-Liter-Flasche Pflaumenschnaps gebrannt. Heuer hat sie einen Enkelsohn bekommen und auch sofort wieder Schnaps für ihn gebrannt. Die Flasche wird dann anlässlich seiner Hochzeit geöffnet – und getrunken. Sie will uns mit Geschenken überhäufen, wir sehen uns aber nicht in der Lage, sie zu tragen. Wer zwanzig Kilo tragen kann, der kann auch 23 Kilo

„Hotel kaputt“

Geschenke der Omoljica-Oma

tragen, sagt sie lachend. Ohne das Minimum von einem Glas Gurken, einem Glas Marillenmarmelade und einer Flasche Tomatensaft dürfen wir nicht weg. Nach einer herzlichen Verabschiedung und unserem Versprechen, wiederzukommen und dann auch hier über Nacht zu bleiben, gehen wir in den Stadtpark, legen uns auf eine schattige Bank und schlafen sofort ein. Wir hören nicht die vorbeigehenden Leute, das Fallen der Samenkugeln der Linde und mein leises Schnarchen. Danach essen wir alle Essiggurkerl auf und stellen das leere Glas gut sichtbar beim Brunnen ab. Unsere Omoljica-Oma wird es finden. Als wir in Skorenovac wie üblich mit „Dobar dan“ grüßen, antwortet man uns mit „Jo napot!“ Das hatten wir doch schon! Wir sind bei Affenhitze 34 Kilometer gegangen, das reicht. Wir fragen im Restaurant nach einer Unterkunft. Zimmer bekommen wir keines, aber warum man hier Ungarisch spricht, erfahren wir: Skorenovac ist der serbische Name. Die Bewohner sind alle Ungarn und die nennen den Ort Székelykeve. Also eine ungarische Enklave mitten in Serbien. Da soll sich ein müder Wanderer noch auskennen. Die sogenannten Székler aus Siebenbürgen sind im Mittelalter hier angesiedelt worden. Seitdem haben sie fünf Mal die Staatszugehörigkeit gewechselt: Österreich-Ungarn, Königreich Jugoslawien, Jugoslawien, Serbien-Montenegro und jetzt Serbien. Im Ort wird Ungarisch gesprochen, es gibt eine eigene Schule.

Mittagsrast im Park

Auf der Couch beim Mesner von Székelykeve

Der Besitzer der Gaststätte lädt uns auf einen Palinka ein und telefoniert im Ort herum, um für uns eine Unterkunft zu finden, was schlussendlich auch klappt. Sein Sohn, der sich selbst Deutsch beigebracht hat, weil er so gerne deutsches Fernsehen schaut, bringt uns drei Straßen weiter, wo wir beim Mesner des Ortes Unterkunft bekommen. Wieder kriegen wir Palinka, im Wohnzimmer wird das Sofa ausgezogen, Tücher drüber und schon ist unser Bett fertig. Wir sind vom schönen Haus des Mesners überrascht, auch vom Inventar des Wohnzimmers, der Küche und des Badezimmers. Das Mesnergeschäft muss ganz schön einträglich sein. Ansonsten spiegelt der Ort unsere Eindrücke aus Ungarn wieder. Die Häuser und Gärten sind mit zwei Meter hohen Mauern versehen, und es sind kaum Menschen auf der Straße zu sehen. Zum Abendessen haben wir uns beim Wirten schon vorhin angemeldet. Es gibt gefüllte Paprika, für Beatrix gebackene Zucchini. Der Höhepunkt dieses Abends ist allerdings, dass wir Bekanntschaft mit dem berühmtesten Sohn Székelykeves machen: Zsoltan Dani ist Bäcker im Ort, davor aber war er Befehlshaber einer serbischen Fliegerabwehrtruppe. Während des Kosovo-Krieges hat er eine

Der Held von Székelykeve

getarnte US Airforce F-117 vom Typ Nighthawk abgeschossen, die einzige, die jemals im Gefecht verloren ging. Zsoltan hält vor uns und einer Reisegruppe einen Vortrag über alle Details dieses militärischen Streiches. Das versöhnliche Ende ist, dass der Pilot der Airforce, der sich mit dem Schleudersitz retten konnte, vor zehn Tagen bei Zsoltan zu Gast war. Die beiden haben Baseball gespielt und eine Dokumentation gedreht. Zum Schluss gibt es die ganze Geschichte auf CD in Ungarisch und Englisch zu kaufen. Nun wissen wir auch, warum alle Zimmer schon belegt sind. Der geschäftstüchtige Wirt holt reisewillige Ungarn busweise hierher, macht mit ihnen täglich Ausflugsprogramm und bewirtet sie. So hat er es zu ansehnlichem Wohlstand gebracht. Aber auch der gesamte Ort profitiert davon: der Busunternehmer, die Gemüselieferanten – und unser Mesner.

Heute Morgen habe ich Durchfall. Das Leitungswasser sollen wir hier nicht trinken, meint der Mesner. Danke, jetzt ist es zu spät. Der Wirt macht zum Frühstück eine Eierspeise von sechs Eiern, dazu gibt es noch Virsly

Kohleabbau in der Donau

Mobile Imker

(Würstchen). Ich kann nicht, der Magen rebelliert. Beatrix isst zumindest die Eierspeise, die Virsly bleiben liegen. Mit Verspätung gehen wir los, bis zum nächsten Ort wandern wir auf der Straße zwischen Sonnenblumen- und Maisfeldern. Wanderimker haben ihre Bienenvölker direkt neben der Straße aufgestellt. Einmal müssen wir durch eine Flugschneise der Bienen. Die Luft ist voller fliegender Bienen, wie soll man da durch? Beatrix, die Bienenkundige, macht es vor: einfach losgehen.

Wir haben längst wieder die 40 Grad-Marke überschritten, der Schotter reflektiert 70 Grad heiße Luft. Das Wasser in den Flaschen ist so heiß, dass man Tee damit machen könnte. Der Rucksack wird immer schwerer, was

auch an den Geschenken der Omoljica-Oma liegt. Wieder beginnen die Füße zu schmerzen. Jammern hilft nichts, es muss einfach weitergehen. Auf unserer Karte ist ein kleiner Badesee eingezeichnet. Ein kleiner Umweg, den wir aber für einen Sprung ins Wasser bereit sind zu gehen. Am kleinen Badeteich sind nicht viele Leute, das Wasser ist warm und nur bedingt sauber. Wir schwimmen ein bisschen, essen Brot mit Marillenmarmelade, trinken Tomatensaft und liegen im Schatten unter einem Baum. Wir gehen zurück zum Damm und die Tortur geht weiter.

Irgendwie war die Pause nicht hilfreich, es scheint, als würde jetzt alles noch schwerer gehen. Nach zwei Stunden machen wir einen Badestopp an der

Badestrand am Donauarm

Donau. Hier sind wesentlich mehr Leute und es gibt ein kleines Buffet, wo Fische gegrillt werden. Wir beratschlagen, wie es weitergehen soll. Sollen wir hier bleiben? Zum Zeltaufstellen wäre Platz genug. Aber am Abend, wenn die Gelsen kommen? Wir trinken mehrere Flaschen Cola, um wieder zu Kräften zu kommen, essen einen Fisch und gehen weiter.

In Dubovac ruft uns Dragan schon entgegen: „Apartman, Apartman?" Sein Mercedes hat ein Wiener Kennzeichen und sein dort verdientes Geld hat er in ein Appartmenthaus gesteckt. Er ist kugelrund, mit Gold behangen, führt große Sprüche und kommandiert seine Frau herum. Uns ist alles recht, wir wollen uns nur hinlegen. Er steckt uns in ein Zimmer im Keller, höchstens fünf Quadratmeter groß, inkl. Toilette. Dafür verlangt er österreichische Preise, vermutlich weil wir schon so verzweifelt aussehen. Er sieht wohl, dass wir nicht mehr weitergehen können. Der Wein sei, wie er uns erklärt, das Beste, das es hier weit und breit gebe, er selbst habe ihn aus Montenegro geholt. Er ist eindeutig sauer, echter Essig. Wir sind der Omoljica-Oma dankbar für die Marmelade, so brauchen wir nichts weiter von Dragan. Wir duschen uns den Dreck herunter. Staub und Sand kleben am schweißnassen Körper fest, wir sehen aus wie zwei Rußkäfer.

Gezeichnet von der Hitze

Dass die Milch zum Frühstückskaffee sauer ist, wundert uns hier nicht weiter. Wir verlassen diese unwirtliche Stätte schon zeitig in der Früh und gehen noch in das Zentrum von Dubovac. Dragan hat uns das ganze Geld abgeknöpft, wir sind pleite. Aber in Dubovac gibt es keinen Bankomaten. Auf der Bank vor dem Café sitzen schon um diese Zeit Männer und trinken Bier. Wegen der trostlosen Stimmung gehen wir schnell weiter.

Naturparadies Donau

Wir sehen immer wieder große, aus der Tradition fallende Häuser. Sie gehören Gastarbeitern. Das Wort hat Einzug in den serbischen Sprachgebrauch gehalten. Die Gastarbeiter werden, nachdem sie im Ausland schlechtbezahlte Arbeit erledigt haben und zurückgekehrt sind, von der serbischen Gesellschaft nicht sehr geschätzt. Sie haben Geld verdient und stellen das auch zur Schau. Die gebildeten Menschen, die zuhause arbeiten, können nicht so viel verdienen, wie ein Gastarbeiter Pension bekommt. Der Großteil der oft kitschigen Gastarbeiterhäuser ist nicht bewohnt. Die teuren Möbel sind mit Tüchern abgedeckt, die Besitzer selbst wohnen in der kleinen Hütte – Sommerküche, wie das genannt wird – nebenan. Die Kinder der Familien sind im Ausland und kommen meist nicht mehr zurück. Was wird mit den Häusern passieren, wenn die Alten einmal nicht mehr sind?

Wir haben gerade noch so viel Geld, um uns in Vračev Gaj Joghurt zu kaufen. Aufgewertet durch Omas Marillenmarmelade ist es unser Mittagessen. Wir haben uns von der Donau abgewandt und wollen die Stadt Bela Crkva (Weißkirchen) besuchen,

Typisches Gastarbeiterhaus

Wegweiser nach Bela Crkva
einst Weißkirchen

mit der Beatrix' Familiengeschichte verbunden ist. Daher hat auch Beatrix die letzten Zeilen dieses Kapitels verfasst.

Das kleine Barockstädtchen Weißkirchen ist der Geburtsort meines Vaters. Seit Beginn der Reise war ich gespannt auf diese Stadt, von der mir seit meiner Kindheit so viel erzählt worden ist. In jedem Schwabendorf in Ungarn habe ich mich gefragt, ob das Ortsbild von Weißkirchen auch so aussehe. Aber es ist ganz anders. Durch glückliche Fügung landen wir bei Milan, der uns als Couchhost beherbergt. Er arbeitet im Stadtarchiv, weiß über die Geschichte bestens Bescheid und ist stolz auf das Erbe seiner Stadt. Beim Abendessen erzählt er uns vom Fund der Reste einer weißen Kirche aus dem 18. Jahrhundert, von den Anfängen der Weinkultur, von der Unterdrückung durch die Türken, den musikalischen Unterschieden zwischen Südserbien und der Vojvodina und von der Zwangsumsiedelung ganzer Bergdörfer nach Weißkirchen durch das kommunistische Regime unter Tito. Wie ein Mosaik fügt sich langsam ein Bild zusammen.

Ich beginne eine gedankliche Zeitreise. Beim Blumencorso flanieren schick gekleidete Bürger und bestaunen die geschmückten, vorbeiziehenden Wägen. Durch die Kiebitzfenster der barocken Häuser beobachten andere das Geschehen auf der Straße, im Gasthaus wird an den Tischen Deutsch, Serbisch, Ungarisch und Rumänisch gesprochen, die Hotels sind nobel und gut gebucht, die Stadt ein Schmelztiegel und voll frohen Lebens. In der Glanzbüglerei meiner Urgroßmutter werden die weißen

Stadtpark von Bela Crkva

Ehemaliges Telegrafenamt
von Weißkirchen

Krägen der Offiziere gestärkt. Im Theater, einer kleinen Kopie des Wiener Burgtheaters, wird Schiller aufgeführt. In der Spezerei werden Neuigkeiten ausgetauscht und der Einkauf getätigt. Die Bahn bringt zweimal täglich aus der K&K Hofbäckerei Spezialgebäck in die Hauptstadt Wien, das dort sehr begehrt ist. An den Südhängen der Stadt wird Wein angebaut. Weißkirchen ist das kulturelle Zentrum der Vojvodina. Die Bürger sind stolz auf den geschaffenen Wohlstand, nachdem ihre Vorfahren das Land gerodet und die Sümpfe trockengelegt haben. Man lebt in Eintracht miteinander. Katholische, protestantische, russisch-, griechisch-, rumänisch-orthodoxe, slowakische Kirchen und die Synagoge stehen nebeneinander in nächster Nähe.

Mein Vater hat mir einen alten, handgezeichneten Stadtplan mit deutschen Straßennamen mitgegeben. Nach 1945 wurden sie ins Serbische umbenannt. Mit Milans Hilfe finden wir schnell heraus, wo sich die Wendelinigasse 21 befindet, das Haus, in dem meine Großmutter ein Gasthaus betrieben und mein Vater seine ersten Lebensjahre verbracht hat. Ich schalte gerade die Filmkamera ein, als sich das Doppelflügeltor öffnet und

Marian Stefanovic uns hineinbittet. Er zeigt mir das ganze Haus, ich darf überall filmen. Sogar das alte Straßenschild „Wendelinigasse 21" findet er im Hof. Ich schicke meinem Vater die kurze Filmsequenz nach Linz. Beim Ansehen erinnert er sich daran, wie seine Kusine auf der Kellertreppe Zigaretten geraucht und er sie bei Oma verpetzt hat. So habe ich meinen Vater mit auf diese Zeitreise genommen.
Mit Milan und Thomas, der gerade im Archiv für eine Filmdokumentation über Wüsten recherchiert – die Deliblatska Paščaea ist eine der wenigen Wüsten Europas – verbringen wir den Nachmittag an der Nera. Unser Freund kennt ein idyllisches Badeplätzchen, die kleine Lagune ist nur für Abenteurer zu finden. Die kühle Nera ist bei gemessenen 40 Grad Lufttemperatur Labsal für unsere schweren Füße. Der wilde, unregulierte Fluss ist ein Naturparadies, er bildet abschnittsweise die Grenze zu Rumänien.

Beatrix und Florian betreiben Ahnenforschung im Stadtarchiv

Wendelinigasse 21

Werbung einst

Blick auf Weißenkirchen, Karpatenausläufer im Hintergr

Die mit allem Comfort modern eingerichtete
Weiss-, Luxus- und
Brodbäckerei
des
M. MOGOS,
Fehértemplom
empfiehlt dem p. t. Publikum von hier und Umgebung seine stets bekannt reine und geschmackvolle Backwaaren, u. zw.: **Frühstück-** wie **Jausengebäcke, Thee-** und **Weingebäcke,** welche sehr beliebt geworden, stets frisch am Lager.
Korn- und Weissbrod
geschmackvollst, täglich stets frisch zu haben.
MEHLVERSCHLEISS
der ersten und renommirtesten Dampfwalzmühlen Südungarns, en gros und en detail.
Hochachtungsvoll
M. MOGOS,
Bäckermeister

DURCH DAS „EISERNE TOR“

13. Serbien

Srebrno Jezero – Golubac – Dobra – Donji Milanovac – Tekija – Kladovo – Brza Palanka – Negotin

190 km / 275 500 Schritte

DURCH DAS „EISERNE TOR“

In Stara Palanka mündet die Nera in die Donau

Unser erster Gang heute führt zum Postamt. Milan weiß, dass das Gebäude früher ein Hotel gewesen ist. Wir schicken Prospekte, Pläne und CDs nach Hause. Die Postbeamtin braucht für das Ausfüllen von Formularen, das Stempeln, Abwiegen und Abmessen so viel Zeit, dass sich hinter uns eine lange Schlange bildet. Bei uns zu Hause gäbe es da schon lange Proteste. Hier steht man an, wartet und unterhält sich.

Beim Abschied von unserem Freund Milan, den wir inzwischen in unsere Herzen geschlossen haben, vereinbaren wir, dass wir im Frühling nächstes Jahr wieder kommen und vielleicht alte Weißkirchner aus Österreich mitbringen. Die Eindrücke aus der Stadt meiner Vorfahren haben mich tief bewegt.

Und wieder begeben wir uns auf den Weg, das Schwarze Meer wartet. Bei Stara Palanka gelangen wir wieder zur Donau, hier mündet unser schöner Badefluss Nera. Die Košava weht heftig. Milan hat uns erzählt, wie furchtbar kalt der eisige Wind im Winter sein kann, und dass es Tage gibt, an denen man kaum vom Fleck kommt, weil die Košava mit voller Düsenwirkung aus dem Durchbruch des Eisernen Tores bläst. Gott sei Dank geht die Fähre nach Ram planmäßig. Anscheinend geht der Wind hier immer, deshalb stellt er für die Fähre kein Problem dar. Die Reste der osmanischen Burg Ram auf einer Anhöhe lassen wir rechts liegen. Wir gehen einen kleinen Berg hinauf und genießen den Ausblick auf die sich enorm weitende Donau. Sie sieht eher aus wie ein großer See, nicht mehr wie ein Fluss. Der Staubereich des Kraftwerks beim Eisernen Tor reicht bis hierher. Auf dem höchsten Punkt des Berges liegt der Ort Zatonje. Jedes zweite Haus ist ein Gastarbeiterhaus. Vor dem Geschäft sitzen einige Männer und lassen den Herrgott einen guten Mann sein, vier Buben spielen vor dem Dorfbrunnen. Ich frage sie, ob ich das Wasser trinken kann, wodurch eine multilinguale Unterhaltung in Gang kommt. Jeder der Buben kann ein paar Brocken einer anderen Fremdsprache, einer Englisch, einer Deutsch, einer Italienisch und einer Spanisch. Ihre Eltern sind jetzt in den Ferien hier, während des Schuljahres werden die Kinder von den Großeltern betreut.

Fähre bei Stara Palanka

Wir haben noch gute acht Kilometer bis zum Tagesziel Srebrno Jezero (Silbersee). Der „See" ist ein ehemaliger Nebenarm der Donau und wurde durch Dämme von ihr abgetrennt. An den Ufern des Sees liegt ein Ferienparadies für das nahe gelegene Belgrad mit vielen kleinen Hotels, Stränden und Wassersportattraktionen. Wir können ausnahmsweise wählerisch sein und uns eine Herberge aussuchen. Gedanklich bin ich noch in Weißkirchen, es lässt mich nicht so schnell los.

Freizeitparadies Srebrno Jezero

Unsere Wanderung setzen wir bald in der Früh fort, die Hitze wird noch einige Zeit anhalten. Die Kilometer, die wir am Morgen gehen, sind die

Bauernhof in Pozezeno

angenehmsten und schnellsten. In Bela Crkva haben wir einen Tag Wanderpause eingelegt, eigentlich sollten sich die Füße erholt haben. Doch Florian hat immer noch Schmerzen in den Füßen, ich mache mir Sorgen. Er hat Schmerztabletten genommen, was er nur tut, wenn es wirklich schlimm ist

In Veliko Gradište gibt's Frühstück im Gartencafé direkt an der Donaupromenade. Der junge Kellner erzählt uns von der Geschichte seines Ortes und von griechischen Göttern, die sich in Veliko Gradište in der Donau niedergelassen haben sollen. Er ist sehr stolz und gibt uns einen Prospekt mit allen Sehenswürdigkeiten. Wahrscheinlich wäre er lieber Fremdenführer als Kellner. Als wir fragen, ob wir ein Foto von ihm machen können, freut er sich und läuft ins Haus um seine Sonnenbrille.

Tagelang werden wir nun direkt der Donau entlang gehen und können dabei am gegenüberliegenden Ufer nach Rumänien blicken. Nur einen Kilometer neben uns gehen die Uhren anders. Im kleinen Ort Pozezeno winkt uns ein alter Mann zu sich, der unter einem großen Walnussbaum im Schatten sitzt. Im Kübel vor sich hat er im kalten Wasser süße Birnen gelagert. Er deutet uns, davon zu essen und wir langen sofort zu. Er zeigt auf den Baum hinten im Hof und dass noch so viele oben seien, dass wir ruhig welche mitnehmen können. Kurz darauf lernen wir Brvoslav kennen. Er ist Gemüsebauer und erntet gerade Paradeiser. In ser-

Der Gemüsebauer Brvoslav

Vermutlich der Grabhügel von Attila, dem Hunnenkönig

bisch-deutscher Körpersprache erfahren wir von ihm viel über den Anbau von Paradeisern. Das Feld ist nicht groß, trotzdem liefert es 1 500 Kilogramm in bester Bio-Qualität. Brvoslav verkauft das Kilo um 50 bis 70 Cent, ein mühsames Geschäft also. Ein Kilo wird er diese Saison weniger verkaufen, dieses ist als Geschenk in unseren Rucksäcken gelandet. So haben wir auch das Mittagessen beisammen. Käseburek ist noch von gestern über, dazu Paradeiser und Birnen. Ein herrliches Leben ist das.
In der Nähe von Vinci sehen wir auf dem gegenüberliegenden Ufer einen ebenmäßigen Hügel. Es geht die Sage um, dass es sich um das Grab von Hunnenkönig Attila handle. Nach Vinci geht's ein Berglein hinauf, von oben sehen wir die Donau, die durch den Rückstau des 100 Kilometer entfernten Kraftwerks Djerdap ein großer See mit sieben Kilometern Breite geworden ist. Im Städtchen Golubac übernachten wir bei einem Kunstmaler. Auch hier ist jetzt Ferienzeit. Alle Orte an diesem Donauabschnitt erwarten die Sommergäste mit Badestränden, Bars, Restaurants, Livemusik und allerhand Aktivitäten und Veranstaltungen.
Kurioses gibt es auf den Friedhöfen zu entdecken. Stirbt einer der Ehepartner, wird auf dem Grabstein

Paradeiserfeld

nicht nur der Verstorbene, sondern gleich auch der noch Lebende inklusive Foto eingraviert. Nur noch die Ziffern des Sterbetages müssen dann ergänzt werden, wenn der Partner nachfolgt. An den Straßen stehen in relativ kurzen Abständen Erinnerungssteine für Unfallopfer. Die meisten sind junge Männer.

Kurioser Totenkult

Die Bäckerin, bei der wir am Morgen unser Frühstück kaufen, ist ganz aus dem Häuschen und fragt uns, ob wir die sind, die zu Fuß ans Schwarze Meer gehen. Sie habe von uns im Fernsehen gehört. Wir haben zwar niemandem ein Interview gegeben, aber dass unsere Wanderung in aller Munde ist, nachdem man uns gesehen und ein bisschen mit uns geplaudert hat, können wir uns vorstellen. Manchmal möchten wir die Leute erinnern, dass sie den Mund wieder zumachen, so groß schauen sie uns an. Gestern Früh haben wir mit der Chefin unserer Pension am Silbersee getratscht und sie fragte, ob denn unsere Geschichte schon im Fernsehen war. Wir schüttelten den Kopf. „This we need to change", und so ist wohl gestern in den Abendnachrichten des lokalen Fernsehsenders über uns berichtet worden.

Frisches Wasser aus den Bergen

Vom Städtchen zur Burgruine von Golubac führt eine enge und kurvige Straße zwischen Felsen und Donau. Der Nationalpark Djerdap am Südufer der Donau ist bewaldet und hat Erhebungen bis zu 700 Metern. Direkt neben der Straße sprudelt aus den Bergen frisches Wasser, es schmeckt gut und frisch. Die eindrucksvolle

Festungsanlage wurde im 13. Jahrhundert von den Ungarn erbaut. Sie liegt an jener Stelle, an der sich einst das römische Castrum Columbarum befunden hat. 1389 fiel sie in türkische Hände und wechselte in den folgenden Jahrhunderten oftmals den Besitzer. 1815 kam Golubac endgültig unter serbische Herrschaft. Durch den Bau des Kraftwerks Djerdap wurde nicht nur ein Teil dieser Burg geflutet, sondern auch ganze Dörfer, Weide- und Ackerland. Am linken Ufer des Stausees sieht man immer wieder Bauwerke aus dem Wasser ragen.

Beim Verlassen der Burg überholen uns zwei Motorradfahrer mit Wiener Kennzeichen, mit Abstand folgt ein dritter. Wir wundern uns, wie man auf so einer Straße voller Schlaglöcher, Kurven und Steinen mit einer derartigen Geschwindigkeit dahindonnern kann. Eine Viertelstunde später überholen uns Rettung und Polizei mit Blaulicht. Zehn Minuten später sehen wir den dritten Motorradfahrer vor einem Restaurant weinend auf dem Boden sitzen. Die Rettung kommt uns wieder mit Blaulicht entgegen. Fünf Minuten später entsteht ein kleiner Stau, als Fußgänger können wir weitergehen. Vor uns eine schreckliche Unfallstelle: Sämtliche Einzel-

Zur Burg von Golubac

teile des Motorrades liegen auf der Straße verstreut, der Rahmen ist zwischen einer Felswand und einem LKW eingequetscht. Wenn man das so hautnah miterlebt, bekommt man unweigerlich eine Gänschaut.
Unser Donaukilometerstand ist seit heute, an unserem 82. Wandertag, nur noch dreistellig. Kurz nach Brnjica steht die 1 000-Kilometertafel. Das Wandern ist uns inzwischen zum Alltag geworden, der Kopf ist frei und wir haben alle Sinne auf die täglichen Erlebnisse eingestellt. Wir stehen in der Früh mit dem Wissen auf, dass der Tag wieder spannende Dinge bieten wird. Wir haben ungemein viel Freude an dieser Reise und werden auch die letzten 1 000 Kilometer noch sehr genießen.
In Dobra haben wir wieder einmal Glück mit unserer Herberge. Wir schlafen im gepflegten Haus eines Pensionistenehepaars, dessen Garten direkt an die Donau grenzt.

Wir müssen heute durch 21 kurze Tunnels auf der Donauuferstraße gehen. Wir haben das Gefühl, einer Meeresküste entlangzugehen. Die Donau ist hier zwei Kilometer breit, kleine Wellen platschen ans Ufer und die Straße führt an vielen kleinen Buchten entlang. Dann kommt eine Klamm, die Donau wird von riesigen Felsmassiven auf etwa 500 Meter zusammengedrängt, aber gleich nachher geht's wieder gemächlich in großer Breite dahin.
Zu Mittag besuchen wir das Museum Lepinski Vir. Hier an der Donau haben Steinzeitmenschen schon vor 9 000 Jahren gelebt. Im Museum wurde unter einer riesigen Metall-Glaskonstruktion mit den gefundenen Ausgrabungen eine Steinzeitsiedlung nachge-

Aufgelassenes Bergwerk

Steinzeitmuseum Lepinski Vir

baut. Es gibt viele Gebrauchsgegenstände und Werkzeuge aus dieser Epoche zu sehen. Die Häuser waren mit einer Feuerstelle und einem Altar ausgestattet. Die Fußböden waren mit Sandstein oder Lehmziegel gepflastert. Vor dem Museumseingang strecken wir uns unter einem schattigen Baum auf einer schmalen Bank aus und schlafen auf der Stelle ein. Wir sind mit dem Schlafen etwas ins Hintertreffen geraten.

Die Kleinstadt Donji Milanovac wurde beim Bau des Staudammes geflutet und an höher gelegener Stelle neu aufgebaut. Manchmal, wenn im Staudamm der Pegel um bis zu fünf Meter gesenkt wird, kommen die alten Häuser zum Vorschein. Der Kirchturm, das Rathaus, die Schule und andere Gebäude ragen dann gespenstisch aus dem Wasser.

Heute passieren wir einen der Höhepunkte unserer Reise: den Donaudurchbruch vor dem Eisernen Tor. Diesen Anblick wollen wir auf der Donau erleben und heuern daher ein kleines Motorschiff an, das uns durch diese wunderschöne Kulisse schippert. An der engsten Stelle ist die Donau nur 150 Meter breit. Auf beiden Seiten ragen die steilen Felsklippen

Donau bei Donji Milanovac

der Schlucht von Kazan mehr als 600 Meter fast senkrecht in den Himmel. Die Donau ist hier 82 Meter tief, das ist die größte Tiefe eines Flusses weltweit. Hier befindet sich auch die in Stein gemeißelte Gedenktafel Trajans, in Erinnerung daran, dass er 100 n. Chr. den Bau der römischen Straße entlang der Donau vollendet hat. Bei der Errichtung des Staudamms musste die Tafel aus dem Fels geschnitten und 40 Meter nach oben versetzt werden. Die Inschrift lautet: „Der Sohn des regierenden Kaisers und der göttlichen Nerva, Nerva Traianus Augustus Germanicus, Pontifex Maximus, zum vierten Male Tribun, Vater des Vaterlandes und Konsul, hat Gebirge und Strom überwunden und diese Straße gebaut.“

Decebalus Rex

Auf der gegenüberliegenden Seite in Rumänien sehen wir das Monument Decebalus Rex, das in Gedenken an den Dakerkönig Decebalus („so stark wie zehn Männer“), den letzten König von Dakien errichtet worden ist. Decebalus herrschte von 87 n. Chr. bis zu seinem Tod im Jahre 106.

Hier in Serbien wird in Restaurants oft Fischsuppe angeboten. Serbischer Salat schmeckt jetzt in der Erntezeit am besten. Auch frischen Donaufisch gibt’s ab und zu. Die Speisekarten der meisten Restaurants bieten aber einheitlich denselben Anblick. Wer Cevapcici, Pljeskavica und Rasnici nicht so gerne mag, hat hier ein schweres Leben. Hausmannskost gibt es in den Restaurants nicht, die wird zuhause gekocht. Wer zum Essen ausgeht, will Fleisch haben, und das muss tief in Öl schwimmen. Dafür werden wir mit einem üppigen, frischen Angebot an Obst verwöhnt. Jede Woche werden neue Früchte erntereif: Marillen sind jetzt zu Ende, Pfirsich und Zwetschken haben Saisonbeginn, dazu kommen Birnen und Melonen.

Am Wasser geht's durchs „Eiserne Tor“

Kaffeekränzchen in Te

In Tekija haben wir sagenhaftes Glück bei der Suche nach einer Unterkunft. Bei einer lustigen alten Dame bekommen wir das gesamte Obergeschoß samt überdachter Terrasse mit Blick auf die faszinierende Donaulandschaft. Unsere Gastgeberin braut uns serbischen Kaffee und serviert ihn mit selbstgemachter Erdbeermarmelade – diese wird ohne Brot mit einem kleinen Löffel zum Kaffee genascht. Hier ließe es sich länger aushalten. Lange bis nach Mitternacht hören wir Kinder im nahen Park spielen und lachen. Es hat bestimmt noch immer um die 30 Grad. Das Leben in Serbien geht rund um die Uhr.

Beim Bau des Kraftwerks Eisernes Tor I wurde der Wasserstand um 35 Meter angehoben. Dadurch wurden 13 Dörfer geflutet. Der Bau in den Jahren 1962 bis 1974 war ein Gemeinschaftsprojekt von Rumänien und Jugoslawien, der Strom aus den zwölf Aggregaten wird zu gleichen Teilen aufgeteilt. Über die Staumauer führt eine Straße, die Serbien und Rumänien verbindet. Auf dem jeweiligen Brückenkopf ist die Zollstation. Es ist das größte Laufkraftwerk der Donau und vor dem Kraftwerk Eisernes Tor II das vorletzte Kraftwerk vor dem Delta. Die Schleusenkammern mit jeweils 310 Metern Länge und einer Breite von 30 Metern hat unser neuer Freund Robert mit seiner Zille „Luzilla" schon aus der Nähe gesehen. Er hat uns zufällig über unser Blog entdeckt. Robert wollte mit Luzilla eigentlich bis zum Schwarzen Meer, hat aber vor kurzem im bulgarischen Vidin entschieden, die schönen Seiten des Lebens in Serbien zu genießen, statt Kilometer zu machen. So hat er jetzt genug Zeit an den Orten, wo es

Donaukraftwerk Djerdap

ihm besonders gut gefällt. Ob wir das auch machen sollten? Wir vereinbaren ein gemeinsames Abendessen in Kladovo.

Das Castrum Diana liegt so weit über der Donau, dass es bei der Flutung im Trockenen blieb. Bis vor einiger Zeit war es verschüttet, der Grund wurde militärisch genutzt. Eine Archäologin, die das Ausgrabungsprojekt leitet, macht uns eine kleine Führung. Die Festungsanlage wurde von Kaiser Trajan Ende des ersten Jahrhunderts gebaut. Die Ruinen bestehen aus Stein- und Ziegelkonstruktionen. In den Ferien helfen Jugendliche aus Kladovo mit, die Festungsanlage freizulegen.

Robert zeigt uns vor dem Essen den Strand von Kladovo, wo wir ein herrliches Bad in der Donau nehmen und fast bis Turnu Severin in Rumänien schwimmen.

Bei schweißtreibender Schwüle wandern wir am Vormittag weiter durch die hügelige Landschaft. Die ganze Zeit bedrohen uns schwarze Gewitterwolken. In Grabovica retten wir uns vor dem ersten Regenguss gerade

Die Festung Castrum Diana

Ein Regenbogen

noch in ein Restaurant. Sowie es aufhört, wandern wir weiter, aber nach einigen Kilometern wird die Bedrohung wieder so groß, dass wir auf den

Campingplatz in Brza Palanka flüchten. Am Campingplatz gibt es über dem Restaurant auch Zimmer zu mieten. Kaum haben wir eines davon bekommen und die Türe zugemacht, fegt ein Sturm über den Ort. Der Himmel, die Donau – alles pechschwarz. Was nicht festgemacht ist, holt sich der Wind. Hier gäbe es einen schönen Badestrand, an dessen Benützung bei der Weltuntergangsstimmung nicht zu denken ist. Wenigstens die Temperatur ist erträglich geworden. Mal sehen, wie die Moskitos darauf reagieren, bisher sind wir vor diesen Quälgeistern weitgehend verschont geblieben.
Inzwischen stellen sich die ersten Verschleißerscheinungen bei unserer Ausrüstung ein. Florians Hose muss genäht werden, er braucht neue Socken und sein Wanderstock ist schon um einiges kürzer geworden. Den Rucksäcken würde ein Besuch in der Waschmaschine gut tun. Ob wir mit unseren Schuhsohlen noch bis ans Ziel kommen, ist fraglich.

Bei angenehm kühlen 30 Grad setzen wir unsere Wanderung direkt neben der Donau fort. Wir treffen einen Mann mit einer Axt über der Schulter, der uns mit „Guten Tag!" grüßt. Nach einem kurzen Gespräch und nachdem er überzeugt ist, dass wir die ganze Donau entlang zu Fuß gehen, müssen wir mit ihm nach Hause kommen. Seine Frau, eine rüstige 77-Jährige, ist ebenso erstaunt. Sie kocht Kaffee, dazu gibt es Kekse. Nach einigen Slivovic müssen wir wieder weiter. Natürlich lassen uns die lieben Leute nicht mit leeren Händen gehen, sie geben uns eine ganze Tasche der ersten frischen Äpfel der Saison mit. Wir brauchen Vitamine, meinen sie. Wir passieren Djerdap II, das letzte Kraftwerk der Donau. Kurz vor Nego-

Serbische Dorfstraße

Historisches Fundstück: ein Korbwagen

Република Србија
Republic of Serbia
Довиђења
Goodbye

tin bleibt ein Auto stehen, ein Mann spricht uns auf Englisch an. Was wir denn vorhaben, will er wissen. So kurz vor der Stadt ist schon viel Verkehr, wir blockieren die Straße und er meint, wir sollen doch einsteigen und die fünf Kilometer nach Negotin zum Plaudern nützen. Das tun wir, und so lernen wir den Schleusenchef des Kraftwerks kennen. Dragan erzählt uns von einem österreichischen Zillenfahrer, den er vor kurzem kennengelernt hat. Die Welt ist wirklich klein – er kennt unseren Robert. Er chauffiert uns direkt zu einem kleinen, günstigen Hotel und gibt uns noch seine Visitenkarte, damit wir ihn anrufen können, wenn wir Rat oder Unterstützung brauchen.

Und so ist der Tag gekommen, an dem wir Serbien verlassen müssen. Es fällt uns schwer, Abschied von diesem schönen Land zu nehmen. An der Grenze steht noch ein Schild: „You are now leaving Serbia. Don't cry because it's over, smile because it happened." Wenn man so von einem Land verabschiedet wird, kommen einem fast Tränen.
Wir haben die Serben als ausgesprochen freundliche, hilfsbereite Menschen erlebt. Sie sind neugierig und haben Temperament. Ohne Radiomusik oder eine andere Geräuschkulisse und ohne eine Zigarette geht hier gar nichts. Schade, dass die Speisekarten aller Restaurants gleich sind. Zur Auswahl stehen lediglich „Meat or Fish". Das gute Gemüse, Kartoffeln, Reisgerichte und die selbstgemachten Nudeln gibt's nur bei Mama zu Hause. Essen und Einkaufen ist für unsere Verhältnisse sehr günstig. Wir hatten nie Wassermangel, gutes, frisches Trinkwasser sprudelt fast in jedem Dorf aus einem Brunnen. Ein Segen für uns Wanderer bei diesen Temperaturen.

Baufällige Schönheit

Grenze Serbien-Bulgarien

Wo sind wir
HIER?

14. Bulgarien

Bregovo – Vidin – Archar – Lom – Kozloduj – Oryahovo – Bajkal – Nikopol – Belene – Svishtov

303 km / 439 300 Schritte

Wo sind wir HIER?

An der bulgarischen Grenze

Wo sind wir da gelandet? Direkt nach dem bulgarischen Grenzposten beginnen die Häuser des Ortes Bregovo. Aber sind die bewohnt? Stehen diese Häuser leer? Etwas verunsichert gehen wir weiter, es gibt kein Schild, an dem wir uns orientieren könnten. Wir landen auf einem Platz, der der Ortskern sein könnte. Es beginnt zu regnen, wir flüchten unter das Vordach eines Gebäudes, das wie ein Amtshaus aussieht. Vor uns liegt ein großer Platz, der mit Betonsteinen gepflastert ist, die teilweise fehlen oder gebrochen sind, Gras wächst aus den Fugen. Einige größere Plattenbauten stehen um den Platz, dazwischen kleinere Häuser mit völlig verwilderten Gärten. Etwas weiter entfernt kratzen Arbeiter mit Hauen das Gras aus den Steinfugen. Sie beobachten uns, wie ich mir einbilde, mit grimmigen Gesichtern. Sie sind auf jeden Fall ärmlich gekleidet. Einige Autos stehen um den Platz herum. Ob diese Schrottkisten mit Nummernschildern noch fahrtauglich sind?

Was machen wir hier eigentlich? Wie soll es weitergehen? Sind wir wirklich in Europa, in der EU? Wir hofften hier eine Unterkunft zu finden, sind aber skeptisch. Wir haben keine bulgarischen Leva, wie können wir zu Geld kommen? So schnell verzweifeln wir inzwischen nicht mehr. Dazu haben wir schon viel zu viel auf dieser Reise erlebt. Wir haben ein Grundvertrauen entwickelt, das uns sagt: Es kommt immer zum Besten.

Eins scheint klar zu sein: Hier können wir nicht bleiben. Der nächste größere Ort ist Vidin, aber bis dahin sind es mehr als 40 Kilometer. Inzwischen hat der Regen wieder aufgehört und wir versuchen uns zu orientieren. Es ist kein Schild auszumachen, das uns den Weg Richtung Vidin anzeigen würde. Sollen wir einfach zur Donau gehen und uns dann über die Felder durchschlagen? Es ist bereits mitten am Nachmittag, allzu viel können wir uns nicht mehr vornehmen. Nun greifen wir zu unseren technischen Hilfsmitteln. Zur allergrößten Überraschung finden wir beim Amtshaus WLAN, also Zugang zum Internet. Wir rufen die Detailkarte von Bregovo ab, und siehe da, es ist ein Bankomat eingezeichnet. Laut der Darstellung müsste er im hässlichen Betonhaus gegenüber sein. Und tatsächlich! Nun haben wir Geld, was einiges im Leben leichter macht. Wir gehen rund um den Platz, die graszupfende Arbeitsbrigade hat längst die Arbeit eingestellt und konzentriert sich nur noch auf uns. Einer fuchtelt mit den Händen – heißt das, wir sollen verschwinden? Wir entdecken ein kleines Café mit Garten, in das wir schnell gehen. Ein junges Mädchen fragt uns, was wir zu trinken möchten, und wir sind überglücklich, dass sie Englisch spricht. Zum Übernachten werden wir hier im Ort und auch sonst in der Gegend nichts finden, sagt sie. Die nächste Möglichkeit ist in Vidin, wie wir geahnt haben. In einer Stunde fahre ein Bus dorthin.

Busstation in Vidin

Straße nach Vidin

Im Bus nach Vidin

Als wir bei der Busstation warten, bleibt ein Auto stehen. „Vidin? Vidin?“, fragt der Fahrer, „da, da!“, also „ja, ja!“, antworten wir. Mit den Fingern zeigt er uns die Zahl 15, Euro sind gemeint, das ist auch schnell klar. Misstrauisch lehnen wir ab und warten auf den Bus, der auch tatsächlich bald kommt. Die Fahrt kostet nur drei Euro. Auf der Straße voller Schlaglöcher ist sie ein wilder Ritt wie in längst vergangener Zeit. Das ganze Fahrzeug scheppert, dass man meinen könnte, es falle jeden Moment auseinander. Wir sammeln die ersten Eindrücke der bulgarischen Landschaft. Das ist eine ganz andere Gegend als noch heute Vormittag in Serbien: großzügige, weite Hügel mit großen, weiten Feldern. Die Landschaft macht einen ungepflegten, wilden Eindruck, was ihrer Schönheit keinen Abbruch tut.

Wir wissen nicht, wo wir in Vidin aussteigen sollen und fahren daher bis zur Endstation, wo wir gleich um die Ecke ein ganz neues und günstiges Hotel finden. Wir buchen für zwei Nächte mit Option auf eine dritte, was uns sofort einen Preisnachlass bringt. Uns bleibt Zeit für einen ersten Blick auf die 50 000-Einwohner-Stadt. Auch sie macht einen verarmten Eindruck, die Menschen aber sind geschäftig und stimmen uns positiv.

Unser Hotel liegt ganz nahe der Donau. Wir schlendern noch die Donaupromenade entlang, wo wir eine freudige Entdeckung machen: ein Restaurant, in dem es Reis, Nudeln, Gemüse und Palatschinken gibt. Für uns ein kleines Paradies, haben wir doch die letzten Wochen nach Kohlehy-

Armselger Bauernhof

draten gedarbt. Wir beobachten die Namenstagsfeier eines kleinen Jungen. Alle seine Freunde und deren Eltern sind anwesend, Geschenke werden übergeben, es wird gespielt und musiziert. Ein sympathisches Fest ohne Prunk und Dinge, die viel Geld kosten. So nimmt auch dieser triste Tag ein versöhnliches Ende. Wie ist es möglich, dass man in einer völlig anderen Welt landet, wenn man eine Grenze passiert? Nach nur einem Kilometer sind Menschen, Häuser, Gärten, Landschaft komplett anders. Die lange Isolation im Kommunismus hat in den Ländern des Ostens zu gewaltigen Unterschieden geführt. Es wird noch lange dauern, bis diese Auswirkungen überwunden sind.

Den schweren Rucksack lassen wir im Hotel, nur mit einem leichten Tagesrucksack wollen wir nach Bregovo zurückfahren und dieses besondere Stück Donauweg zu Fuß begehen. Wir wollen gleich den ersten Bus nehmen, können aber nicht Kyrillisch und verwechseln so Bregovo mit Rabovo. Wir müssen eine Stunde auf den richtigen Bus warten. Auch der Einkauf macht uns Schwierigkeiten, wir kaufen zum Frühstück Kipferl mit „Chrema“ gefüllt, was sich nicht als Crème, sondern als Schafskäse entpuppt.

Armut, wohin man schaut

Landschaft um Bregovo

In Bregovo haben wir wieder das Problem mit der Orientierung. Wir gehen querfeldein in Richtung Donau, eine wunderschöne Wanderung durch hügelige Felder mit Mais, Sonnenblumen und Weizen. Irgendwann merke ich, dass mein Hemd, das ich hinten am Rucksack eingeklemmt habe, nicht mehr da ist. Das ist ärgerlich, muss ich doch zwei Kilometer zurücklaufen, um es wiederzufinden. Macht vier Kilometer Strafrunde.

An der Donau entlang kommen wir durch Dörfer, deren Zustand ich schwer beschreiben kann. Diese Armut zu sehen, ist beinahe unerträglich für uns. Alte Menschen mit schlechter oder keiner medizinischen Versorgung, Gebäude, die mehr Ruinen als Wohnhäusern gleichen. Bauernhöfe, in denen alle Tiere zusammen auf einem Fleck leben, Hof, Scheune oder Stall sind schwer zu unterscheiden, es liegt Müll, wohin man schaut, alles ist kaputt.

Es ist bereits früher Nachmittag, als wir in Novo Selo eine Pause einlegen und auf den Stühlen vor einem Café sitzen. Auch hier das gleiche Bild, ein großer, mit Betonsteinen gepflasterter Platz, einige Plattenbauten und überall Armut. Ein Mädchen und ein Junge, auffällig schön gekleidet, lächeln uns zu. Ein Mann kommt dazu, unterhält sich mit den beiden, kommt dann zu uns und spricht uns auf Englisch an. Mick Cooper ist Engländer und betreut Jugendliche in Novo Selo. Er war 2006 hier in Bulgarien und als er nach London zurückkehrte, plagten ihn die Eindrü-

Fuhrpark oder Ersatzteillager?

cke aus dieser armen Gegend. Der Norden Bulgariens ist der ärmste Landstrich der gesamten EU. Wenige westliche Bürger können sich vorstellen, in welcher Armut das Leben hier abläuft. In den Dörfern, durch die wir heute kommen, herrscht bis zu 90 Prozent Arbeitslosigkeit. Wer Arbeit hat, verdient 150 Euro im Monat. Es gibt kaum Industrie, nur Landwirtschaft. Die großen Felder und alle guten Böden sind im Besitz einiger weniger. Die vielen Kleinbauern, oder eher Selbstversorger, besitzen keinen Grund, sie suchen sich Futter für ihre Tiere am Straßenrand zusammen.

80 Prozent der jungen Mädchen werden in den reichen Westen verkauft und landen in der Prostitution. Mick war in der Tourismusausbildung tätig, hat in London alles aufgegeben und ist hierher gezogen, um sich für Jugendliche einzusetzen. In Novo Selo gibt es ein Kinderheim, wo Kinder von 1 bis 18 Jahren leben. Straßenkinder, Kinder ohne Eltern oder von den Eltern aufgegebene Kinder werden hier aufgefangen. Manchmal bringt eine Mutter ihr Kind in dieses Heim, weil sie für den Winter nichts zu heizen und zu essen hat. Mick nimmt sich der Kinder ab 13 Jahre an und bildet sie aus. Zuerst lernen sie, Früchte und Gemüse für den Winter haltbar zu machen. Sie lernen kochen, sich zu benehmen, mit anderen, insbesondere mit fremden Menschen zu kommunizieren und Spei-

Mick, Elvis und Maria

Überall Wildnis

sen zu servieren. Mick sagt, es sei wichtig, dass die Kinder selbst aktiv sein können und Ergebnisse wie Erfolge sehen können. Erst wenn diese Kinder etwas lernen, werden sie Selbstwertgefühl und Selbstvertrauen entwickeln und später einen Job im Tourismus bekommen.

Heute Abend ist ein besonderer Tag in Novo Selo. Jedes Dorf veranstaltet einmal im Jahr ein Dorffest, bei dem die Bürger am Abend zusammenkommen, gemeinsam essen und trinken. Kinder dürfen mit einem Trettraktor fahren, die Jugend kauft sich Chinaschmuck um ein paar Cent. Mick und die beiden Jugendlichen werden Hamburger verkaufen. Sie bauen die Bratstation neben uns auf. Wir sind von Mick und seiner Courage tief beeindruckt und werden sein Projekt nach Kräften unterstützen.

Wir wandern weiter von Ort zu Ort, auf unbefestigten Straßen. Ungefähr 600 Kilometer lang bildet die Donau die Grenze zwischen Bulgarien und Rumänien. Es gibt nur eine einzige Brücke, in Russe. Zwischen Vidin und Calafat wird seit Jahren an einer neuen Brücke gebaut. Diese hätte schon 2010 fertig werden sollen, doch es fehlt noch die Hälfte.

Das Hotelzimmer haben wir verlängert. Wir wollen heute eines der zehn Naturwunder Bulgariens besuchen. Ohne schweres Gepäck mit dem Bus durch die Landschaft fahren und schöne Dinge besichtigen, ist uns eine willkommene Abwechslung. Ausgangspunkt ist der Busbahnhof. Zu jeder halben und vollen Stunde fahren Minibusse in alle Richtungen. Die Orientierung am Busterminal ist nicht so einfach. Alle Beschriftungen sind in Kyrillisch, der Infoschalter ist nur selten besetzt, und wenn, ist die Auskunft dürftig. Wir fragen andere Fahrgäste, aber auch die gehen uns eher aus dem Weg, es kann niemand Englisch. Wir fragen einen Fahrer nach unserem Ziel und der stellt uns zur richtigen Abfahrtsstelle. Der Bus wird startklar gemacht, Wasser wird in den Kühler

gefüllt, zwei Flaschen als Reserve unter dem Fahrersitz gebunkert. Alles im Bus ist desolat. Die Türe hat keine Schnallen mehr, zwei Personen sind notwendig, um sie zu öffnen: Einer hebt am Rahmen hoch, ein anderer zieht an einem Drahtseil, nach einigem Ruckeln springt sie auf.
Fünfzig Kilometer Busfahrt durch wunderschön wilde Landschaft bringen uns zum Bergdorf Belogradschik (Belo = weiß, Grad = Burg) im Balkangebirge. Eselkarren scheinen hier Hauptverkehrsmittel zu sein, der Weg selbst besteht hauptsächlich aus Löchern, was unseren ohnehin schon arg ramponierten Bus auf eine harte Probe stellt. Die Felsenburg Kaleto in den Götterfelsen von Belogradschik, welche im ersten Jahrhundert n. Chr. von den Römern errichtet wurde, ist UNESCO Weltkultur- und Naturerbe. Staunend erklimmen wir die Felsen. Viele unterschiedliche Völker haben sich im Laufe der Zeit der Burg bemächtigt, sie zerstört und wiederaufgebaut, um von hier aus über das Land zu herrschen. Der Ausblick von den erhabenen Felstürmen ist unbeschreiblich. Friedlich liegt die Unendlichkeit der Balkanlandschaft zu Füßen, immer wieder ragen bizarre Felsformationen aus dem Grün der Wälder. Was würde sich in

Die Felsenburg Kaleto

dieser wilden Gegend wohl Schönes entdecken lassen? Sollten wir nicht eine eigene Wanderung durch das Balkangebirge planen? Mag sein – irgendwann!

Blick über den Balkan

Eine Frau, noch sehr jung, aber ohne Zähne, wühlt ungeniert in den Mülltonnen. Hier gibt es Touristen, kann sein, dass die etwas wegwerfen, was noch verwertet werden kann.

Nun wird wieder Wasser in den Kühler gefüllt und die Heimreise angetreten. In unserem Hotel in Vidin fühlen wir uns inzwischen ein wenig zuhause. Beim Spaziergang durch die Stadt beobachten wir das Sonntagstreiben auf der belebten Donaupromenade. Sie ist lang und von alten Linden gesäumt, die kühlen Schatten spenden. Junge Familien mit ihren kleinen und großen Sprösslingen, verliebte Paare, ältere Menschen, alle spazieren und zeigen sich. Dazwischen gibt es Verkaufsbuden mit Luftballons, Eis, Palatschinken, Popkorn, Ringelspiel, Münzreittiere und Spielplätze. Hier in der Stadt leben viele besser situierte Familien, die ihre Kinder liebevoll verhätscheln. Das alles tut uns gut nach dem gestrigen Tag. Leider liegt auch im Park überall Müll. Auf einem Schiffsrestaurant essen wir vorzüglichen Fisch, während draußen ein Gewitterregen niedergeht.

Das Hotelzimmer verlängern wir noch einmal. Wir haben entschieden, heute wieder den Bus zu nehmen. Diesmal fahren wir dreißig Kilometer donauabwärts nach Archar und gehen zurück nach Vidin. Damit können wir mit leichtem Gepäck wandern und dem fehlenden Angebot an Übernachtungsmöglichkeiten auf den nächsten fünfzig Kilometern entkommen. Am Busterminal kennen wir uns jetzt aus, schnell haben wir den richtigen Bus gefunden. Zu unserer freudigen Überraschung fahren wir heute mit einem Bus, der noch sehr neu ist. Keine zerfetzten Sitze,

Fabriksgebäude

die Türen funktionieren, alles ist gepflegt und sauber. Bei vielen Stationen werden dem Fahrer Taschen, Briefkuverts und Kartons mitgegeben, die an späteren Stationen wieder von jemandem abgeholt werden. Der Fahrer scheint alle Menschen auf der Strecke zu kennen. Alle winken ihm zu, er winkt zurück, manchmal bleibt er auch mitten auf der Straße stehen, um mit jemandem kurz zu plauschen. Bei einer Industrieruine steigen viele der Mitfahrer aus. Wenn wir diese Arbeiter nicht gesehen hätten, hätten wir nie vermutet, dass in dem völlig desolaten Gebäudekomplex noch gearbeitet wird.

Archar ist wieder eine Enttäuschung, ein Ort wie aus dem finsteren Mittelalter. Aber das Gewitter gestern Abend hat die Luft etwas abgekühlt, wir haben eine sehr angenehme Wanderung zurück nach Vidin. Anfangs folgen wir einer kleinen Straße direkt an der Donau, später wechseln wir auf eine stärker befahrene Straße. Ich beobachte die Autos und stelle fest: Bulgarien scheint der Abnehmermarkt aller Gebrauchtwagen aus dem Westen zu sein. Alle früheren Marken aus Italien, Frankreich und Deutschland sind hier zu sehen, aber nie ein neues Modell. Oft kleben noch das Nationalitätenzeichen oder eine Firmenaufschrift darauf. Wir wollen annehmen, dass alle diese Fahrzeuge die Grenze offiziell passiert haben. Ein Fahrzeug hält an, der Fahrer möchte uns mitnehmen. Wir haben nur noch zehn Kilometer nach Vidin und die möchten wir auch noch zu Fuß gehen.

Rinderfarm in Archar

Festung Baba Vida in Vidin

Also lehnen wir herzlich dankend ab. Er schüttelt ungläubig den Kopf, das kann er nicht verstehen – wer geht schon freiwillig zu Fuß?
In Vidin essen wir noch eine ordentliche Portion Nudeln, wer weiß, ob wir in den nächsten Tagen in den kleineren Ortschaften etwas so Feines zu essen bekommen. Dann erledigen wir E-Mails und Telefonate. Von Silvia aus Kematen, die wir nicht kennen, haben wir ein Mail bekommen: Ihr Sohn Markus, ein netter Kerl, sei ganz alleine mit seinem alten Fahrrad ebenfalls zum Schwarzen Meer unterwegs, sie begleitet ihn via Internet. Dabei hat sie unser Blog entdeckt und ersucht uns, Augen und Ohren offen zu halten, vielleicht sehen wir ihn ja irgendwo. Die mütterliche Sorge...

In der Nacht habe ich von der Arbeit geträumt. Seltsam, das ist mir schon seit Wochen nicht mehr passiert. Heute verlassen wir Vidin endgültig, stapfen mit schwerem Gepäck los und fahren nach Archar. „Alle Wege führen nach Lom", ist heute unser Motto. Unser Weg führt uns durch lange, blühende Akazienalleen. Sie sind voller Bienen, wir können kilometerlang dem Summen der Bäume lauschen. Die üble Vorahnung, nichts zu essen zu bekommen, trifft zu. Wir passieren mehrere Orte, deren Zustand uns sehr bedrückt. In Silvata gibt es ein Geschäft. Wir steigen die kaputten Stufen hinauf zu dem Betonwürfel. Im Laden steht eine Frau vor einem leeren Regal, daneben ein Kühlschrank mit ein paar Bierflaschen und Joghurt. Noch ein wenig Krimskrams, aber kein Brot, keine Wurst, keinen Käse, praktisch nichts zu essen.
Leider sind die Menschen hier

Alles im grünen Bereich

nicht vertraut mit dem Umgang mit Touristen. Wir erleben oft, dass man uns nicht bedient. Wir werden nicht gefragt, ob wir etwas haben möchten. Wir werden solange ignoriert, bis wir um etwas bitten. Die Menschen sind zwar freundlich, aber distanziert und sehr zurückhaltend.
Erneut bietet uns ein Autofahrer eine Mitfahrgelegenheit an. Wir sind kurz vor Lom und müssten dorthin ohnehin auf der Hauptstraße gehen, also fahren wir mit. Der Fahrer ist Milchlieferant. Im Auto stinkt es erbärmlich nach Milch- und Buttersäure. Gut, dass wir heute noch nichts gegessen haben. Wir unterhalten uns. Wir glauben, dass er wissen will, wo wir hin wollen. Er versteht, glauben wir, dass wir nach Russe wollen. Am Stadtrand liefert er einen Behälter Milch ab, steigt wieder ein und will weiterfahren. Wir erklären noch einmal, dass wir hier in Lom bleiben möchten, falls es eine Unterkunft gebe. Wir glauben, er hat uns verstanden, er fährt nun in die Stadt hinein. Doch, er hat uns verstanden. Direkt an der Donau setzt er uns vor einem Hotel ab. Hier wird fleißig gearbeitet, ein Hochwasserdamm mit Promenade am Strom gebaut. Die Fußgän-

Pilgerhotel

gerzone im Zentrum der Stadt ist schon fertig, am Verbindungsstück zur Donau wird ebenfalls gearbeitet. Dies alles soll dem Tourismus in dieser Region eine Chance verschaffen.

Wir haben uns täglich kurze Lerneinheiten in Kyrillisch verordnet. Mimi, Mama, Edi, Susi... Wie in der Volksschule versuchen wir, uns Buchstabe für Buchstabe einzuprägen. Oft stehen wir vor einem Gebäude oder Schild und versuchen anhand der Anzahl der Buchstaben zu erraten, was es bedeuten könnte. Jemanden zu fragen ist auch nicht leicht, nicht immer ist jemand da, nicht immer werden wir verstanden. Englisch oder Deutsch wird kaum gesprochen und auch die Körpersprache ist missverständlich. „Da, da, da" heißt „ja, ja, ja". Man schüttelt dabei den Kopf als Zustimmung. Und bei der Verneinung nickt man. Da soll sich noch einer auskennen!

Schon sehr früh verlassen wir das Hotel und suchen nach einem Bäcker, um Proviant für den Tag zu kaufen. Wir wollen nicht wieder den ganzen Tag hungern. Trotz der Wegbeschreibung im Hotel müssen wir noch

Monokulturen sind weit verbreitet

Alte Fahrzeuge auf neuer Straße

mehrmals fragen. Es ist nicht üblich, ein großes Schild aufzuhängen. Wer hier wohnt, weiß, wo der Bäcker ist, und sonst sucht ihn keiner.

Mit Picknick im Rucksack wandern wir los, es geht gleich ordentlich zur Sache: Mehrere Kilometer führt eine gepflasterte Straße steil bergauf. Wie kommen da die Radfahrer mit ihren schweren Packtaschen wohl hinauf? Auch an unseren Freund Schoko denke ich, den Berg hätte er mit seinem Anhänger kaum geschafft. Immer öfter bin ich froh, dass wir zu Fuß unterwegs sind und nicht mit dem Fahrrad. Bei diesen Straßenverhältnissen ist das für Fahrer und Material eine echte Herausforderung. Von der Anhöhe haben wir einen wunderbaren Ausblick auf die Donau, weit bis nach Rumänien. Wir haben bewusst den Weg auf der bulgarischen Seite gewählt, weil die Landschaft auf der rumänischen Seite eine einzige Ebene ist.

Auf der bulgarischen Seite wandern wir über Hügel und die dazwischen liegenden fruchtbaren Täler. Wir passieren Monokulturen mit Getreide, Mais und Sonnenblumenfeldern. Die Straße ist teilweise schnurgerade, einmal gehen wir acht Kilometer lang an einem Weizenfeld entlang. Wir haben wenig Verkehr, erträgliche 30 Grad und kommen gut voran.

Auf unserem Weg erleben wir immer wieder die unterschiedlichsten Reaktionen der Menschen, die uns begegnen. Was alle eint: Sie bestaunen uns. Es ist manchmal wie bei Dornröschen. Ein Bauarbeitertrupp steht still, keine Schaufel, kein Spaten und keine Schiebetruhe bewegt sich, alle Augen sind auf uns gerichtet. Ein Mann repariert sein Dach, er klettert gerade nach oben. Erstarrt, ein Fuß und eine Hand auf dem Weg zur nächsten Sprosse, schaut er uns nach, bis wir aus seinem Blickfeld sind. Leute warten im Bushäuschen, die Münder weit offen, das begonnene Wort abgebrochen, der Kopf dreht sich mit uns mit. Oft haben wir Angst, dass etwas

Christian, Huub, Markus

passiert. Autofahrer schauen uns an, drehen den Kopf soweit es geht, um uns möglichst lange zu sehen. Nur Kinder sind anders. Sie rufen und winken uns zu und freuen sich lautstark. „Good Night!", ruft uns ein Junge um zehn Uhr Vormittag zu. Naja, er hat noch Zeit, sein Englisch zu verbessern.

Plötzlich werden wir von drei Radfahrern überholt. „Hallo Markus!", rufe ich hinterher. Sofort bleiben sie stehen und der schmächtigste fragt: „Woher kennst du mich?" Ich bin selbst ganz überrascht. Es hat also geklappt, wir haben Silvias Sohn Markus gefunden. Als ich ihm dann noch schöne Grüße von seiner Mutter ausrichte, ist er vollends perplex. Schnell ist die Sache aufgeklärt, wir machen ein schönes Gruppenfoto und schicken es via Internet sofort heim zu Mutti, damit sie sehen kann, wie gut es ihrem Markus geht. Sie kann beruhigt sein, er ist nicht mehr alleine unterwegs, mit Huub aus Holland und Christian aus dem Waldviertel hat er schon Freunde gefunden. Wir verabreden uns für den Abend in Kozloduj zum gemeinsamen Abendessen.

Als wir dort ankommen, läuft uns eine Frau aus einem Haus über die Straße entgegen, streckt die Hand aus und sagt: „Herzlich willkommen in Bulgarien!" Mir drückt es die Tränen in die Augen! Jetzt bin ich angekommen, jetzt bin ich mit Bulgarien versöhnt. Sie hat in ihrer Studienzeit Deutsch gelernt, erzählt sie stolz. Ihre Herzlichkeit ist umwerfend. Sie lädt uns ein, bei ihr zu schlafen. Wir

Atomhotel

müssen aber ablehnen, weil wir schon mit unseren Radfreunden verabredet sind. Zum Abschied schenkt sie jedem von uns noch einen Button mit dem Dampfschiff Radetzky drauf.
Hier in Kozloduj gibt es zwei Attraktionen. Erstens: ebenjene Radetzky, eine Rekonstruktion des berühmten Passagierschiffes aus dem Jahr 1851. Das Schiff ist ein schwimmendes Museum und bietet kleine Rundfahrten auf der Donau an. Zweitens: das Atomkraftwerk, das den ganzen Ort dominiert. Es bringt ihm Wohlstand, weil es ein großer Arbeitgeber ist. Energieerzeugung ist einer der wenigen funktionierenden Wirtschaftsfaktoren in Bulgarien. Wir stehen den Atomkraftwerken anders, nämlich ablehnend gegenüber.

Die letzten zwei Kilometer in das Ortszentrum haben es in sich. Wir haben heute bereits 45 Kilometer gemacht, da wird's langsam mühsam. In einem Hotel fragen wir nach einem Zimmer. Ein Appartment wird uns angeboten. Auf der Preisliste an der Wand steht zu lesen, dass ein Zimmer nur den halben Preis kostet, also fragen wir danach. „Nein", ist die Antwort, „not available today". Das weiter aufzuklären, ist die Dame an der Rezeption nicht bereit, auf weitere Fragen gibt sie einfach keine Antwort. Da bleiben wir nicht, wir gehen wieder auf die Straße und treffen unsere Freunde. Diese haben nach Dreibettzimmern gefragt, und auch ihnen ist es gleich ergangen. Sie haben aber bereits herausgefunden, dass es im Ort noch ein Hostel gibt, das im Besitz des Kraftwerksbetreibers ist. Gemeinsam gehen wir dorthin. Auch hier werden uns nur die doppelt so teuren Appartments angeboten. Als ich der Dame klarmache, dass wir alle wieder gehen, wenn wir nicht normale Zimmer zum ausgeschilderten Preis bekommen, lenkt sie ein.
Endlich hinlegen und duschen! Gemeinsam gehen wir abendessen. Wir sind zu fünft, was für uns ungewohnt ist, aber wir verstehen uns prächtig

Hauptsache, ein Dach über dem Kopf

Das AKW Kozloduj

und haben Spaß, sodass es etwas später wird.

So schwer sind wir schon lange nicht mehr aufgestanden. Die Füße wollen nicht tragen, sind schwer wie Blei, und Schlaf haben wir auch viel zu wenig bekommen. Um zehn Uhr sind wir erst beim Atomkraftwerk. Hier gibt es eine Umfahrungsstraße. Wir versuchen, direkt am AKW vorbei zu gehen, doch keine Chance. Die Security lässt niemanden durch. Wer fotografieren will, wird sofort verjagt. Also die Umfahrungsstraße. Rund um das ganze AKW-Gelände ist dichter Wald gepflanzt, sodass außer den hohen Schloten nichts vom Werk zu sehen ist.

Und dann passiert das, was wir in diesem Moment wirklich nötig haben:

Ein alter Pritschenwagen hält an, darin zwei Männer mit Kaffeebecher in der Hand und Zigarette im Mund. Sie werfen die Plastikbecher neben uns auf die Straße – das ist übrigens hier die Regel – und heißen uns einsteigen. Bei der Hitze auf der Straße herumlaufen, das sei doch unmöglich, geben uns die beiden zu verstehen. Widerspruch ist zwecklos, die beiden hätten es nicht akzeptiert. In Bulgarien ist es allem Anschein nach mehr als ungewöhnlich, freiwillig zu Fuß zu gehen. Man fährt mit Bus, Auto, Fahrrad und mit Esels- oder Pferdewagen. Aber man geht nicht zu Fuß! Die beiden sind unterwegs nach Sofia, das verstehen wir noch. Was sie uns auf der Fahrt noch alles erzählen, können wir nur raten. Jedenfalls erzählen die

Widersprechen zwecklos

beiden ununterbrochen, bis wir im nächsten Ort ankommen, wo wir wieder aussteigen, weil unser Weg an der Donau weitergeht. Durch diese kurze Wanderhilfe sind wir wieder hoch motiviert und wandern an einem Fluss entlang zur Donau. Dabei fällt uns auf, dass nur schwere Fernlastzüge auf dieser Straße fahren, kaum einmal ein PKW. Kurz bevor wir die Donau erreichen, kommen wir an einem Ferienhotel vorbei. Wir können dringend eine Erfrischung brauchen, setzen uns in den Garten und bestellen Cola und Kaffee. Erschöpft lege ich den Kopf auf den Tisch und schlafe auf der Stelle ein. Es ist unglaublich, wie müde ich bin. Es hat an die 35 Grad und wir müssen noch weiter nach Oryahovo. Hier klärt sich das Phänomen mit den vielen Lastern. Es gibt eine Fährverbindung nach Rumänien. Eine Schlange von internationalen Fernlastzügen wartet auf beiden Seiten der Donau auf die Überfahrt. Wir sind zwar auf einer Nebenstraße gegangen, aber die kennen die Fernfahrer auch schon. Vermutlich hat sie weniger Schlaglöcher als die stark befahrene Hauptstraße.

Oryahovo ist in einen Hang hineingebaut, wir müssen also steil hinauf, um in das Ortszentrum zu kommen. Das Hotel aus unserem Reiseführer

Kirche in Oryahovo

Mopedanhänger

gibt es wieder einmal nicht, ist längst geschlossen und dem Zerfall preisgegeben. Wir finden ein kleines Holzschild mit der Aufschrift „Hotel“, dem wir folgen. In einer kleinen Nebengasse entdecken wir das vermeintliche Hotel. Du meine Güte, so etwas musst du erst mal verkraften, wenn du ein Hotel erwartest: ein völlig heruntergekommenes Privathaus, im betonierten Hof steht eine übelriechende Tonne mit Pflaumenmaische. Darauf schwimmt eine Schicht toter Wespen. Es gebe ein Restaurant im Ort, sagt uns die schmuddelige Vermieterin der schmuddeligen Unterkunft, aber dort sollten wir lieber nicht hingehen, sondern in den Supermarkt. Wir suchen trotzdem das Restaurant, müssen der Frau aber recht geben. Dort würden wir auch nichts essen, wenn wir Geld dafür bekämen. Also kaufen wir im Supermarkt ein und essen in der schmuddeligen Wohnung. Wir sind inzwischen einiges gewohnt.

Wir machen uns Sorgen, wie wir die nächsten Tage überstehen sollen. Wenn der gestrige Tag zur Regel wird, ist es vorbei mit lustig. Die Übernachtungsmöglichkeiten sind wirklich rar, die Abstände zwischen größeren Ortschaften sind groß, die Versorgung mit Lebensmitteln schwierig. Wir essen sehr unregelmäßig, zwischen den seltenen Restaurantbesuchen hauptsächlich Weißbrot, Käse, Tomaten oder Paprika. Dazu viel Schokolade zum Trost und Kartoffelchips, um den Salzhaushalt auszugleichen. Wir vertrauen darauf, dass wie immer alles irgendwie funktionieren wird – ehrlich gesagt, eine andere Möglichkeit haben wir ohnehin nicht.
Es regnet leicht, was Oryahovo noch trostloser aussehen lässt. Wie kann man in so einem Kaff leben, fragen wir uns. Schon am Ortsende hält ein Auto und bietet uns eine Mitfahrmöglichkeit an. Wir nehmen an, da inzwischen ein Gewitter aufgezogen ist und der Regen stärker wird.

Draußen schüttet es in Strömen

Die zwei Männer nehmen uns bis zum nächsten Dorf mit, wo sie in einem Weingut arbeiten. Als wir dort ankommen, hört der Regen wieder auf. Die sanft hügelige Landschaft ist wunderschön, kleine Flüsse fließen durch fruchtbares Ackerland zur Donau. Angesichts dessen ist die Armut in den Dörfern beinahe unverständlich. Die Fabriken aus der Zeit des Kommunismus sind Ruinen und die Hilfe der Europäischen Union greift erst langsam. Auf einem Hügel entsteht ein Weingut, die Aluminiumtanks wurden gerade angeliefert. Rundherum sind Weinrieden angelegt worden, mit Minibussen werden Arbeiter hergebracht, die in den Weingärten arbeiten. Ein Projekt der EU, ebenso wie der Straßenbau. Die alten Straßen sind in einem unglaublichen Zustand, es gibt weit mehr Schlaglöcher als Asphaltflächen. Es wird noch lange dauern, bis die Infrastruktur in den Ortschaften soweit hergestellt ist, dass ein Leben, wie wir es kennen, möglich wird.

Wir passieren wieder Orte ohne Geschäfte. Einige Kilometer vor Ostrov nimmt uns ein Paar in einem VW Bus mit. Auf der Rückbank, am Boden, überall stehen Einkaufstaschen. Wir fahren durch Ostrov, der Fahrer hupt, aus dem Haus kommt jemand und holt eine Einkaufstasche ab. So geht das also: Wer ein Auto hat und in die Stadt fährt, erledigt die Einkäufe für mehrere Familien, hebt Geld vom Bankomat ab und zahlt die mitgegebenen Erlagscheine ein. Als die Frau aussteigt, steigen auch wir

Dorf Bajkal

Dorfleben in Gigen

aus. Ob wir nicht mit ihr einen Kaffee trinken wollen? Oh ja, dafür haben wir Zeit und kommen in ein Haus, das aufgrund seiner Schönheit gar nicht hierher passt. Haus und Garten sind liebevoll gepflegt und sauber, ein kleines Schmuckstück in der wilden Gegend rundherum. Sie gibt uns vom selbstgemachten Wein zu kosten, zeigt auf die Weintrauben und erklärt uns, dass bald frischer Nachschub komme. Aus dem alten Wein wird sie dann Rakija brennen. Eine Schar Hühner und ein Schwein runden das kleine Selbstversorger-Paradies ab.
Überall sind Bilder von ihrem Mann aufgehängt, große Poster, auf denen er mit dem Gewehr vor einem erlegten Wildschwein steht oder einen Riesenfisch hochhält. Er sei der beste Jäger und Fischer in der Gegend gewesen, sagt sie, und dass er leider viel zu früh gestorben sei.

Im Ort Krushovene hat ein Gewittersturm schwere Schäden angerichtet. Der gesamte Ort ist mit einer Schlammschicht überzogen, nur die Straßen sind freigeschaufelt, Schlammhaufen säumen die Wege. Fährt ein

Tomaten zu verkaufen

Auto durch den Ort, geht eine Staubwolke hoch, sodass nichts mehr zu sehen ist. Es gibt nichts Grünes mehr, alles ist in graubraune Schlammfarbe getaucht. Der krasse Gegensatz von Arm und Reich ist in den Dörfern hautnah zu spüren. Während ein Eselswagen ein Häufchen Böschungsgras geladen hat, fahren die Sattelauflieger der Reihe nach mit dem abgeernteten Weizen vom Feld. Auf dem Feld arbeiten sieben nagelneue Mähdrescher. Vier monströse Traktoren, die Fahrer so hoch oben, dass sie kaum mehr zu sehen sind, fahren auf der Straße. Vorbei an zwei Eselsfuhrwerken, die erst wieder nach einer Minute aus der Staubwolke der Traktoren auftauchen. Wir übrigens auch.

Dank der beiden Mitfahrmöglichkeiten sind wir bis Bajkal gekommen, wo in unserem Reiseführer keine Unterkunft eingetragen ist. Aber die Dame vom AKW-Hostel hat uns gesagt, dass es hier an der Donau ein Hotel gebe. Es ist schon spät und der Himmel wird immer schwärzer. Da braut sich was zusammen, der Wind fängt an zu blasen. Mir wird mulmig. Wenn wir dort keine Schlafmöglichkeit vorfinden, dann haben wir heute wirklich einmal ein Problem. Dann heißt es, eine Gewitternacht im Zelt zu verbringen. Auf dem Weg durch den Ort suche ich mir schon Scheunen aus, wo wir Unterschlupf finden können. Lieber bei Schlangen, Mäusen und Ratten, aber dafür im Trockenen, denke ich mir. Wir sind schon durch den Ort, gehen die Straße weiter und weiter, als tatsächlich vor uns ein Restaurant und einige ganz neu gebaute Bungalows auftauchen.

Das ist die Erlösung. Wir setzen uns auf die Terrasse, bestellen Bier

Am Friedhof

Pilgergast Christian

und Wein und im selben Moment beginnt es zu schütten. Erst als das Gewitter vorüber ist, wir haben inzwischen gut gegessen und auch gut getrunken, beziehen wir einen Bungalow. Riesengroß ist die Freude, als wir Christian entdecken, den Radfahrer aus dem Waldviertel. Er bewohnt den

Nachbarbungalow. Seine beiden Begleiter hat er ziehen lassen, sie waren ihm zu schnell unterwegs – gute Entscheidung! Von der Veranda unseres Bungalows beobachten wir einen kleinen Hund, der aus einer dreckigen Pfütze trinkt. Mühsam schleppt er sich zu einem Baum und legt sich nieder. Er tut uns leid, Beatrix bringt ihm Brot.

Wir frühstücken gemeinsam, und weil es schon wieder so viel zu erzählen gibt, kommen wir erst spät weg. Christian fährt ohne Reiseführer, daher empfehlen wir ihm, bis Nikopol zu fahren, dort gibt es ein Hotel. Ob wir diese Strecke zu Fuß auch schaffen, bezweifeln wir, die Distanz beträgt immerhin knapp sechzig Kilometer. Wir sind erst eine Stunde unterwegs, als ein Auto hält. Wir sind schnell entschlossen und fahren mit. Der Fahrer freut sich, dass wir aus Österreich kommen. Er arbeitet für die bulgarische Filiale des Kranhändlers Palfinger. Eigentlich fährt er nur bis ins nächste Dorf, aber weil wir über seinen Arbeitgeber irgendwie doch zusammengehören, sieht er es als seine Pflicht, uns noch einen Ort weiter zu fahren. Somit sind wir flugs in Gulyantsi und von hier ist die Strecke nach Nikopol per pedes zu schaffen.
Die Wanderung ist angenehm, wir gehen hügelauf und hügelab, überqueren kleine Flüsse und passieren eine Walnussplantage. Wir reden über dies und das, machen Pläne für die nächsten Tage. Mental geht es uns nach wie vor bestens, wir lachen und erfreuen uns der Dinge, die an uns vorbeiziehen oder an denen wir vorbeiziehen. Als wir in Nikopol ankommen, läuft uns ein Mann aus einem Kiosk entgegen und bietet uns eine Unterkunft

an. Wir gehen sofort davon aus, dass hier etwas nicht stimmt. In Bulgarien bietet dir außer Mitfahrgelegenheiten nie jemand etwas freiwillig an, schon gar nicht läuft er dir entgegen, um dich mit Einsatz des ganzen Körpers von seinem Angebot zu überzeugen. Es ist schwer zu verstehen, was der Mann will. Es sei ein anderer Mann aus Österreich da, erklärt er und zerrt uns in den Hof – und da steht das Fahrrad von Christian! „Wir wollen aber in das Hotel aus unserem Reiseführer", entgegnen wir und halten ihm das Papier unter die Nase. „Hotel kaputt! Hotel kaputt!" wiederholt er immer wieder.

Mit großem Misstrauen, aber weil auch Christian schon von ihm eingefangen wurde, bleiben wir hier. Das Zimmer gleicht einer Garage mit Bett, die Nasszelle ist im Vorraum. Wir duschen und legen uns flach, sind wir doch auch heute wieder 38 Kilometer gegangen. Später starten wir los, um ein Restaurant zu suchen. Wie die meisten Orte an der Donau ist auch dieser in den Hang gebaut. Wir gehen die Straße hinauf, da kommt uns Christian entgegen. Er hat im „kaputten" Hotel auf uns gewartet, weil wir

Donaublick

Abschneider durch den Weinberg

dort mit Sicherheit auftauchen würden. Er selbst hat von einer Frau im Ort den Tipp bekommen, beim Kiosk zu fragen, der hätte eventuell zwei Zimmer. Den Kioskbesitzer wiederum hat er gebeten, falls er zwei leicht an langen Stöcken, Rucksäcken und fehlenden Fahrrädern zu erkennende Wanderer sehe, möge er sie auch zu sich holen. Welch ein Missverständnis! Wir schämen uns, dass wir unserem Vermieter Geschäftemacherei statt Ehrlichkeit unterstellt haben. Beim Abendessen sitzen wir ganz alleine in einem Speisesaal, in dem dreihundert Gäste Platz hätten. Es ist immer wieder ernüchternd zu sehen, dass sich die Leute hier einen Restaurantbesuch nicht leisten können. Das Leben spielt sich in kleinen Cafés oder vor kleinen Geschäften ab, wo vor allem Männer bei Bier und Schnaps sitzen.

Wir sind inzwischen bei Donaukilometer 598 angelangt. Wir denken darüber nach, ob wir unser Ziel sicher erreichen werden. Was kann noch passieren und unseren Zieleinlauf verhindern? Körperlich sind wir ziemlich müde, die vielen Kilometer der letzten Tage gehen an die Substanz. Wir werden bei nächster Gelegenheit, wenn wir wieder einmal an einem schönen Ort mit netter Unterkunft sind, einen Ruhetag einlegen.

Die Verabschiedung von der Kiosk-Familie dauert: Drei Generationen wollen auf Wiedersehen sagen und uns alles Gute wünschen. Großmutter, Vati und Mutti und der Kleine, der schon ganz passabel Englisch spricht. Christian, mit dem wir inzwischen dicke Freundschaft geschlossen haben, begleitet uns die ersten zehn Kilometer und schiebt sein voll bepacktes Fahrrad. So haben wir noch Zeit, über Religionen zu philosophieren, und ohne es zu merken, sind wir oben auf dem Berg. Das Fahrrad nach unten zu schieben, wäre dann doch Unsinn, wir verabschieden uns herzlich und gehen wieder alleine unseres Weges.

Verschiedene Köstlichkeiten

Die Donau war ja bekanntlich der Limes, der Grenzfluss der Römer. Funde und Ausgrabungen aus dieser Zeit begleiten uns seit Beginn unserer Reise. Viele Städte, die es heute noch gibt, stammen von Römersiedlungen ab. Sowohl auf der bulgarischen als auch auf der rumänischen Seite der Donau gibt es praktisch in jedem Ort Überreste von römischen Siedlungen und Militärlagern. Viele dieser Stätten sind inzwischen eingezäunt und werden vor weiterer Verwüstung und Plünderung geschützt. Aktiv gegraben und archäologisch geforscht wird im Moment wenig, hier liegen sicher noch jede Menge Schätze unter der Erde.

Wir wandern bei 32 Grad überwiegend auf Feldwegen. Es ist relativ einfach, Abkürzungen abseits der Hauptstraße zu finden. Wir passieren Weingärten, in denen das Gras zwischen den Rebenreihen genau so hoch ist wie die Reben. Die gespannten Drähte sind gebrochen und nicht erneuert, eigentlich ist alles ein wildes Durcheinander. Wir gehen durch Weidelandschaft, wo Rinder und Pferde grasen. Auch sie bestaunen uns, wundern sich über zwei so eigenartige Wesen. Am Dorfplatz von Lyubenovo treffen wir einige Kinder. Ein Mädchen, Giulia, ist sehr neugierig

Donauinsel Belene

und aufgeweckt, sie führt das Kommando und will viel von uns wissen: „Where are you from? What is your name? Why are you in Bulgaria? How old are you? Do you have children? Why do you have the same shoes?" Etwas überrascht sind wir allerdings von der Frage: „Do you eat animals?"

Wir sagen ihr, dass wir lieber Gemüse essen, worauf sich ein Junge auf die Stirn greift: „Oh my God!" Sie helfen uns ein Geschäft zu finden, wo wir uns Erfrischungsgetränke kaufen. Und weil Sonntag ist, spendieren wir den Kindern ein Eis.

In Lozista machen wir bei einem Kiosk Mittagsrast. Es sitzen schon zwei Männer da, einer davon ist sehr redselig. Er nennt sich Don Valentino und kann einige Brocken Italienisch. Er sei Weinbauer hier in der Gegend, und holt, wie zum Beweis, eine Flasche Grappa aus dem Auto. Natürlich müssen wir kosten. Das Gesöff schmeckt fürchterlich, brennt einem fast ein Loch in den Hals. Es wird aber, je mehr man davon trinkt, immer weniger schlimm. Don Valentino kann auch drei Wörter Deutsch: „Bitte sehr, Fräulein!" Er will uns mit nach Hause nehmen, er habe Gäste, da würden wir gut dazu passen. Wir lehnen dankend ab, worauf er sich verabschiedet und in sein Auto steigt. Er fährt einige hundert Meter die Straße weiter – und ist zuhause. Wir wandern ebenfalls los und gehen an seinem Garten vorbei, wo tatsächlich Partystimmung herrscht. Es wird musiziert und gelacht, er winkt uns herein, aber wir winken zurück und gehen weiter.

In Belene kommen wir nicht auf der Hauptstraße an, sondern querfeldein an den Siedlungshäusern vorbei. Jedes hat seinen Garten, in dem Gemüse angebaut wird. Das Auto steht vor dem Haus, manchmal auch im Garten. Heute ist Sonntag und viele sind dabei, das Auto zu waschen. Generell hält man hier sein Auto sauber, auch in den Dörfern, wo die Höfe staubig und dreckig sind. In der Stadt folgen wir einer Fußgeherzone und finden ein Hotel, das wieder der AKW-Betreiberorganisation gehört. Die Dame an der Rezeption sagt uns, dass einen Kilometer weiter ein viel schöneres Hotel direkt an der Donau liege, das noch dazu günstiger sei. Alles, was recht ist! Wir haben ja längst mitbekommen, dass wir hier nicht gerade in einer geschäftstüchtigen Gegend sind. Aber das schlägt doch alles. Wir gehen weiter – und es stimmt! Von der Hotelterrasse unserer modernen und günstigen Unterkunft haben wir einen wunderschönen Ausblick auf die Donauinsel Belene. Zur Zeit des Kommunismus war auf der Insel ein Arbeitslager, in dem Regimegegner Zwangsarbeiten verrichten mussten und auch viele ermordet wurden. Heute befindet sich auf der Insel ein Gefängnis.

Nun sind wir schon vierzehn Wochen unterwegs. Vierzehn Wochen Urlaub, kaum zu glauben. Von mir aus könnte es immer so weitergehen. Inzwischen haben wir uns an das Leben, an die Umstände und auch an die Hitze gewöhnt. So ein Vagabundenleben, wo man fast nichts am Körper trägt (und das auch noch stinkt), ist zwar ganz anders als das geregelte Büroleben, wo man im feinen Zwirn und eingesprüht herumläuft. Aber mir gefällt's!

Am nächsten Tag haben wir Polizeikontakt: Das fehlt uns gerade noch. Ein alter Militärjeep bleibt vor unseren Füßen stehen. Der Fahrer im Leiberl bleibt sitzen, der Beifahrer in Uniform und Pistole steigt aus und spricht uns auf Bulgarisch an. „Das verstehen wir nicht, in English please",

10 Kilometer geradeaus

Das verhasste Kraftwerk

sagen wir immer wieder, auch um Zeit zu gewinnen und zu verstehen, was hier eigentlich los ist. Wir sind gerade neben der Baustelle des Atomkraftwerks in Belene. Alle 200 Meter steht ein Schild mit Hinweis auf das Fotografierverbot. Natürlich haben wir Bilder geschossen – sind wir etwa beobachtet worden? Wir haben längst mitbekommen, dass er unsere Ausweise sehen will. Er redet sich die Seele aus dem Leib, wir schauen nur unschuldig drein und sprechen Englisch. Auf einmal wird es ihm zu bunt, er steigt ins Auto und die beiden fahren zurück in die Richtung, wo wir hergekommen sind.

Mit dem Bau des AKW Belene wurde 1987 begonnen. Es sollten insgesamt sechs Reaktoren russischer Technologie entstehen. Aufgrund von Konstruktionsmängeln kam es immer wieder zu Verzögerungen. Dann gab es auch noch Bürgerproteste, weil diese Gegend Erdbebengebiet ist. Die Stadt Zimnicea, gleich gegenüber der Donau, wurde 1977 bei einem Beben fast zur Gänze zerstört. 2008 wurde der Bau fortgesetzt, man reduzierte auf zwei Reaktoren, dafür erhöhten sich die geplanten Kosten. Dann spielten die Banken nicht mehr mit. Inzwischen sind auch andere Investoren (etwa RWE) abgesprungen. Die Baustelle sieht aus wie eine große, bewachte Ruinenstadt und wird von der Natur zurückerobert. Von offizieller Seite heißt es, dass die Anlage 2013 in Betrieb gehen wird. Dass das AKW in

Das Foto trägt uns Ärger ein

der Gegend keiner mag, hat uns schon Don Valentino energisch bestätigt. Wir sind vielleicht zehn Minuten gegangen, da kommt der Jeep wieder. Der Uniformierte steigt aus und fordert ganz stolz: „Dokumente, Dokumente!" Jetzt verstehen wir und geben ihm die Reisepässe. Er schreibt die Namen auf einen Zettel Papier, gibt die Pässe zurück und verabschiedet sich ganz höflich auf Bulgarisch, was wir auch tun.
Am 21. August wird in Svishtov die TID (Tour International Danubien) Halt machen, ein Donauereignis, das es schon seit 1956 gibt. Das ist die weltweit längste Kanu- und Ruderwanderfahrt mit 2 516 Donaukilometern, von Ingoldstadt bis ins Delta. Sie wird kurz nach uns Mitte September am Ziel ankommen. Wir sind schon bei der Ortseinfahrt von Svishtov. Die Straße ist dank der EU neu gebaut. Links von uns liegt die Donau, rechts von uns geht es den Berg hinauf, vor uns in die Stadt. Ein Auto fährt an uns vorbei und bleibt kurz vor dem Ortsschild stehen. Zwei Männer steigen aus, öffnen den Kofferraum und heben einen großen, schweren Sack heraus, wuchten ihn mit Schwung in die Böschung und fahren weiter: ganz legale Müllentsorgung.

Auch in Svishtov gibt es eine Fähre nach Zimnicea in Rumänien. Das Ortszentrum ist wieder oben am Berg. Dort gibt es einen großen, schönen Platz und ein Hotel, in das wir uns einmieten. Auch spricht man hier Englisch, Svishtov ist eine Universitätsstadt.
Hurra, heute ist ein Ausflugstag! Das bedeutet zwar nicht Entspannung, aber wir müssen nur wenig gehen. Also stehen wir früh auf und fahren nach Veliko Tarnovo. Die Busfahrt ist neunzig Minuten lang pure Natur. Weitläufige Hügel und Felder wechseln sich mit Schaf-, Ziegen- und Rinderherden auf Wiesen und mit Weinrieden ab. Veliko Tarnovo ist nach Belogradschik das zweite der zehn Naturwunder Bulgariens. Der Fluss Jantra windet sich in vielen Schleifen durch das Felsental und war vermut-

Svishtov

lich der Grund, warum hier schon 4 300 Jahre vor unserer Zeitrechnung eine jungsteinzeitliche Siedlung entstand. Wir haben wirklich das Gefühl, mit der Ewigkeit in Berührung zu kommen.

Die Reste der Festungsanlage Zarewetz, die einen ganzen Berg einnimmt, war im Mittelalter die Stadt des Zaren sowie der bulgarischen Patriarchatskirche und somit bulgarische Hauptstadt. Die Anlage umfasst Überreste von 22 mittelalterlichen Kirchen, 400 Wohngebäuden, ein Kloster, die Patriarchatskirche und natürlich das Zarenschloss. Neben diesem Berg befindet sich die Stadt aus der Zeit der bulgarischen Wiedergeburt im 18. und 19. Jahrhundert. Sie liegt zwischen Zarewetz aus dem Mittelalter und der heutigen Stadt. Der gesamte Stadtteil ist mit seinen original restaurierten Häusern ein bewohntes Museum.

Es gäbe noch so vieles zu bewundern, was wir an einem Tag nicht schaffen. Wir müssen noch den Bus für die Rückfahrt ausfindig machen. Nichts ist beschildert, Busfahrpläne werden hier nur mündlich weitergegeben. Fragt man drei Personen, kann es sein, dass man drei verschiedene Ab-

Veliko Tarnovo

Festung Veliko Tarnovo

fahrtszeiten bekommt. Wir wissen nur, wie man unseren Zielort schreibt: Свиштов. Wir checken also alle Busse, die abfahren. Nach einer ergebnislosen Stunde werden wir nervös. Wir fragen weiter, niemand versteht uns. Plötzlich spricht uns eine junge Dame in perfektem Englisch an, sie hat unsere verzweifelten und scheiternden Kommunikationsversuche beobachtet. Sie ist Amerikanerin und arbeitet hier als Englischlehrerin. Wir müssen einige Bäume weiter die Straße zurück gehen, sagt sie, um fünf nach fünf werde ein Bus kommen. So ist es dann auch. Jeder Bus hat seinen Baum. Wie soll das ein Donaupilger wissen?
Zuhause – in unserem Fall jetzt im Hotel – angekommen, feiern wir noch. Unsere Katharina hat die wilden Teeniejahre hinter sich gebracht und wird heute 20 Jahre jung. Nach einigen Rakijas und Metaxas bemerke ich, dass Beatrix schon ein wenig Heimweh hat. Sie schwärmt auffällig viel von zuhause.

They call me the
WANDERER

15. Bulgarien

Tsenovo – Ivanovo – Russe – Ryahovo – Tutrakan – Malak Preslavec – Ajdemir

222 km / 321 900 Schritte

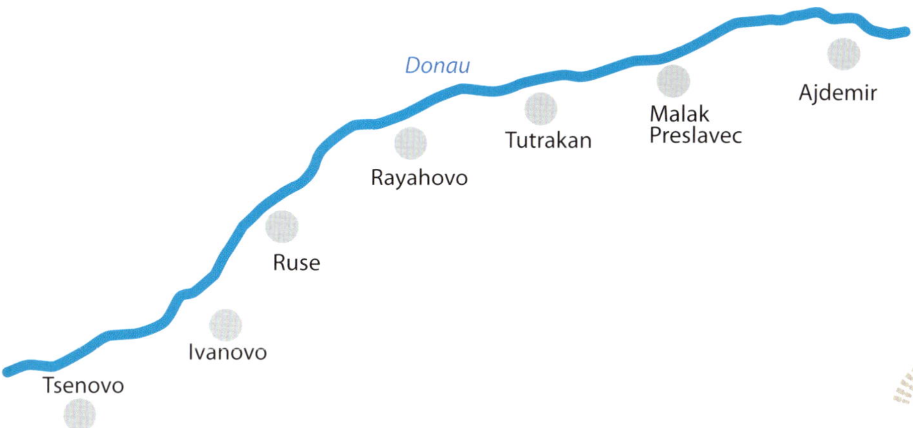

They call me the *WANDERER*

100 Tage

Hundert Tage sind wir heute unterwegs, das heißt hundert Tage Zweisamkeit, hundert Tage Nähe. Jeder Tag, jedes Erlebnis, jede Begegnung haben uns einander näher gebracht. Heute wird mir bewusst, wie glücklich wir uns schätzen können, dass wir die Zeit, die wir uns gegenseitig schenken, so intensiv nützen. Oft gehen wir friedlich schweigend nebeneinander, jeder in seine Gedanken versunken. Ein andermal sind wir dermaßen ins Gespräch vertieft, dass wir Abzweigungen versäumen oder zu rasten vergessen. Es ist ungemein befreiend, dass wir bei unserer Wanderung keine großen Entscheidungen fällen müssen. Die kleinen Abstimmungen des täglichen Lebens geschehen ohne viele Worte. Oft errät Florian, was ich sagen will, bevor ich den Mund aufmache – und umgekehrt. Die Freiheit verbindet und hat Bestand.

Wir fahren heute wieder einmal eine Etappe mit dem Bus vor, und wandern retour nach Svishtov. Es gibt für die nächsten Etappen keine Aussicht auf Unterkünfte, also bleiben wir noch eine Nacht im Hotel. Die Rezeptionistin hat gestern für uns recherchiert, dass ein Bus früh am Morgen nach Tsenovo fährt. Tag Hundert beginnt also früh. Der Busbahnhof liegt direkt an der Hauptdurchzugsstraße an der Donau, wir müssen den Berg hinunter. So gut können wir nun schon Kyrillisch lesen, dass wir unser Ziel am Busschild entziffern können.

Der pittoreske Fluss Jantra

In Tsenovo suchen wir eine Bäckerei. In Serbien war die „Pekara" immer bestens ausgeschildert und leicht zu finden. Auch im vergleichsweise schüchternen Ungarn konnten wir oft beim „Pekseg" einkaufen. In Bulgarien haben wir bisher erst zwei Bäckereien durch Zufall entdeckt. Es gibt kein Schild, keine Auslage; einzig Leute, die mit etwas Gebackenem herauskommen, geben einen Hinweis. Vor der kleinen Provinzbank fragen wir den Wachmann nach „Bäckerei, Brot, bakery, bread, chleb". Er deutet auf ein Gebäude. Doch das entpuppt sich als eine Apotheke. Dabei geht es uns doch bestens – keine Blasen an den Füßen, keine Hüft- oder Kopfschmerzen, wir fühlen uns fit und gesund. Aber wenn wir mit Überraschungen nicht umgehen könnten, hätten wir eine Pauschalreise gebucht. Solche Missverständnisse sind auf dem Tagesprogramm. Bäckerei finden wir keine aber, in einem kleinen „Magasin" in einer Nebengasse bekommen wir unseren Proviant.

Es ist ein besonderes Naturschauspiel, wie sich der ursprüngliche Fluss Jantra spektakulär seinen Weg Richtung Donau sucht. Unser Weg führt bergauf, bergab, immer wieder haben wir pittoreske Ausblicke auf das Tal. Ich würde gerne malen können, hier verweilen und die Landschaft abbilden.

Wir passieren die Dörfer Vardim, Beljanovo und Beltsov. Unsere Aufmerksamkeit widmen wir dem Dorfleben – obwohl es besser Dorfsterben heißen sollte. Junge Leute gibt

Müllverbrennungsanlage

Hohes Durchschnittsalter der Dorfbewohner

es in den Dörfern nur wenige, die Überalterung ist sichtbar. Statistiken sagen, dass es bei dieser Tendenz in 40 Jahren keine Landbevölkerung mehr geben wird. Schon heute leben 80 Prozent der Bulgaren in Städten.

Wenn hier jemand stirbt, werden eine große schwarze Masche und der Partezettel an der Zauntüre angebracht. Jedes Jahr wird zum Sterbetag ein neuer Partezettel aufgehängt, auf dem auch angegeben wird, der wievielte Sterbetag es ist. So gibt es Tore, die völlig zugeklebt sind mit schwarz eingerahmten Erinnerungszetteln. Es gibt praktisch kein Tor ohne Todesanzeige, was die Verstorbenen allgegenwärtig macht.

Blickt man über die Zäune, sieht man alte Leute beim Arbeiten im Gemüsegarten. Bohnen werden ausgelesen, Gurken in Gläser eingelegt, Zwiebel zum Trocknen auf ein Brett gelegt, Maiskolben in ein Speichergatter geschlichtet. All das ist Frauenarbeit. Die Männer fahren in der Früh,

wenn es noch nicht so heiß ist, mit dem Pferde- oder Eselswagen, um Gras und Heu für die Stalltiere zu suchen. Im Sommer leben alle Tiere im Freien, alle miteinander sind irgendwo um das Haus herum, was den Eindruck eines großen Durcheinanders vermittelt. Wein wächst im Garten als Schattenspender. Davon wird im Herbst der Hauswein gemacht. Haben die Männer nichts zu tun, gehen sie gerne in Cafés. Dort wird meist Kaffee, aber auch Bier oder Rakija getrunken und mit jenen geplaudert, die auch

Erster Todestag

Hängebrücke über die Jantra

gerade Muße haben. In den Cafés, die im Sommer natürlich Tische im Freien haben, ist stets jemand anzutreffen.
Durch das Dorf führt immer eine asphaltierte Straße, das ist die Verbindungsstraße zwischen den Orten. Die Nebenstraßen sind selten befestigt und oft mit Gras, Unkraut und Sträuchern bewachsen. Manchen Häusern sieht man an, dass sie mit Liebe geplant und gebaut wurden, der Zahn der Zeit nagt aber an ihnen. Die Ställe und Scheunen sind vielerorts noch aus den traditionellen Lehmziegeln errichtet. Lehm ist hier ein billiger und leicht zugänglicher Baustoff. Ist am Haus etwas defekt, zieht sich die Reparatur länger hinaus. Das kann am fehlenden Geld liegen, am mangelnden Material oder an der Mentalität der Menschen. Manchmal bräuchte es nur kleine Handgriffe, um einen Missstand zu beheben. Ein Pickup fährt an uns vorüber. Auf der offenen Ladefläche steht ein Pferd, es ist nur durch einen Gurt über den Rücken gesichert. Es sieht über die Fahrerkabine der wilden Fahrt entgegen. So etwas muss man sich einmal bei uns vorstellen.
42 Kilometer zeigt mein Schrittzähler, als wir am unteren Stadtteil von Svishtov ankommen. Wieder einmal haben wir eine Marathonstrecke zurückgelegt. Hätten wir doch gleich am Anfang unserer Reise den Schuhwechsel zu Mittag praktiziert. Wie viele schmerzhafte Kilometer wären mir erspart geblieben! Heute gehen wir nach dem Marathonzieleinlauf auch noch einkaufen. Eine österreichische Supermarktkette hat hier in

Ein verstecktes Dorf

Bulgarien Filialen. Als einzige Kunden fahren wir mit unserem Einkaufswagerl durch die Regalreihen. Das Sortiment gleicht dem zuhause. Für 99 Prozent der hier lebenden Menschen ist dieser Supermarkt wohl das

unerschwingliche Schlaraffenland. Wir kaufen langersehntes Schwarzbrot, Haferflocken, Zahnpasta und probieren den Tester eines Parfums. Mittlerweile ist es für uns völlig ungewohnt geworden, nach künstlichem Aroma zu riechen, die natürlichen Gerüche sind uns hier vertrauter.
Ein Gläschen Rakija an der Bar muss am hundertsten Wanderschaftstag schon sein. An den Kommentaren zu unseren Blogberichten sehen wir, dass viele Freunde mit uns verbunden sind. Das tägliche Schreiben erfordert manchmal strenge Disziplin, aber wir sind froh, dass auf diese Weise Familie und Freunde mit auf Reise sind.

Heute nehmen wir den ersten Bus um halb sieben. Wie gestern fahren wir nach Tsenovo. Heute wandern wir nicht zurück, sondern in Richtung Ivanovo weiter. Hoffentlich gibt es dort eine Herberge. „Touristische" Attraktionen wie die Felsenkirche, Ruinen der Festungsanlage Cherven und die Chuka-Steinzeithöhlen lassen mich hoffen.
In jedem Land, das wir bereisen, finden wir ein Highlight. In Serbien haben uns die Menschen angenehmst überrascht, in Bulgarien ist es die dünn besiedelte Landschaft. Hier wandern wir meilenweit durch unbewohntes Land, so weit man sehen kann, ungezähmte Natur. Das verleiht den Landschaften eine Ursprünglichkeit und Wildheit, wie ich sie noch nirgendwo in diesem Ausmaß gesehen habe. Oft sind nur der Wind, unsere Schritte und Stöcke zu hören. Die Dörfer sind manchmal aus der Ferne nicht zu erkennen, so verstecken sich die Häuser unter Bäumen. Der Weg ist oft die einzige Spur von Zivilisation.

Frühstück im Grünen

Schafherden, Hunde, Esel oder angepflockte Pferde weisen darauf hin, dass wir uns einem Dorf nähern. In Obretenik ist die Heuernte in vollem Gange. Ein Traktor mit Presse bündelt am Feld das Heu, die Pferde- und Eselswagen kommen in Scharen, um die Blöcke nach Hause zu bringen. Auf der Straße sind die Fuhrwerke in beiden Richtungen kolonnenweise unterwegs. Ich stelle mir eine Verkehrsmeldung im bulgarischen Radio vor, die vor langen Pferdewagenstaus warnt.

Am Ortsbeginn des Städtchens Dve Mogili beobachten wir eine Erdmännchenkolonie, die munter umherspringt und dann wieder in Erdlöchern verschwindet. Dve Mogili wird von bulgarischer und türkischer Bevölkerung bewohnt. Auf dem Stadtplatz entdecken wir eine Art Patisserie – diesen Luxus lassen wir uns nicht entgehen: Kaffee und Kuchen, das hatten wir schon ewig nicht mehr. Die Bulgaren brauen ihren Kaffee kurz und stark, sehr geschmackvoll. Vielleicht haben sie diese Angewohnheit von den Türken abgeschaut. Im Reiseführer lese ich, dass die ursprünglichen Bulgaren, die Protobulgaren, ein eigener Volksstamm waren und erst im Frühmittelalter „slawisiert" wurden. Das kleine Bulgarien stellte schon immer einen Puffer zwischen Orient und Okzident dar, wurde in dieser Rolle oft aufgerieben.

Wir machen Mittagspause am „Bahnhof" von Koshov, der eine eigenwillige Attraktion

Römische Ausgrabungen zur Selbstbedienung

Esel statt Auto

ist. Wenn man nicht weiß, dass hier ein Zug hält, kann man den Bahnsteig glatt übersehen. Vom Bahnhofsgebäude sind nur ein paar Ziegelhaufen übrig.
In Ivanovo führen etliche Schilder zur Touristeninfo, aber leider ist sie geschlossen. Wir brauchen ein Zimmer und hoffen, in der Provinzbank nebenan Auskunft zu erhalten. Zwei Bankangestellte sitzen an den Schaltern, die eine ist gerade mit bulgarischen Touristen beschäftigt, der andere hat zwar nichts zu tun und schaut in die Luft, würdigt uns aber keines Blickes. Vielleicht sehen wir ja so aus, als ob wir Bankbeamte zur Jause verspeisen. Wir warten also, bis die Bankbeamtin mit dem Beratungsgespräch fertig ist. Englisch oder Deutsch spricht sie nicht. Wir verständigen uns mit Körpersprache und mehrsprachigem Kauderwelsch. Mit „blagodaria“ und „dober den“ danken wir und verabschieden uns, nachdem sie uns den Weg zu einem Privatzimmer bei einem Mini-Market gezeigt hat. Begrüßungen und „bitte“ und „danke“ lernen wir immer in der jeweiligen Landesprache, das erachten wir als kleines Zeichen unseres Respekts gegenüber dem Gastland.

Nachdem wir das Zimmer bezogen haben, machen wir uns auf den fünf Kilometer langen Weg zur berühmten Felsenkirche von Ivanovo. Weil es keinen Bus und kein Taxi gibt, machen wir das, was Donauwanderer eben machen: Wir gehen zu Fuß.
Der Fluss Russenski Lom hat sich tief in die Felsen hineingefressen und reizvolle Schluchten gebildet. An diesen Felswänden liegt der Klosterkomplex: In 30 bis 40 Metern Höhe wurden insgesamt 41 Kirchen und 300 höhlenähnliche Zellen errichtet, die von Mönchen bewohnt wurden. Fünf dieser Kirchen sind mit ihren wertvollen Fresken noch erhalten und können besichtigt werden. Über in den Stein gehauene Stufen steigen wir

fast senkrecht empor. Der Ausblick ist faszinierend. Wir nehmen uns Zeit, setzen uns und schauen in die Gegend. Viele Schwalben fliegen in Augenhöhe, es ist schön, ihnen dabei zuzusehen. Der Wind spielt mit den Bäumen, man hört das Rauschen des Baches – wir fühlen uns als Teil der Natur. Die Sträucher rund um die Klosteranlage sind mit rot-weißen Bändern geschmückt. Am 1. März schenken die Bulgaren ihren Freunden oder Verwandten diese „Martenitas", Bändchen, Quasteln, Püppchen und anderen Schmuck. Dies trägt man als Talisman, bis man den ersten Frühlingsboten sieht. Das kann ein blühender Baum oder die erste Schwalbe sein. Dann wird die Martenita auf einen Baum gehängt und man wünscht sich dabei etwas. Das muss ich mir für den nächsten Märzbeginn merken und diese Reiseerinnerung aufleben lassen.

Aus den fünf Kilometern werden mit Besichtigung und Rückweg dann doch zwölf... Naja, wie gesagt, wenn wir Überraschungen scheuen, hätten wir pauschal buchen müssen. Beim Nachhausekommen essen wir lieber gleich zu Abend, ohne vorher in das Zimmer zu gehen. Wer weiß ob, wir

Felsenkloster Basarbovo

Frische Tomaten

die Stufen in den ersten Stock noch einmal schaffen würden. Der Marathon vom Vortag rächt sich.

Wir schlafen heute eine Stunde länger und gehen langsamer. Nur knappe 20 Kilometer haben wir heute vor uns. Damit haben wir Zeit für einen Abstecher zum Felsenkloster in Basarbovo. Wir sehen einem Steinmetz dabei zu, wie er eine Christusfigur fertigt. Er bietet uns Äpfel an, gemeinsam sitzen wir auf der Bank im Klostergarten und betrachten eine schlafende Katze. Zwei Mönche haben alle Hände voll zu tun. Mit Besen verjagen sie freche Truthühner aus dem Klostergarten. Die Vögel sind unfolgsam und schleichen sich immer wieder herein.

Kurz vor Russe arbeitet eine Frau in ihrem Garten. Wir fragen sie, ob sie uns nicht Tomaten verkaufen wolle. So etwas ist ihr wohl noch nie passiert. Sie läuft ins Haus, holt einen Kübel Wasser zum Waschen und einen Sack zum Verpacken. Während wir plaudern, packt sie die Tomaten ein. Wir sollen lieber den Bus nach Russe nehmen, meint sie, und zeigt auf die Busstation in einiger Entfernung. Es gebe hier in der Vorstadt so viele „Zigans", die stehlen und betteln. Wir danken für den Rat und verabschieden uns – mit einem Sack voller Tomaten: gartenfrisch, groß, dunkelrot, reif, saftig.

Auf Russe freue ich mich schon seit Beginn der Reise. Es wird Kleinwien genannt. Wie in großen Städten üblich, stehen auch hier am Stadtrand große, wenig einladende Wohnklötze. Je näher wir dem Stadtkern kommen, desto freundlicher zeigt sich Russe, und von der Innenstadt mit ausgedehnter Fußgängerzone sind wir auf den ersten Blick angetan.

Unseren Couchsurfer-Gastgebern Gogo und Neshka verdanken wir an diesem Abend einen besonderen Kulturgenuss: Sie laden uns zu einer spontanen Party mit ihren Freunden ein. Gogo ist Fotograf, die Kunst-

Russe Kleinwien

fotografie würde ihm die größte Freude machen. Seine Brötchen verdient er allerdings mit Hochzeitsfotos. Neshka ist Journalistin bei einer Tageszeitung und lernt gerade Koreanisch. Nur so zum Spaß und zur Horizonterweiterung. Es gibt selbstgemachte Maki-Sushi, Bier, Wein und Chips. Die jungen Leute finden uns „cool", sie fänden es toll, so aktive, abenteuerlustige Eltern zu haben. Nachdem die Freunde aus der Kunstszene kommen und die Stimmung hervorragend ist, werden bald bulgarische Volkslieder gesungen, es wird musiziert und getanzt. Krasimir führt uns in die Geheimnisse der Musik ein, indem er uns auf kleinen Instrumenten wie der Kaval-Flöte und der Gaita (eine Sackpfeife) vorspielt. Florian kann zur allgemeinen Begeisterung auf der Gaita – eine Flöte, die sich anhört wie ein Dudelsack – „Hänschen klein, ging allein" spielen.

Die bulgarische Musik hat sehr komplizierte Taktsysteme. Da gibt es einen 7er-, 12er- oder gar 25er-Takt. Der Rhythmus bestimmt die Tanztechnik. Sie reicht von einfachem Beinschwingen bis zu heftigen, geradezu akrobatischen Sprungbewegungen. Gesungen wird meist im Chor, getanzt in der Gruppe. Man stellt sich in eine Reihe, nimmt einander bei der Hand und dreht sich im Kreis. Trifft dabei ein Mann auf eine Frau, die nicht mit ihm verwandt ist, darf er sie nicht direkt berühren, nur mit einem Tuch, dessen Ende die beiden Tanznachbarn in die Hand nehmen. Krasimir weiht uns in die Unterschiede bei Musik, Gesängen und Tänzen aus verschiedenen Regionen ein; sei es aus Flachland, Hügelland oder Bergland beziehungsweise Armenien oder Georgien. Was wir jetzt auf alle Fälle wissen: Balkanmusik ist nicht Balkanmusik. Da gibt es riesengroße Unterschiede, die ihren Ursprung in der Geschichte der jeweiligen Volksgruppe und Region haben.

Wir haben uns im „Dunav" ein Zimmer genommen, einem Relikt aus kommunistischen Tagen, heute noch eines der besten Hotels der Stadt. Gebäude, Einrichtung und Personal versprühen den Charme vergangener Zeiten. Für einen Teil der Belegschaft ist auch nach 20 Jahren das Wort „Kundennähe" ein Fremdwort. Die Rezeptionistin etwa meint, wir sollen später zahlen kommen, sie habe gerade so viel zu tun – und beißt genüsslich von ihrem Kuchen ab. Für das Frühstücksbuffet ist ein Kellner zuständig, der sich nur selten blicken lässt. Am Buffet fehlen Brot, Butter, Kaffeeschalen, Marmelade. Ein Gast beschwert sich, worauf ihm der Kellner zuerst desinteressiert zuhört, dann eine Kaffeetasse bringt und verschwindet, um nicht mehr aufzutauchen.

Die Donau in Russe

Die Industrie- und Kulturstadt Russe beginnt am Stromkilometer 495, hat 160 000 Einwohner und liegt nur 29 Meter über dem Meeresspiegel. Die orthodoxe Hauptkirche ist halb unter die Erde gebaut. Die Osmanen hatten verboten, einen Kirchturm zu errichten, der höher als das Minarett ist. Daher wurde ein Graben ausgehoben und die Kirche mit dem hohen Turm hineingebaut. Der Schriftsteller und Literaturnobelpreisträger Elias Canetti wurde 1905 in Russe (damals „Rustschuk") geboren. Im ersten Teil seiner Autobiographie „Die gerettete Zunge" beschreibt er seine ersten Lebensjahre in der Stadt, die er als Schmelztiegel mit babylonischer Sprachenvielfalt beschreibt. Deshalb gibt es hier einen regen Kulturaustausch und eine österreichische Bibliothek. Canettis Elternhaus, ein großes schönes Bürgerhaus, ist als Kulturdenkmal erhalten, ein Museum soll eingerichtet werden. Das „Museum der städtischen Lebensweise" ist in einem originalen Haus aus dem 19. Jahrhundert untergebracht. Es werden viele Gegenstände des täglichen Lebens dieser Epoche ausgestellt. Russe kann meine Erwartungen erfüllen, es gefällt mir ausgesprochen gut und

Geburtshaus von Elias Canetti

ich fühle mich heimisch. Vielleicht deshalb, weil es mich tatsächlich an österreichische Städte erinnert. Dass man hier in Bulgarien ist, bemerkt man erst auf den zweiten Blick.

Nach einem Blick auf die einzige Donaubrücke zwischen Bulgarien und Rumänien gehen wir heute von Russe weiter dem Schwarzen Meer entgegen. Gott sei Dank ist Sonntag. Die vierspurige Straße bis Marten ist somit LKW-frei. Wochentags würden wir Wanderer uns hier bestimmt eine Abgasvergiftung holen. Beim Boxenstopp an einer Tankstelle bei Marten erfrischen wir uns mit Cola. Während wir einem kleinen Hund unser letztes Brot spendieren, kommt der Tankwart und schenkt uns einen Duft-Wunderbaum. Er wollte uns eine Freude machen und das ist vermutlich der einzige Werbeartikel, den er zur Verfügung hat.
Weiter geht es neben der Straße auf dem Eselskarrenweg, durch Gemüsefelder und Obstgärten. In den Orten wird der Verkehr manchmal von einer Gänseschar geregelt. Sie lassen sich bei ihrem Marsch quer über die Straße durch nichts stören. Silvo Pole ist ein Melonenumschlagplatz, hun-

Opernhaus in Russe

Fischrestaurant in Ryahovo

derte von den süßen, geschmacksinensiven Gewächsen sind hier auf dem Marktplatz aufgehäuft, zwischen den Melonengebirgen gehen Käufer und Verkäufer herum. In Ryahovo essen wir in einem Fischrestaurant am Donaustrand vorzügliche Fischsuppe und Oblesse, kleine in Teig gebackene Fischchen. Dann suchen wir das Haus von Ivan und Anita Kartschinski, was in einem Ort ohne Straßenschilder wieder einmal nicht einfach ist. Ivan ist Saschas Vater, der wiederum ist ein Freund von Gogo, und der ist unser Freund. So geht das in Bulgarien. Jeder hilft jedem und irgendwie kommt man zu dem, was man braucht. Erneut erleben wir die bulgarische Gastfreundschaft, obwohl wir die Kommunikation mit Händen, Kugelschreiber, Papier, in gebrochenem Spanisch und Italienisch bewältigen müssen.

In der Gartenküche kredenzt uns Anita Melonen und frisch gepressten Pfirsichnektar. Der süße, kühle und dickflüssige Saft ist ein Traum, so muss Ambrosia schmecken.

Wir beziehen das Zimmer ganz oben im Haus. Wir haben sogar eine eigene Toilette. Zum Spülen müssen wir zwar erst einen Kübel mit Wasser füllen und nachleeren, aber das ist schon ein Luxus hier. Ivan vermittelt uns: Egal welche Sprache und Herkunft – Hauptsache, das Herz ist dabei. Er ist ein tüchtiger Geschäftsmann, kauft Pilze, die in den Bergen gesammelt werden, verarbeitet und füllt sie in Vakuumbehälter. Die werden dann nach Spanien exportiert. Er führt uns

Die Sommerküche der Kartschinskis

durch die moderne „Fabrica Terrabella“, die genauso gut in Italien oder Österreich stehen könnte.
Ivan ist auch Musik-Freak, kennt Udo Jürgens, weiß, wer die erste Geige bei den Wiener Philharmonikern spielt, und hört am liebsten Country-Music. In der Nacht wache ich auf und mir kommt der 60er Rock n‘Roll-Song „They call me the wanderer, yeah, wanderer I roam, round and, round and, round and, round“ von Dion in den Sinn.

Heute gilt es, nach Tutrakan bei Stromkilometer 432 zu wandern. Muss ich noch erwähnen, dass es schon bald am Morgen heiß ist? Der Ohrwurm von gestern Nacht ist wieder da, „I roam, round and, round and, round and, round“ zuerst nur im Kopf, dann summe und pfeife ich, damit Florian auch etwas davon hat. Unsere Essensvorräte sind aufgebraucht. So stapfen wir auf Verbindungsstraßen zwischen Russe und Tutrakan dahin. Die Dörfer, durch die wir kommen, sind unbelebt, kein heiliges Pilgerkreuz, kein Kiosk, kein Mini-Market – und wir haben noch gute 15 Kilometer zu gehen. Wenn ich hungrig, durstig und unausgeschlafen gehen

Kiosk mit allem

Wohnzimmer im Fischerhaus

muss, sinkt meine Moral. „The Wanderer" geht mir trotzdem nicht aus dem Kopf. Jetzt habe ich Florian auch noch damit angesteckt, leise pfeift er die Melodie. Da bremst sich ein Lancia ein und lädt uns zum Einsteigen ein. Es ist wie eine erfüllte Bestellung vom Universum. Lupomir hat seine Freundin Diana in Russe abgeholt und uns schon auf der Hinfahrt marschieren gesehen. Die jungen Leute machen uns in Tutrakan eine kurze Stadtführung und liefern uns dann vor der Pension an der Donau ab.

In Tutrakan, das schon seit der Römerzeit besiedelt ist, herrscht touristische Aufbruchstimmung. Ein ganzes Viertel mit 48 Gebäuden steht unter Denkmalschutz. Das ehemalige Fischerviertel aus dem 19. Jahrhundert wird originalgetreu renoviert. Dazu gibt es ein Donaufischerei- und Schiffsbaumuseum. Im kleinen Geschichtsmuseum der Stadt bekommen wir eine Führung vom Direktor persönlich – auf Bulgarisch natürlich.

Wir sind jeden Tag ganz mit unserem Wanderleben beschäftigt und machen uns noch keine besonderen Gedanken darüber, dass es in absehbarer Zeit zu Ende sein wird. Das tägliche Losmarschieren, Menschentreffen, Essenbeschaffen und Herbergssuchen sind uns zur Routine geworden. So

Haus samt Grundstück ab EUR 1000,-

wie das Tagebuchschreiben. Jeden Morgen halte ich den Vortag schriftlich fest. Erst danach fühle ich mich frei und kann die neuen Erlebnisse und Eindrücke aufnehmen. Ich will mich auch später noch an jeden Tag dieser Reise erinnern können.

Unsere Pension bietet sogar Frühstück an, Kaffee und eine Art Bauernkrapfen mit Schafskäse und Marmelade. Florian will sein Gepäck etwas erleichtern und unsere Schlafsäcke nach Hause schicken. Auf dem Postamt steht eine lange Schlange vor dem Kassenschalter. Wir nehmen an, dass hier nicht alle selbstverständlich ein Bankkonto haben und Geldgeschäfte großteils noch über die Post abgewickelt werden. Unsere Postbeamtin ist flexibel, unsere Habseligkeiten steckt sie in eine Schachtel und verpackt sie wie ihr berühmter Landsmann – der Verpackungskünstler Christo – mit Muße, Erfindungsreichtum und viel Klebstoff.

Wieder einmal müssen wir einen Berg hinauf. Das ist an sich das Schöne an der bulgarischen Donauseite, an der Dunarea auf der rumänischen Seite ist meilenweit Flachland zu sehen. Da ist uns die abwechslungsreiche Dunav-Seite schon lieber, auch wenn es anstrengend ist. Steil bergauf und bergab, durch ruhige Dörfer und mit herrlichen Ausblicken auf die Donau gehen wir auf einer alten Römerstraße dahin. Alte Römerstraße heißt, dass wir auf einem mit Steinen ausgelegten und verwachsenen Weg herumstolpern. Da ist der „Wanderer"-Ohrwurm schon wieder – wie kriege ich den nur wieder los?!

Kurz nach Dunavec wollen wir uns bei einem Bad in der Donau erfrischen. Bei einer Wassertemperatur von rund 26 Grad kann davon aber nur noch eingeschränkt die Rede sein. Das Trinkwasser in unseren Flaschen geht zu Ende. Wir haben damit gerechnet, dass in den Dörfern entweder ein Brunnen oder ein Mini-Market sein wird. Diesmal geht die Rechnung nicht auf. Wenn man nicht weiß, wann es das nächste Mal Wasser geben wird, denkt man auf einmal nur noch ans Trinken. Kriecherl, Zwetschken und Brombeeren vom Wegesrand retten uns über das Schlimmste hinweg. In Malak Preslavec gibt es endlich einen Mini-Market. Wir stürzen das Wasser hinunter und die Lebensgeister kehren wieder, damit allerdings auch „The Wanderer". Die Auskunft nach einer Übernachtungsmöglichkeit im Mini-Market ist eindeutig: die Verkäuferin nickt. Das kennen wir jetzt schon, Kopfnicken bedeutet in Bulgarien nein. Es steht uns also wieder einmal eine Zeltnacht bevor. Und ausgerechnet heute müssen wir die Schlafsäcke nachhause schicken!
Wir besorgen fürs abendliche Picknick einige Flaschen Wasser, Kartoffelchips, Brot, Joghurt, Honig und Marmeladekipferl haben wir noch fürs Frühstück. Auf einem Hügel, auf einem abgeernteten Getreidefeld schlagen wir unser Zelt auf. Die Aussicht auf das Tal und die gegenüberliegenden Hügel, das Zwitschern der Vögel, das Zirpen der Grillen und Zikaden, das Meckern einer Ziege, das entfernte Bellen der Dorfhunde, das alles bei Vollmondschein und warmem Wind – das klingt doch

Alte Römerstraße

Bulgarische Kurzparkzone

nach Romantik pur. Aber eines steht fest. Wenn ich mir einen Wettersturz wünsche, dann brauchen wir nur eine Nacht im Zelt zu verbringen. Über Nacht hat es empfindlich abgekühlt, am Morgen hängen schwere Wolken am Himmel. Nach langer Zeit ziehe ich wieder einmal meine lange Hose und eine Jacke an. Garvan, das erste Dorf am Weg, ist verlassen und

ausgestorben, hier gibt's nicht einmal eine Durchzugsstraße. Wer noch hier ist, kann nirgendwo sonst hin. Es ist ein tristes Leben, das die Leute hier fristen. Das schlechte Wetter lässt meine Stimmung ziemlich sinken. Aber wenigstens funktioniert die Kaffeemaschine im Mini-Market. An den Tischen vor dem Geschäft sitzen einige Männer beim Frühstücksbier.

Nach dem Kaffee geht's schon wieder besser. Wir wandern wieder bergauf, bergab, vorbei an Feldern, Gebüschen, Weingärten und kleinen Waldstrichen. Ein intensiver, angenehmer Geruch kommt mir in die Nase. Das ist doch... das erinnert mich an eine Apotheke... Es ist ein Fenchelfeld, das seine ätherischen Düfte verströmt. Noch nie zuvor habe ich auf dieser Reise einen derartig angenehmen Geruch wahrgenommen. Lindenblüten, Lavendel, Feigenbäume, Rosen, sogar die versinkende Donau in Immendingen mit ihrem Geruch nach Moder habe ich in angenehmer Erinnerung. Einen Geruch hasse ich allerdings seit Ungarn: Verwesungsgeruch. Unzählige Male habe ich diesen durchdringenden Gestank in die Nase bekommen. Man weiß dann sofort, dass bald ein Tierkadaver am Straßenrand liegen wird.

Popina, Vetren, Srebarna heißen die nächsten Orte, durch die wir kommen. Der See und die Gegend um Srebarna sind ein Naturreservat und als Weltkulturerbe gelistet. Die Sumpfgegend ist ein Paradies für Vögel und Birdwatcher. Endlich gibt's ein Gasthaus und dort Shopska Salad. Der Salat mit frischen Tomaten, Gurken, Zwiebel, Paprika bestreut mit reichlich

Vorbei an Feldern, Gebüschen und Weingärten

gelbem Käse bekommt man in Bulgarien in jedem Restaurant. Kurioserweise kommt in bulgarischen Gaststätten Brot nicht selbstverständlich und reichlich auf den Tisch, wie sonst in Osteuropa üblich. Wenn man welches haben will, muss man die Anzahl der gewünschten Stücke genau angeben. Die Scheiben kommen dann gleich dick, als ob sie genormt wären.

Die Wolken werden dunkler, und wir sehen zu, dass wir weiterkommen. Es geht nicht lange gut, wir müssen unsere Regencapes überstreifen. Ein Regenschauer, der sich gewaschen hat, zieht über uns hinweg. Es gibt keine Möglichkeit, uns unterzustellen. Die Autos spritzen uns zusätzlich nass. Als wir in Ajdemir ankommen, lässt der Regen nach. Wir haben für heute genug und begeben uns auf Herbergssuche. Das Hotel Kuin (für „Queen") hat noch Zimmer frei. Kaum haben wir eingecheckt, fängt es schon wieder zu regnen an und hört weder in der Nacht noch am nächsten Morgen auf. Somit gönnen wir uns einen Faulenzertag. Ajdemir bietet keine Sehenswürdigkeiten, also pendeln wir zwischen Hotelrestaurant und unserem Zimmer. Doch das ist überhaupt nicht langweilig.

Mit Füßehochlagern, Emails beantworten, mit den Lieben zu Hause skypen, Kaffeetrinken vergeht der Tag viel zu schnell. Das Abendrot verspricht für morgen gutes Wetter.

Wegweisende Ikone

Tabakplantage

Shopska Salad mit Einheitsmenage

Muscat
Банкя

Weißbrot und
HONIG

16. Rumänien

Dervent – Ion Corvin – Cernavodă – Topalu – Hârșova – Ostrov – Măcin – Brăila – Galați – Luncavița – Kloster Cocoș – Tulcea - Sulina

364 km / 527 800 Schritte

Weißbrot und **HONIG**

Auf nach Rumänien

Rumänien – das ist heute der letzte Grenzübertritt! Und wieder ist alles völlig anders. Wir wandern durch riesengroße, gepflegte Weinrieden. Soweit das Auge reicht, wird Wein angebaut. Im Abstand von einigen Kilometern stehen kleine Hütten oder ein provisorischer Unterschlupf, in denen Wächter die Trauben bewachen. Ein Mann geht mit einem Hund auf Patrouille durch die Weingärten.

Auch der Zustand der Autos ist anders als gerade noch in Bulgarien. Hier fahren neben den üblichen Schrottkisten auch eine Menge teurer Luxuskarossen, die neuesten Modelle, meist mit Bukarester Kennzeichen. Wegen der Urlaubszeit sind viele Städter in der Gegend, die ihre Verwandten besuchen. Eines fällt ganz besonders auf: Die Menschen sind lebhaft und kommunikativ. Am Straßenrand stehen Händler und verkaufen Obst, es gibt die ersten Weintrauben. Auf einer Anhöhe haben wir eine weite Aussicht ins Donautal und machen Fotopause. Eine Traubenverkäufern, die ihren Straßenstand in der Nähe aufgebaut hat, läuft mir in den Weingarten nach. Ich könnte ja von ihren Trauben naschen! Schnell aber gewinnt sie Vertrauen und so kommen wir ins Gespräch. Stolz zeigt sie uns ihren kleinen Weingarten. Natürlich bekommen wir ein Willkommensgeschenk, zwei zuckersüße Trauben, die wir im Weitergehen genüsslich verzehren.

Einige Hügel oder 25 Kilometer weiter erreichen wir unser heutiges Ziel, das Kloster Dervent. Es hat zwei einträgliche Schätze: eine körperliche und geistige Krankheiten heilende Quelle an der Stelle, wo der heilige Andreas seinen Stock in den Boden gestoßen haben soll, und eine Wunder vollbringende Ikone der heiligen Jungfrau. Tausende Pilger kommen jedes Jahr. Das dürfen sich Donaupilger natürlich auch nicht entgehen lassen. Einträglich ist auch der im Kloster befindliche Shop, wo man Souvenirikonen in allen Größen und leere Plastikflaschen mit Dervent-Etikette kaufen kann, um sie dann mit Heilwasser zu befüllen. Wir sollen auf der Bank im Klostergarten Platz nehmen, sagt man uns, als wir nach einem Quartier fragen. Im Kloster geht nichts schnell, das ist sofort zu sehen, wenn man die Mönche bei ihrem Tagwerk beobachtet. Nach geraumer Zeit kommt ein junger Mönch, um uns zu sagen, dass es heute keinen Platz mehr gebe. Es sei Wochenende, mehr als 30 Leute schliefen schon hier und wir sollen zurück nach Ostrov, dort würden wir eine Herberge finden. Doch da macht sich wieder die in meinem Beruf angelernte Hartnäckigkeit bezahlt: „Wir sind Pilger!", sage ich ihm und das hilft. Er wird noch eine Möglichkeit prüfen, wir sollen noch einmal kurz warten, erst müsse er zur „Ceremony". Also sitzen wir wieder auf der Gartenbank. Sollen wir die Ikone um ein Wunder bitten? Die anderen Mönche ruft er zur Zeremonie, indem er rund

Rumänischer Wein

Ein Verkaufsstand

Das Klosterportal

um die Kirche geht, an jeder Seite stehen bleibt und mit einem Holzklöppel rhythmisch auf ein Brett schlägt. Eine künstlerische Darbietung, klingt irgendwie asiatisch. Abschließend wird die Glocke am Turm geläutet. Der Lautsprecher geht an und im Sprechgesang wird die Zeremonie eröffnet. Eine halbe Stunde, eine Stunde... Im Kloster hat man Zeit. Nach eineinhalb Stunden, die Zeremonie ist vorbei, kommt er wieder und führt uns in eine Kammer mit fünf Betten. Zwei werden schon von einem rumänischen Paar belegt. Wir müssen uns beeilen, es gibt Abendessen mit Gebetsbegleitung. Es werden eine säuerliche Suppe und öltriefende, lauwarme Pommes Frites aufgetischt. Um sieben wird wieder zum Gebet gerufen. Die Abendmesse dauert bis neun und ich bleibe bis zum Schluss: zwei Stunden lang knien, stehen, ein wenig sitzen und hundertfache Bekreuzigungen. Die tiefe Gläubigkeit wirkt ansteckend. Wir besprengen uns mit dem Wasser der heiligen Quelle und gehen ins Bett. Auch das junge rumänische Paar bezieht sein Lager und schließt zu unserem Verdruss das Fenster. Es ist heiß und mieft in der kleinen Klosterkammer – aber was soll's, erstunken ist noch keiner.

Ich habe schlecht geschlafen, die Luft in der Schlafkammer war zum Ersticken. Frühstück gibt es erst um zehn Uhr, nach der Morgenandacht, die schon um sechs begonnen hat. Diese haben wir geschwänzt, nach

der gestrigen Abendandacht schien uns das doch etwas zuviel. Der einzige Zeitvertreib der Mönche sind die Zeremonien. In der Früh, Mittag, Nachmittag und am Abend Zeremonie, immer der gleiche Ablauf. Eine Übernachtung im Kloster kostet nichts, es wird eine angemessene Spende erwartet. Die geben wir in einen der unzähligen Opferstöcke und gehen, auf das Frühstück warten wir nicht. Wir haben wieder unheiligen Boden unter den Füßen. Wir wandern in der Morgensonne durch Weingärten, in denen erneut die Wachposten gegen die Traubendiebe stehen.
Viele Esels- und Pferdefuhrwerke begegnen uns. Als wir in das Dorf Lipnita einbiegen, hält neben uns ein Pferdewagen, beladen mit etwas Gras. An den Zügeln sitzt ein Mann, seine Frau hinten auf der Ladefläche. Sie steigt ab und bittet uns um Zigaretten. Als Nichtraucher haben wir keine. Sie schwenkt um und fragt nach Geld. Die Kommunikation läuft nur über Gesten, keine Worte. Geld geben wir nicht her, wir gehen einfach weiter. Im Dorf holen wir das Frühstück nach. Wir sitzen am Straßenrand und beobachten das Dorfleben. Die Armut hier ist erdrückend.

Die Klosterkirche von Dervent

In der Dorfkneipe

Zu Mittag kommen wir nach Băneasa, eine größere Ortschaft mit Geldautomat und Restaurant. Wir sind sehr hungrig, haben wir doch gestern fast nichts gegessen. Wir begegnen einem Radfahrer aus Deutschland, mit dem wir uns nett unterhalten. Wir beschließen, mit ihm in einem Restaurant zu Mittag zu essen. Wir bestellen bei der Wirtin, die jeden Hauptpreis für unfreundliches Verhalten verdient. Hühnchen für mich, Pommes für Beatrix. Heimlich, still und leise haben sich drei Kinder an uns herangemacht und betteln um etwas zu essen. Die Kinder sind zwischen fünf und zehn Jahre alt, verschmutzt und völlig zerlumpt. Unser Freund schiebt ihnen den kleinen Rest seiner Bratkartoffeln hin. Blitzartig schnellen drei Hände zum Teller, sodass die paar Kartoffeln in hohem Bogen auf den Boden fallen. Genau so schnell sind die Kinder am Boden und raufen wie Tiere um die Kartoffeln. Als der Kleinste eine erhascht, schnappt das Mädchen, das Älteste der drei, seinen Arm und beißt ihn so fest, dass er die Kartoffel wieder fallen lässt. Sie steckt den Brocken gierig in den Mund. Wir sind sprachlos, entsetzt über diesen Vorfall. Die Wirtin jagt die Kinder mit lauter Schelte und Schlägen von der Terrasse. Zu unserer Freude nimmt auch diese Geschichte ein gutes Ende: Eine Limousine mit einem älteren Ehepaar fährt vor. Die Frau steigt aus und wird von den Kindern sofort umringt. Sie geht mit ihnen in das Restaurant und bestellt Suppe und einen großen Korb Brot. Erst als die Suppe serviert wird, fährt die edle Spenderin weg. Nun sitzen die drei kleinen

Landschaft mit Pferdekutsche

Rußkäfer ganz offiziell auf der Terrasse und stopfen Brot und Suppe in sich hinein. Die Wirtin kocht vor Wut.
Plötzlich ohrenbetäubender Lärm. Eine Gruppe Motorradfahrer, von oben bis unten voll mit Dreck, kommt angebraust. Dahinter ein Jeep als Begleitfahrzeug mit Ersatzmaschinen auf der Ladefläche. Es sind Bayern auf einer organisierten Enduro-Tour. Alle trinken Bier, die Essensbestellung managt der Begleiter. „Wo fahrt ihr hin?", frage ich einen der Teilnehmer. „Keine Ahnung, Hauptsache es ist wild und macht Spaß!", gibt er zur Antwort. Unglaublich, denke ich mir, die wissen gar nicht, wo sie sind und wo sie hinfahren. Sie brauchen sich um nichts zu kümmern, einfach mit dem Motorrad durch die Gegend hetzen und ein Bündel Geld dafür ausgeben. Am Nebentisch streiten die Kinder schon wieder um das letzte Stück Brot im Korb.
Wir wandern weiter nach Negureni, wo wir uns im Magasin-Mixt, das sind die landesüblichen kleinen Krämerläden, ein Eis kaufen. Die Verkäuferin hat sich soeben den Finger in der Türe eingeklemmt, sie klagt über starke Schmerzen und legt ein mit kaltem Wasser getränktes Tuch auf. Beatrix leistet Hilfe und träufelt Notfalltropfen auf die Wunde. Wir sitzen neben der Dorfstraße, schlecken unser Eis und beobachten das Dorfleben. Ist das eine Theatervorstellung mit Geschichten aus dem Mittelalter? Eigentlich nicht, es ist die Realität, in der die Menschen hier

Beim Blog schreiben

Lehmhaus

leben. Eine alte Frau geht einkaufen mit einem kleinen, hölzernen Handwagen. Ein junger Bursche lässt stolz sein Pferd mit Wagen durch den Ort laufen. Die Oma hält ihn an, sie bereden sich kurz, dann steigt er ab und die Oma auf den Wagen. Und siehe da, sie lenkt den Gaul genau so flott und wendig. Wie bei einer Zirkusvorführung prescht sie einmal auf und ab, bevor sie das Gefährt dem Jungen zurückgibt.

In Ion Corvin bekommen wir ein Zimmer in einer Pension. Hier können wir uns entscheiden, ob wir nach Constanta ans Schwarze Meer gehen oder der Donau weiter bis Tulcea folgen. Für uns als echte Donauwanderer keine Frage! Natürlich gehen wir bis ins Delta. Am Nachmittag drehen sich unsere Gespräche um unsere Zukunft. Wie wird das sein, wenn wir am Ziel ankommen? Werden wir uns freuen oder werden wir traurig sein? Wie kommen wir dann heim? Wird es uns gelingen, mit einem Frachtschiff zurückzufahren oder werden wir doch den Zug nehmen müssen? Was erwartet uns zu Hause? Wie geht's mit der Landwirtschaft weiter? Wollen wir wieder in unseren Beruf einsteigen? Werden wir wieder in einen geregelten Alltag zurückfinden?

In unserer Pension bekommen wir nur Kaffee zum Frühstück, nichts zu essen. Also müssen wir hungrig einen ordentlichen Anstieg hinauf. Als wir oben ankommen, hält ein kleines Auto. „Ihr seid falsch!", macht uns die Fahrerin klar. Sie ist die Tochter des Pensionsbesitzers, wir haben ihr gestern Abend von uns erzählt. „Steigt ein, ich nehme euch mit zurück." Also stehen wir eine Stunde später wieder am Start und besteigen nun den nächsten Hügel. Am gegenüberliegenden Hang steht eine Holzbaracke, davor ein kleiner Junge. Er sieht uns und läuft den Hang hinunter, stolpert dabei, schlägt mehrere Purzelbäume und klettert dann keuchend zu uns auf die Straße. Ein kleiner Bub, voll Staub und Dreck, zerrissene kurze Hose, zerschundene Knie, verbrannte dunkle Hautfarbe und barfuß. Inzwischen haben seine Eltern den Vorfall bemerkt und rufen ihn zurück. Mit Tränen in den Augen dreht er um und geht heim. Ich habe auch fast Tränen in den Augen. Was soll aus dem Kleinen werden? Welche Perspektiven hat er, aus diesem Elend jemals wegzukommen? Ob er überhaupt zur Schule gehen kann?

Direkt an der Donau gibt es keinen Weg, wir gehen heute noch mehrere Male einen Berg hinauf und dann wieder in den nächsten Ort hinunter. Wir gehen durch Dörfer, die noch im Mittelalter zu stecken scheinen. Aber jedes hat ein kleines Geschäft, in dem es die wichtigsten Dinge des täglichen Lebens zu kaufen gibt. Häuser werden hier noch mit Lehmziegeln gebaut. Sie kosten praktisch nichts, man muss sie nur machen. Am Straßenrand liegen die Lehmziegel, ein Gemisch aus Lehm und Stroh, zum Trocknen. Ich erinnere mich, wie ich noch ein kleiner Junge war und meine Eltern ihr Haus gebaut haben. Auch bei uns war es Anfang der

Alte Schönheit

70er Jahre nicht so einfach wie heute. Wir haben die Dachziegel selbst gemacht. Formen wurden mit Beton gefüllt und dann in einem mit einem Holzofen beheizten Raum zum Trocknen aufgelegt. Im Wald gab es eine „Sandgrube“, von dort wurde der Sand für den Mörtel geholt. Mein Vater machte am Haus so viel wie möglich selbst: die Maurerarbeiten, das Verputzen, alles mit eigener Hand. Meine Mutter hat sicher viel mitgeholfen, und auch ich musste einiges machen. Weil tagsüber die Arbeit am Feld zu erledigen war, haben wir oft bis in die Nacht am Haus gearbeitet. Beim Aufbringen des Innenputzes stand ich oft bis in die späte Nacht und musste dem Vater ausleuchten. Ich musste die schwere Lampe mit erhobener Hand halten. Als mir die Arme zu schmerzen begannen und ich sie nicht mehr halten konnte, herrschte mich mein Vater schroff an: „Halt’ die Lampe höher!“ Also wechselte ich auf die andere Hand, wieder solange, bis sie von selbst niedersank. Ich habe damals gelernt: nicht aufgeben – durchhalten!

Wir sehen ein Mädchen mit Glatze. Schon mehrmals haben wir Kinder ohne Haare gesehen. Dies ist oft die einzige Möglichkeit, der Läuse Herr zu werden. Das Leben spielt sich auf der Straße ab. Wieder werde ich von einem alten Mann um eine Zigarette gebeten. Damit ich endlich diese Wünsche erfüllen kann, kaufe ich als strikter Nichtraucher eine Schachtel Zigaretten. Zigaretten und Kaugummi ersteht man als Einzelstücke, nur selten kauft jemand gleich eine Schachtel.

Km 312

Leider ist jetzt im August besonders viel Autoverkehr, da viele Städter aus Bukarest in der Ferienzeit ihre Familien besuchen. An den Ortsrändern sehen wir immer wieder tote Hunde. Autofahrer fahren rücksichtslos und viel zu schnell. Was sie mit Hupkonzerten nicht schaffen, gelingt Beatrix heute zweimal mit links: eine Schar Gänse, die die Straße partout nicht verlassen will, auf die Wiese zu treiben.

Wieder haben wir unterwegs in den Weingärten von einem freundlichen Händler Trauben geschenkt bekommen. Bei der Ankunft in der Stadt Cernavodă sehen wir das einzige Atomkraftwerk Rumäniens. Es ist eines der gefährlichsten Atomkraftwerke weltweit, weil es in dieser Gegend immer wieder starke Erdbeben gibt. Von den geplanten sechs Reaktoren wurden aufgrund vieler Proteste nur zwei gebaut, diese erzeugen ein Fünftel des Energiebedarfs von Rumänien.

Die Stadt selbst gleicht eher einer unkoordinierten Ansammlung von Häusern, hat 20 000 Einwohner, die meisten davon Roma. Es gibt nur eine Straße durch Cernavodă, an ihr fließt beiderseits in Betonrinnsalen eine stinkende Brühe den Hang hinab. Ob daher der Name kommt,

Beginn des Schwarzmeerkanals

Erfüllung eines Pilgerauftrags in der St. Andrei - Kirche

„schwarzes Wasser"? Obwohl es Kanäle gibt, leiten viele ihr Abwasser auf die Straßc. Auf dem Gehsteig und der Straße fehlen Kanaldeckel. Manchmal hat jemand einen Ast als Warnung in das Loch gesteckt; wenn nicht, droht Ortsfremden eine halsbrecherische Falle.

Heute sei „Day of the City", erfahren wir im Hotel, also ein Stadtfest. Auf einer großen Bühne gibt es Livemusik und Tanzvorführungen. Auf dem Sportplatz sind eine Menge Grillbuden aufgestellt, aus denen es fürchterlich raucht. Alle bieten das Gleiche an: Cevapcici mit Senf, mit Ketchup oder mit Senf und Ketchup. Beatrix, die in Rumänien noch nichts anderes gegessen hat als Pommes Frites oder Weißbrot mit Honig, bekommt einen lauwarmen Maiskolben. Gott sei Dank gibt es auch einen Stand von Fornetti, einer Bäckereikette, die es in vielen Städten des Ostens gibt. Die frischgebackenen Schoko- und Früchtetäschchen munden fabelhaft.

Unser Rumänisch macht Fortschritte. Wir können schon grüßen und uns bedanken. Dass wir nicht „Prost" sagen dürfen, ist seit Bulgarien gleich geblieben. Das heißt hier Dummkopf. Es kann schon vorkommen, dass man in der Eile einen Toast mit Ţuică (Pflaumenbrand) mit „Prost!" beantwortet – dann hat man gleich Erklärungsbedarf. Schnell erklären wir, dass wir lustigen Österreicher uns beim Trinken immer Dummkopf nennen. Also: Noroc!

Im Hotel ganz oben am Berg gibt es zum Frühstück sogar Cappuccino. Die letzten drei Tage sind wir 110 Kilometer gegangen und wenig motiviert, in die Hitze hinauszugehen. Wir kürzen die heutige Tages-

Frachtkahn im Kanal nach Constanta

etappe und nehmen uns den Vormittag für Besichtigungen frei. Bei diesen Temperaturen ist eine Stadtbesichtigung so anstrengend wie eine Wanderung. Um einen Pilgerauftrag in Cernavodă zu erfüllen, müssen wir noch einmal den Berg hinunter, durch die Stadt zur Brücke über den Donau-Schwarzmeer-Kanal. Dieser Kanal geht von hier nach Constanta und verkürzt die Strecke ins Schwarze Meer um 240 Kilometer. Der Großteil der Frachtschiffe nimmt daher diesen Weg. 1949 begann der Bau dieses 64 Kilometer langen, 60 Meter breiten und sieben Meter tiefen Kanals. Dabei mussten vor allem mehrere zehntausend Häftlinge, darunter viele politische Gefangene, schuften.

Der Pilgerauftrag ist, für unseren Zillenfahrerfreund Robert Fotos vom Beginn des Kanals zu machen. Die alte Anghel-Saligny-Brücke über die Donau war fast ein Jahrhundert in Gebrauch, bis 1987 eine neue gebaut wurde. Mit 4 037 Metern war sie lange die längste Brücke Europas. Auch hier, wie überall in der Gegend, hat der Heilige Andreas seine Spuren hinterlassen. Wir besuchen die St. Andrei-Kirche, die fast völlig aus Holz besteht, und zünden eine Kerze an.

Berühmte Anghel-Saligny-Brücke

Genau zur Mittagshitze marschieren wir wieder los. Unser Weg geht nun wieder in den Norden, hinauf auf einen Hügel, hinunter ins Tal. Es ist schon später Nachmittag, als wir den Ort Dunarea passieren, was übersetzt „Donau" heißt. Dann Capidava mit Überresten einer antiken Festung, die im zweiten Jahrhundert n. Chr. vom römischen Feldherrn Trajan erbaut wurde. Mit Ehrfurcht betrachten wir die Türme, Tore und Mauern aus einer völlig anderen Epoche. Die Donau zeigt sich in der Abendsonne von ihrer schönsten Seite. Obwohl es schon spät ist, entscheiden wir, nach Topalu weiterzugehen, weil es dort eine Pension und ein Restaurant geben soll. Die Straße zieht sich sieben Kilometer schnurgerade dahin. „Die baumlose Weite", so nennt unser Reiseführer diese Gegend. Lediglich an den Ortsrändern stehen ein paar Bäume, aber dann wieder endlose, steppenartige Hügellandschaft mit verdörrtem Gras. Aufgrund des fortgeschrittenen Sommers wird auch die Vegetation nun immer eintöniger. Alles ist trocken, dürr, staubig und braun. So kann ich auf der Geraden keine Bäume zählen, was ich in solchen Situationen oft gemacht habe.

Hirtenbehausung

Bienenkreis

Auch Autozählen ist nicht möglich, es fahren keine. Bleibt nur noch Schrittezählen. Ja, es ist manchmal notwendig, die Zeit totzuschlagen.
Endlich kommen wir nach Topalu, einem völlig verarmten Ort, und wir suchen das Gasthaus, das nach Angabe unseres Reiseführers Zimmer vermietet. Im Geschäft bekommen wir dann die niederschmetternde Auskunft, dass es hier schon lange kein Gasthaus und keine Zimmer mehr gebe. Es dämmert bereits, wir müssen also schnell nach einem Zeltplatz suchen, was in der Dunkelheit schwierig wird. Ist der Platz zu nahe an einem Müllhaufen, werden die ganze Nacht Hunde herumschleichen. Jetzt wird's wirklich einmal ungemütlich.
„Sprechen Deutsch?", ruft uns ein Mann von der Straße zu. Leider ist damit sein Vokabular ziemlich erschöpft und wir müssen die Unterhaltung wieder mit gewohntem Körpereinsatz fortführen. Was wir denn hier vorhätten, will er wissen. Wir erklären ihm die Lage. „Kommen mit!", sagt er. Sein Haus ist gleich um die Ecke, wir gehen durch das Gartentürchen und werden von einer Schar Enten und einem ganz lieben Hund begrüßt. Die Frau unseres Gastgebers ist sichtlich überrascht, als wir so mit Rucksack und Stock, komplett verschwitzt vor ihr stehen. Aber ab diesem Moment dreht sich alles um uns. Wir werden ins Haus gebeten, ein echtes Lehmhaus. Schon immer wollte ich eines von innen sehen. Die Wände sind mit

Donau bei Dunarea

Marcu und Elenas Badezimmer

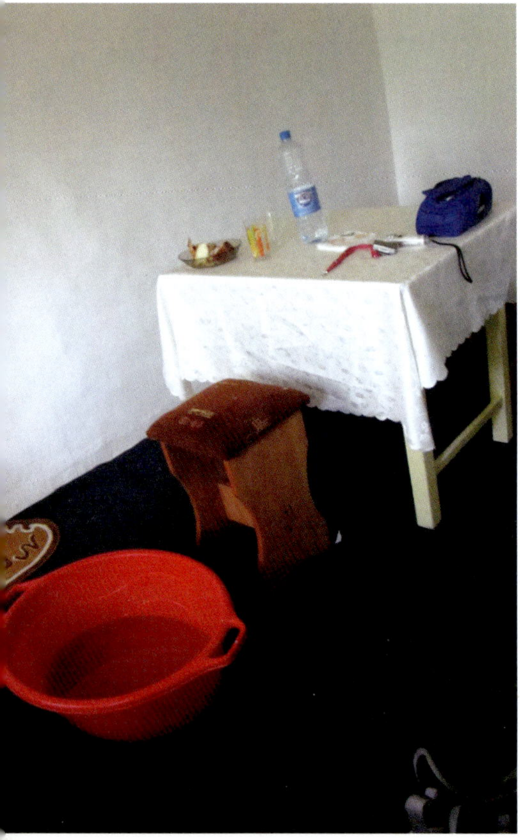

Lehm verschmiert und weiß gekalkt. Der Boden ist ebenfalls aus Lehm; uneben, aber sauber gekehrt. Im Raum lehnen Gartenwerkzeuge und andere Gerätschaften, in der Mitte steht ein kleiner Tisch mit zwei Sesseln. Direkt beim Eingang hängen Kleidungsstücke auf Nägeln, Kochgeschirr steht auf einer Kredenz. Langsam wird mir klar, dass dieser Raum Wohn-, Vorrats-, und Arbeitszimmer ist.

Marcu und Elena heißen unsere Gastgeber. Marcu war zu Zeiten Ceausescus Haustechniker in einem großen Hotel am Schwarzen Meer, in das viele Urlauber aus Ostdeutschland kamen. Nun ist er in Pension und bekommt 120 Euro im Monat, mit denen die Familie ein karges Leben führt. Sie haben zwei Töchter, die Ältere studiert in Constanta und ist der Stolz der Familie, Maria, die jüngere, geht noch in die Grundschule. Sie hat einen Herzfehler und ist das große Sorgenkind. Marcu reicht uns sein Handy, die Tochter aus Constanta ist in der Leitung. Sie spricht vorzüglich Englisch und übersetzt uns das Nötigste.

Elena serviert Hühnchen in der Kochbrühe, dazu Brot, das Marco schnell vom Geschäft geholt hat. Ich esse das Hühnchen, Beatrix die Brühe. Hinterher bekommen wir Kuchen, selbstgebacken natürlich. Marcu hat eine Riesenfreude, als ich ihm den Rest meiner Zigaretten gebe, und raucht nun eine nach der anderen. Im Haus gibt es kein Fließwasser. Um uns zu waschen, gehen wir in den Garten, wo das Wasserrohr direkt aus dem Boden kommt. Auch die Enten und der Hund bedienen sich dieser Wasserstelle.

Das Plumpsklo steht hinter dem Haus, genau wie ich es aus meiner Kindheit am Bauernhof kenne. Das Schlafzimmer der älteren Tochter ist der schönste Raum im Haus, darin wird unser Bett gemacht. Als Marcu eine Glühbirne einschraubt, haben wir sogar Licht im Zimmer.

Wir schlafen herrlich – und deswegen eine Stunde länger als sonst. Geweckt werden wir von der Unterhaltung der Haustiere. Enten, Hühner, Hund und Schwein reden so laut miteinander, dass wir wach werden. Kaum öffnen wir die Tür, dreht sich wieder alles um uns. Elena hat ihre schönsten Kleider angezogen und stellt ein Lavoir in unser Zimmer, damit wir uns nicht im Hof waschen müssen, dazu eine neue Seife und ein nagelneues Handtuch. Vermutlich haben sie heute Morgen extra für uns eingekauft. Sie stellen ein kleines Tischchen in den Garten, eine wilde Naturwiese vor der Eingangstür, und bringen das Frühstück: Omelett, Kaffee, Kuchen, Paprika und Wassermelone aus dem Garten. Gerne hätte ich den beiden für die Übernachtung und Bewirtung Geld gegeben, aber sie lehnen das energisch und entsetzt ab. Heimlich lege ich auf das Bett

Im Wohnzimmer von Marcu und Elena

Wegsperre durch Matschbächlein

doch noch etwas Geld. Die Verabschiedung ist so herzlich, als würden wir zur Familie gehören. Wir bekommen von Elena noch den Segen sowie ein Glas Marillenkompott und verlassen diesen Ort der unvergesslichen Gastfreundschaft.

Auf den ersten Kilometern sprechen wir nichts, jeder ist gerührt und damit beschäftigt, das Erlebte aufzuarbeiten. Unser Blick ist auf den Boden gerichtet, nicht wie sonst in die weite Landschaft. Kurz vor dem nächsten Ort nehmen wir eine Abkürzung. Leider stehen wir bald an einem kleinen Bächlein an, wir müssten durch knietiefen Schlamm waten. Machen wir nicht, also folgen wir dem Bach zur Straße. Das beobachtet ein Imker, der bei seinen Bienenstöcken arbeitet, startet sein Auto, fährt uns nach und fragt, wo wir denn hinwollen und ob er helfen könne. Wir gehen nach Hârşova, erklären wir. Er will uns bis zur Hauptstraße fahren, von dort sei es dann nicht mehr weit. Wir gehen lieber die längere, aber verkehrsarme Variante, sagen wir und erklären ihm unsere Mission. Er schüttelt den Kopf, das kann er nicht verstehen. Er dreht um und fährt zurück. Nach fünfzig Metern stoppt er, legt den Rückwärtsgang ein, kommt zurück und überreicht uns mit den Worten „Energia pur!" ein großes Glas Honig. Er hat uns am Ende doch verstanden. An der Donau gibt es unzählige Imker. Alleine heute haben wir mit Sicherheit tausend Bienenstöcke gesehen. Am Abend laufen die Imker durch die Blumenwiesen und

Ein riesiges Glas Honig

lärmen mit Schreien, leeren Plastikflaschen oder Trillerpfeifen wie verrückt, um die Scharen von Bienenfressern (eine Vogelart) zu vertreiben. Es ist brutal heiß und schwül. In Ghindăreşti müssen wir auf die Hauptstraße, um nach Hârşova zu gelangen. Sie ist stark befahren, vor allem durch schwere Kipper, die Material von Bergwerken transportieren. Der Asphalt reflektiert eine höllische Hitze und brennt durch die Schuhsohlen. Ich kann und will nicht mehr weitergehen, es ist unmenschlich. An einer Busstation treffen wir zwei Mädchen, die auf den Bus nach Hârşova warten – kurz darauf sind wir dort.

Die Stadt ist weitläufig, wir haben keine Ahnung, wo es ein Hotel gibt. Orte in Rumänien haben keinen erkennbaren Stadtkern, keinen zentralen Platz mit Kirche, Rathaus und Brunnen. Da läuft man oft völlig planlos von Straße zu Straße und sucht nach Orientierungspunkten. Wir fragen eine Frau nach einem Hotel. Wieder einmal ist sie, wie durch ein Wunder, genau die Richtige. Sie hält ein Auto auf, das sei ihr Nachbar, sagt sie, ein junger Bursche, ein Polizist, der heute dienstfrei hat. Er bringt uns in ein Hotel, nach dem wir selbst bestimmt stundenlang gesucht hätten.

Im Kaufmannsladen

Wegweiser nach Tulcea

Zum Frühstück gibt es Honigbrot. Der Wetterbericht sagt Regen voraus, wir gehen trotzdem los. Die ersten paar Kilometer gibt es noch ziemlich viel Verkehr, nach der Abzweigung nach Saraiu sind dann mehr Pferdefuhrwerke als Autos unterwegs. Am See Hazarlâc verändert sich die Landschaft völlig. Rechts gibt es Sanddünen und links das weite Donautal mit steppenartigen Wiesen, auf denen Pferde, Rinder, Schafe, Ziegen, Schweine und Gänse friedlich miteinander weiden. Die Donau hat hier noch ihre ursprüngliche Form, mit vielen Nebenarmen, Verästelungen und Inseln. Die Wanderung ist unglaublich schön, die Landschaft in Farben und Formen abwechslungsreich. Wie zwingt man einen Donauwanderer in die Knie? Man schenkt ihm so viel Honig, bis er zusammenbricht. Eine Imkerin, die gerade bei ihren Stöcken hantiert, winkt uns. Sie läuft mit einem Glas Honig zu uns, das sie uns unbedingt schenken will. Das abzulehnen würde sie schwer enttäuschen. „Jesus sieht, dass ich Gutes tue!“, meint sie, also bleibt uns nichts anderes übrig, als den Honig einzupacken. Bei der Beobachtung von Schweinen, die wirklich artgerecht gehalten werden, haben wir großes Vergnügen. Die Großfamilie Schwein läuft von der Wiese zum Bächlein, suhlt sich darin mit Genuss, eine Sau, ein Ferkel nach dem anderen. Dann läuft eine Sau zum Pferd, das in der nahen Wiese angebunden ist. Für uns sieht es nach Begrüßungskuss aus, wenn sie Rüssel an Nüstern halten. Dann schleckt das Pferd der nassen Sau den Rücken ab, was beide anscheinend sehr genießen – so etwas zu beobachten, ist schöner als jeder Schweinchen-Babe-Film.

Der Verkehr zwischen den Ortschaften hat nur auf einer Straßenhälfte Platz. Ein Fahrstreifen ist bedeckt mit Bohnenstauden, die zum Trocknen und Ausdreschen auf den heißen Asphalt gelegt werden. Die Leute wenden die Stauden, dreschen sie aus, manchmal fährt ein Fuhrwerk darüber, andere sieben die gedroschenen Bohnen in Kübel und füllen sie in Säcke. Damit sichern sie sich eiweißreiche Kost für den Winter. In Gârliciu wandern wir auf der freien Fahrspur, zwischen Pferdewagen und Leuten, die an den Bohnen arbeiten. Ein Wagenfahrer bleibt stehen und ruft uns „Aufzusitzen!" zu. Da zögern wir keinen Moment lang und sitzen gleich auf dem kleinen Holzwagen, der mit Gras gefüllt ist. Die zwei Kilometer in den Ort sind ein wahres Vergnügen. Unser Kutscher, der alle Leute am Wegesrand kennt, muss alle begrüßen, kurz tratschen und seine exotische Fracht erklären.

In einigen Dörfern gibt es kein Trinkwasser, es wird in Fässern oder Kübeln angeliefert. In einer Bar in Dăeni, wo wir eine Erfrischung nehmen, gibt es daher auch nur ein Plumpsklo. Das Wetter ist wieder sommerlich geworden. Wir schlagen unser Zelt hoch oben auf einer Düne auf und hoffen, dass uns morgen die Sonne weckt. Zum Abendessen gibt es Honigbrot. Beatrix ist in der Nacht beunruhigt, irgendetwas raschelt um das Zelt. Ist es ein Pferd, ein Hund, ein kleineres Tier? Oder gar ein Mensch? In der Ferne ist Hundegebell zu hören.

Tatsächlich erwachen wir nach einer wunderschönen Mondscheinnacht im Sonnenschein. Wir sitzen vor dem Zelt und essen wieder Honigbrot. Guter Dinge marschieren wir nach Pecineaga, um dort den noch fehlenden Frühstückskaffee zu trinken. Wir wandern durch eine lange Pappelallee und sind etwas überrascht, dass der Herbst schon seine ersten Boten schickt. Die Blätter der Pappeln färben sich gelb, der Boden ist mit fallendem Laub bedeckt. Auch die

Es gibt sie noch, die artgerechte Tierhaltung

Ein Wiedehopf

Schafherde

Blätter der Kastanien- und Kirschbäume welken schon. Uns wird bewusst, wie lange wir schon unterwegs sind. Haben wir zu Beginn unserer Wanderung die Blätter sprießen sehen, so fallen sie jetzt.

Kaffee gibt es auch nach zwölf Kilometern in Pecineaga nicht, also kaufen wir Joghurt und veredeln es mit Honig. In Traian wird es hoffentlich Kaffee geben. Auf unserem Weg dorthin beobachten wir Vogelschwärme. Wir bemerken schon die Nähe des Deltas, die Vielfalt und die Menge der Vögel ist enorm geworden. Vor uns auf dem staubigen Lehmweg hüpft ein Vogel, etwas kleiner als ein Rebhuhn, mit braunem Kopf, schlankem braunen Hals und schwarz-weiß gestreiftem Körper, wie ein Zebra. Der Schnabel ist mehrere Zentimeter lang, dünn und spitz. Am Kopf hat er ein Schöpfchen. Es gibt ganz bunte Vögel, wie Mini-Papageien. Oder Schwärme von dunkelbraun, hellbraun karierten, von schwarzen und grau-schwarzen Raben, Reiher und Störche, groß und klein tummeln sich in der Luft, in den Bäumen und am Boden.

Nach weiteren neun Kilometern erreichen wir Traian. Es ist zwar schon Nachmittag, aber der Frühstückskaffee ist noch immer ausständig. Wir finden ein Magasin-Mixt mit angeschlossener Bar, da gibt es ihn üblicherweise. „Nix Kaffee, Maschine kaputt!“, sagt der Wirt. Auch zu essen gibt es nichts, also müssen wir weitergehen. Ein Mann fährt mit seinem Pferdewagen vor und fragt, was denn wir für Käuze seien. Wir gehen nach Cerna, erklären wir ihm. Das könne man unmöglich zu Fuß machen, das seien glatte acht Kilometer, meint er und bietet an, uns mit seinem Wagen hinzufahren. Wenn wir ihm dafür Zigaretten kaufen würden, wäre das schön. Wir trinken ein Bier und kaufen eine ganze Schachtel Zigaretten. Dann kann die Fahrt beginnen. Radu, so heißt der nette Kerl, will viel wissen und hat auch viel zu erzählen, was bei unseren Sprachkenntnissen eine

Donaudünen

echte Herausforderung ist. Für Zahlen benutzt er seine Oberschenkel als Schreibtafel: Die staubige Hose kann mit dem Fingernagel beschrieben, mit dem Handrücken wieder gelöscht werden. Er möchte unbedingt, dass wir heute bei ihm zu Hause bleiben, er würde auch eine Gans schlachten. In kleinen Stücken ist die schnell gebraten, meint er. Er hat das Gefühl, dass wir ihm nicht vertrauen, was ihn traurig macht. Es ist ein Problem, ihm klarzumachen, dass wir hier nicht noch einen Tag verbringen wollen. Drei Tage haben wir schon nicht mehr geduscht, wir wollen unbedingt nach Măcin, wo wir eine Unterkunft mit Dusche erwarten.

Wir sind durch das Elend, in dem die Menschen hier leben, allmählich überfordert. Wir leben seit mehreren Wochen mit ihnen in diesen Verhältnissen und das ist bedrückend. Die Hilfsbereitschaft und Gastfreundschaft ist unglaublich, ich wage zu behaupten, größer als bei uns, wo wir voller Misstrauen leben – oder leben müssen? Irgendwie schaffen wir es, Radu davon zu überzeugen, dass wir nicht bei ihm bleiben können und so kommen wir ordentlich verstaubt und durchgerüttelt in Cerna an. In einer Bar nehmen wir noch ein Abschiedsbier, Beatrix bekommt ihren Frühstückskaffee. Radu besteht darauf, dass wir die Telefonnummern austauschen, es könnte ja sein, dass wir doch noch seine Hilfe brauchen. Sein Freund sei Polizist, sagt er, wenn uns etwas zustößt, braucht er den nur anzurufen. Er fährt zurück, wir gehen nach Măcin

Einer von vielen Eselskarren

Markttag in Măcin

weiter. Am Abend meldet sich Radu und fragt, ob bei uns alles klar sei.

In Măcin vermietet ein Barbesitzer Zimmer mit Dusche. Wir sind sehr hungrig und wollen eine ordentliche Mahlzeit zu uns nehmen. Der Barmann gibt uns einen Tipp für ein exquisites Restaurant. Also gehen wir durch den armseligen Ort und finden tatsächlich in einer Seitenstraße ein nett eingerichtetes Restaurant. Wie so oft sind wir die einzigen Gäste. Der Wirt kocht und bedient selbst. Wozu ein Angestellter, wenn ohnehin kein Gast da ist. Leider haben wir wieder Schwierigkeiten mit der Speisekarte. Ich bestelle eine „Ciorba de burta", eine traditionelle Suppe, wie mir der Wirt versichert. Dann bringt er eine Milch-Sahnesuppe mit dicker, in Streifen geschnittener Gänsehaut. Die vom Hals, fett, patzig und irgendwie ekelig. Tagelang haben wir nichts Ordentliches mehr gegessen, also esse ich alles auf. Ein Gemüserisotto und Palatschinken entschädigen dafür wieder. Die Flasche Riesling kommt aus dem Schaukasten und hat 28 Grad Zimmertemperatur. Vermutlich waren wir für den Wirt trotzdem das Geschäft des Jahres.

Wir haben endlich wieder einmal ordentlich ausgeschlafen. Nach dem üblichen Joghurt mit Honig vertrödeln wir den Vormittag. Das Museum ist wegen Umbauarbeiten geschlossen, doch diese scheinen schon lange eingestellt. Besonders in den bewohnten Gebieten gibt es unzählige Hunde. Man trifft sie über-

Kirche in Măcin

all. Vor unserem Wanderstock haben sie alle großen Respekt und machen einen Bogen um uns. Treffen wir auf ein Rudel, wechseln auch wir manchmal die Straßenseite. Manchmal füttern wir den abgemagerten Tierchen unser letztes Brot, besonders wenn sie noch Babys sind.
Wir sind heute bei Donaukilometer 170, in Brăila. Bei Smardan setzen wir mit der Fähre über. An Brăila hatten wir keine großen Erwartungen. Ein Bett, eine Dusche und etwas Warmes zu essen würden uns schon glücklich machen. Wir werden jedoch angenehm überrascht. Die Straßen des Stadtzentrums sind wie ein Amphitheater in Richtung Traian-Platz und Donau ausgerichtet. Brăila hat im Gegensatz zu den meisten rumänischen Städten ein Zentrum. Es wurde in der zweiten Hälfte des 19. Jahrhunderts errichtet, zu jener Zeit war es noch von Exil-Bulgaren bewohnt. Durch den Hafen wurde die Stadt zu einem wichtigen Handelsplatz. Hier gibt es Hotels, Restaurants, Bars und Geschäfte, dazu großteils renovierte Häuser. Der Park ist gepflegt und sauber, eine Art Stadtwache patrouilliert im Zentrum. Eine Spezialität hier sind die Covrigi, Brezeln

Straßen in Braila

aus süßlichem Teig und mit Mohn bestreut. Wir flanieren durch die belebte Fußgängerzone, schwatzen wieder einmal über Zuhause und haben Urlaubsstimmung. Wir beginnen uns langsam einzubremsen. Nur noch 170 Kilometer haben wir bis zum Leuchtturm in Sulina! Wir sind viel schneller als geplant, können also die Tagesetappen reduzieren, soweit die Unterkunftsmöglichkeiten dies zulassen. Also planen wir, heute nur bis Galați zu gehen. Haben wir das kulturelle Leben in Rumänien schon in Frage gestellt, werden wir heute eines Besseren belehrt. Im Stadtzentrum gibt es ein Theater, Museen und Galerien. Im Brăila-Museum sind zwei große Häuser der Kunst und Kultur gewidmet. Das Hauptgebäude beherbergt alte Möbel und Musikinstrumente, die Geschichte der Stadt und eine archäologische Ausstellung. Im anderen Gebäude sind die Privatsammlung von Emilia Dumitrescu sowie eine Galerie zeitgenössischer rumänischer Künstler zu sehen. Besonders die Werke von Mimi Saraga Maxy haben es uns angetan – ihr zuliebe übertreten wir das strenge Fotografierverbot.

Wir sitzen vor einem Hauseingang und essen Joghurt mit Honig. Wir beobachten einen Familienzwist einiger Romafrauen, als hinter uns die Tür aufgeht und ein junger Mann sich dafür entschuldigt, uns zu stören. Er trägt sein Fahrrad über die Stufen und fährt weg. Nach einer Weile kommt er zurück, wir sitzen noch immer da, das Schauspiel auf der Straße ist ja noch nicht zu Ende. Der junge Mann fragt uns in gutem Englisch, woher wir denn kommen und wohin wir gehen. Wir erzählen kurz unsere Geschichte, die ihn so begeistert, dass er uns auf ein

Frische Covrigi

Die Fähre nach Galați

Schwätzchen bei Kaffee einladen möchte. Weil uns das zeitlich nicht so gut passt, schlägt er vor, uns die heutige Etappe zu begleiten. So bekommen wir nach langer Zeit wieder einen Pilgergast. Mit der Fähre setzen wir über die Donau und wandern bei 35 Grad nach Galați. Marian nimmt sein Fahrrad mit, damit er am Abend zurückfahren kann. Er ist Rechtsanwalt und möchte, so wie viele gebildete Rumänen, in den Westen. Sie erwarten bei uns ein schöneres Leben, mit viel Geld und Luxus, so wie sie es im Fernsehen täglich sehen. Auf halber Wegstrecke machen wir unter einem Baum Rast und essen die Wassermelone, die Marian mitgebracht hat. Er erzählt uns viel von Rumänien, vom Leben in dieser Gegend, von Schafbauern und von Sinti und Roma. Sie werden, sagt er, überall verachtet und völlig an den Rand der Gesellschaft gedrängt, sodass sie keine Chance haben, aus ihrer Lage herauszukommen.

In Brătianu verabschieden wir uns, Marian radelt zurück nach Brăila und wir setzen mit der Fähre nach Galați über. Inzwischen sind wir bei Donaukilometer 151 angelangt, ab hier wird nicht mehr in Kilometern, sondern in Nautischen Seemeilen (SM) gerechnet. Wir haben also noch 80 Meilen (1 SM = 1 852 Meter).

Galați hat knapp 300 000 Einwohnern, hier gibt es einen riesigen Industriehafen, die größte Eisenhütte und die größte Schiffswerft des Landes. Ununterbrochen legen Schiffe mit Eisenerz, Kohle und anderen Materialien an. Galați hat kein erkennbares Stadtzentrum. Am Donaukai allerdings ist richtig was los: Restaurants an Land und auf dem Wasser, Musik aus allen Richtungen, kleine Verkaufsbuden mit Eis, Luftballons, Popkorn, sogar ein Feuerwerk wird spätabends abgeschossen. Wir haben den Eindruck, dass heute in Rumänien der allgemeine Tag des Heiratens ist. Eine Hochzeitsgesellschaft nach der anderen fährt mit lautem Hup-

Kunst an der Donaupromenade in Galați

Entlang der Donaupromenade

Eine Ziegenherde

konzert durch die Straßen. In allen Hotels und Restaurants werden Hochzeitsfeiern abgehalten. Wir werden in drei Wochen auch unseren Hochzeitstag feiern, allerdings wohl ohne Hupkonzert.

In der Nacht träume ich vom Heimkehren. Die Familie, alle Freunde sind da und empfangen uns euphorisch. Es war schön, wieder zu Hause zu sein, auch wenn es nur im Traum war.

In einem Hotel zu übernachten, bedeutet, dass wir Frühstück im Haus bekommen. Der Kaffee kommt von einem Automaten, wir haben fünf verschiedene Sorten zur Auswahl, sooft wir wollen. Also trinken wir Cappuccino auf Vorrat. Zur Fähre gehen wir durch den botanischen Garten und bewundern die vielen modernen Skulpturen entlang des Weges. Es ist Sonntagmorgen, viele Radfahrer nützen die kühleren Morgenstunden zu einer Ausfahrt. Bei der Fähre herrscht bereits reges Treiben. Viele Badegäste fahren ohne Auto an das gegenüberliegende Ufer, wo die Badestrände schöner sind. Auch viele Fischer rücken mit der gesamten Ausrüstung aus. Marian, der selbst fischt, hat uns gestern erzählt, dass es hier genauso funktioniert wie bei uns. Mann sitzt den ganzen Tag am Wasser und muss viel Glück haben, um mit etwas Essbarem zur Frau nach Hause zu kommen.

Bei gut 30 Grad und einem sanften Lüftchen ist gut wandern, es geht flott dahin. Kurz vor Garvan stoppt ein uralter Dacia, der Fahrer fährt nach Tulcea und will uns mitnehmen. Hinten auf der Pritsche liegt ein totes Schwein. Eigentlich wollen wir nicht mit, aber um ihn nicht zu enttäuschen, fahren wir bis in den nächsten Ort. Alle Fenster sind offen, die lassen sich auch nicht mehr schließen, sagt der Fahrer. In der Kurve stellt sich die tote Sau auf, als wolle sie wiederauferstehen. Er habe sie gerade geschlachtet, in Tulcea werde sie nun zerlegt und essbar gemacht. Wir steigen an der Kreuzung aus, in einer Staubwolke fährt er weiter, das Schwein

Obstverkaufsstand

winkt mit den Ohren. Mahlzeit! Wir machen Mittagspause an einem Brunnen. Wohin man schaut, überall Müll. In den Dörfern gibt es immer mehrere öffentliche Brunnen. Man lässt einen Blechkübel in die Tiefe und kurbelt ihn wieder nach oben. Uns gegenüber stehen die Frauen des Ortes am Straßenrand aufgefädelt und verkaufen ihr Gemüse: Wasser-, Zucker- und Honigmelonen, Paprika, Peperoni, Tomaten und Auberginen. Wir essen Honigbrot. Auch auf dem Weg hierher haben wir überall kleine Verkaufsschemel vor den Häusern gesehen, auf denen die Leute anbieten, was sie heute im Garten geerntet haben. Am frühen Nachmittag kommen wir in Luncavita an. In einer Kneipe bekommen wir Fischsuppe, die Gräten kriegt das Kätzchen. Der gute Riesling wird hier im Ort gekeltert. Das Leben wird wieder feudal, wir entdecken im Ort eine Patisserie, in der wir eine große Auswahl wohlschmeckender Süßspeisen finden.

Noch einmal richten wir alle unsere Sinne auf die Natur und ihre Lebewesen. Wir gehen durch eine Sumpflandschaft, das Delta ist schon sehr nahe. Wir beobachten Vogelschwärme, Schmetterlinge, Schlangen, Heuschrecken und Kröten. Endlos scheinen die Schilffelder. Hier gibt es immer wieder kleine Seen. Männer schneiden Schilf, eine harte Arbeit, die wegen der Hitze nur am Vormittag gemacht werden kann. Zu Mittag fahren sie mit dem Pferdewagen heim, vollgeladen mit Schilfstangen, sie selbst von oben bis unten voll festgetrocknetem Schlamm.
Das Donaudelta wird von altgläubigen orthodoxen Christen, sogenannten Lipowanern bewohnt. Das sind Russen, die vor 200 Jahren in das Do-

Schilfernte

naudelta geflüchtet sind, um hier ihren Glauben zu praktizieren. Sie haben auch ihre Architektur mitgebracht, mit Türmchen und Gaupen auf den Häusern, zuweilen auch mit schilfgedeckten Dächern. Manche Bauern haben keine festen Ställe, sondern einfache Holzpferche für die Tiere. In einem Pferch stehen fünf Schweine, im nächsten zwanzig Ziegen oder ein Pferd.

Hinter dem Schilfgürtel ist die Donau, die hier die Grenze zur Ukraine bildet. Wenn wir auf einer Anhöhe sind, sehen wir das gegenüberliegende Ufer. Leider müssen wir in die gleiche Richtung wie die vielen LKWs, die Gestein vom Bergwerk abtransportieren. Wir suchen Wege abseits der Straße, um den fürchterlichen Staubwolken auszuweichen, die sie auf den schlechten Straßen aufwirbeln. In Isaccea finden wir Internetzugang, der aber nur auf den Stufen des Gemeindehauses funktioniert. Es ist Mittag und genau da brennt die Sonne erbarmungslos nieder. Bei 35 Grad, auf einem 70 Grad heißen Stein sitzt Beatrix tapfer auf den Stufen und aktualisiert unser Blog. Ich bewache derweilen im Schatten die Rucksäcke und schlafe auf der Stelle ein.

Wir suchen heute Zuflucht im Kloster Cocoş, wo wir eine spirituelle Nacht verbringen wollen.

Die Klosterkirche von Cocoş

Kloster Cocoş

Es wurde 1833 gebaut und beherbergt die sterblichen Überreste der vier ältesten christlichen Märtyrer Europas: Zotikos, Attalos, Kamasis und Phillipos. Wir bekommen zum Abendessen köstliche Krautsuppe. Zur abendlichen Zeremonie wird wieder mit einem Holzklöppel aufgerufen. Ich mache die vollen zwei Stunden der Abendandacht mit. Wieder bete ich das „domini este, domini este, domini cste“ mit und mache zahllose Bekreuzigungen. Ich verstehe zwar kein Wort, aber die Stimmung in der Kirche versetzt mich in einen friedlichen Zustand. Diesmal haben wir eine kleine Mönchskammer für uns alleine.

Der tägliche Ablauf der Mönche beginnt um sechs Uhr. Im Bett hören wir die Glocke läuten. Die Morgenandacht wird per Mikrofon im ganzen Areal übertragen. Der lamentierende Sprechgesang „domini este, domini este, domini este“ wird uns lange im Ohr bleiben. Zum Frühstück gibt es lauwarme Milch aus dem blauen Topf, in dem gestern noch Krautsuppe war. Dazu weiße, gesalzene Speckwürfel und hartes Brot. Nach der obligatorischen Spende für die Gastfreundschaft öffnet sich die Pforte, wir

Eichenwald bei Niculițel

Grab der vier Märtyrer

sind wieder in Freiheit und auf dem Weg. In Niculițel gönnen wir uns Frühstückskaffee und unser tägliches Honigbrot. Starke Regenfälle haben hier im Jahr 1971 eine Basilika aus dem 4. Jahrhundert n. Chr. samt einer Gruft freigespült, darin lagen die unversehrten sterblichen Überreste der vier Märtyrer, die jetzt in Cocoș aufbewahrt werden. Nahe Niculițel gibt es Weingärten, angeblich gibt es hier hervorragende Weißweine.

Heute beginnt einer unserer letzten Wandertage. Der Weg Richtung Schwarzes Meer führt uns über eine stark befahrene Hauptstraße. Wie gestern machen uns vor allem die mit staubiger Fracht beladenen Bergwerks-LKWs das Wanderleben schwer. Manche Fahrer erkennen uns wieder, sie hupen und winken uns grüßend zu. Auf den Feldern stehen nur noch Sonnenblumen und Mais, die demnächst geerntet werden, die Wiesen und Felder sind staubtrocken und verbrannt. Eichenwälder, die an Landschaften in Spanien oder Portugal erinnern, spenden uns streckenweise Schatten. In Somova suchen wir eines von den versprochenen Hotels, aber leider gibt es hier keines. Entweder haben sie nur am Wochenende geöffnet oder es meldet sich gleich niemand am Telefon. Was tun? Wir wollen den Bus zurück nach Isaccea nehmen, dort gibt es eine Pension. Am nächsten Tag könnten wir mit dem Bus wieder zurückkommen und die Wanderung fortsetzen. In der prallen Sonne warten wir auf den Bus, eine viertel Stunde, eine halbe, eine ganze, eineinhalb Stunden… Dann reicht es uns. Kurzentschlossen steigen wir in den Bus Richtung Tulcea ein. In Tulcea häufen sich die freudigen Ereignisse. Wir sind am Anfang des Deltas angekommen. Wir finden ein Hotel mit traumhafter Aussicht auf die Donau und das Hafenleben. Wir haben den 40 000sten Blogzugriff. Das alles sind genug Gründe, einmal richtig zu feiern. Was sollen wir sagen? Beim Nachhausekommen finden wir jedenfalls unser Hotelzimmer nicht beim ersten Anlauf…

Laubengang des Klosters

Feierstimmung in Tulcea

Die Bucht von Tulce

Unser Hotel hat westlichen Standard, auch was den Preis betrifft. Aber was soll's, wir haben es uns verdient. Der Ausblick ist der glatte Wahnsinn. Vor uns liegt die Esplanade. Wir beobachten das Treiben zu Wasser und auf dem Land. Von Zeit zu Zeit kommt ein Ozeanfrachter aus dem Kanal. Der riesige Stahlkoloss wälzt sich dann um die Kurve bei Tulcea und verschwindet entweder im Hafen oder in Richtung Galați. Weiter kann er die Donau nicht hinauffahren. Eine Unmenge von Menschen läuft geschäftig am Ufer auf und ab. In einer Bar, die ihre Bänke in der Sonne aufgestellt hat, herrscht Hochbetrieb. Viele sind Touristen, die einen Koffer nachziehen, andere sind Fischer, die mit viel Gepäck in das Donaudelta zum Angeln kommen. Laufend kommen Schnell- und Fährboote aus den Kanälen. Eine Traube von Menschen wird ausgetauscht: Die einen steigen vom Boot und verteilen sich über den Platz, die wartende Menge geht an Bord. Kurz darauf ist das Schiff wieder weg. Viele Fischer haben sich an der Böschung so bequem wie möglich eingerichtet, um zwischen den Booten den Fischen aufzulauern. Tatsächlich sieht man ab und zu, wie einer von ihnen freudig seinen Fang mit dem Kescher heraushebt.

Wir wollen uns in dieses Treiben begeben und einfach mitziehen lassen. Aber erst nach einem ausgedehnten, guten Frühstück. Wir benehmen uns wie auf Flitterwochen. Mit einem befreiten Lächeln, leicht und beschwingt genießen wir das Wissen, nicht mehr gehen zu müssen. Die letzten Meilen zum Kilometer Null der Donau werden wir mit dem Schiff zurücklegen.
Wir schwimmen mit den Menschen an der Strandpromenade mit. Wie ein verliebtes junges Pärchen, das Eis schleckt, Ansichtskarten schaut, Boote bestaunt, die Fischer beobachtet, in Geschäfte linst. Wir haben

Ein Ozeanriese auf der Donau

NAVROM DELTA

YIGIT BEY 1

Der Sitz des Hafenkapitäns in Tulcea

keinen Rucksack am Rücken, keine verschwitzten, stinkenden Klamotten an. Es ist schön, wieder zivilisiert zu sein. Nach einem Museumsbesuch machen wir ein Mittagsschläfchen. Heute nicht irgendwo im schattigen Gras, nein im Zimmer mit Aircondition.

Tulcea ist das Tor zum Donaudelta. Die Donau teilt sich hier in drei Hauptarme. Der St.-Georgs-Arm fließt mit vielen Windungen dem Meer zu, der Sulina-Arm ist mit 70 Kiometern die kürzeste Verbindung und als Kanal für die Großschifffahrt ausgebaut. Der Chilia-Arm ist mit 100 Kilometern der längste und bildet die Grenze zur Ukraine. Diese drei Arme sind durch unzählige Nebenflüsse, Kanäle und Seen verbunden. Wir werden den mittleren, den Sulina-Arm mit dem Boot befahren. Es ist nicht möglich, hier zu gehen, weil viele große und kleine Wasserstraßen die Landverbindung unterbrechen.

Ausgeschlafen besuchen wir das Donaudelta-Museum über die Entwicklung des Deltas. Außerdem gibt es Aquarien mit Donaufischen wie Hausen, Sternhausen, Stör (Waxdick), Sterlet, Aal, Karpfen, Brachsen und viele mehr. Wie man eine gute Fischsuppe zubereitet, wissen wir jetzt auch:

Es braucht viele verschiedene Fischarten, ein wenig Gemüse, einen Schuss Essig – das alles wird mit Donauwasser in einem großen Kessel über offenem Feuer gekocht. Im Museum für Völkerkunde und Volkskunst bekommen wir sogar eine Führung auf Deutsch. Die Dobrudscha, eine Region, die sich auch über das Donaudelta erstreckt, wurde schon von vielen verschiedenen Ethnien besiedelt: Rumänen, Bulgaren, Türken, Lipowaner, Griechen, rumänisch-mazedonische Nomaden, Ukrainer, Tataren und Ungarn. Wir erkundigen uns in der Hafenkapitanerie nach der Möglichkeit, mit einem „Schwarzen" (einem Frachtschiff) flussaufwärts zurück zu fahren. Das funktioniere leider nicht, meint der Hafenkapitän. Wir können es in Constanta oder Cernavodă versuchen, rät er uns. Also gehen wir zum Busbahnhof. Ein Bus nach Constanta ist kein Problem, der fährt ab fünf Uhr früh stündlich. Jetzt aber müssen wir zuerst zum Nullpunkt der Donau in Sulina. Bis dahin fällt uns sicher eine Lösung ein. Oder sollen wir den Winter am Schwarzen Meer verbringen und im Frühling die Donau von der Mündung bis zur Quelle zurückwandern?

Noroc!

Nach dem Hotelfrühstück suchen wir unser Fährschiff nach Sulina. Das ist gar nicht so einfach, es gibt zwar Hinweisschilder, aber die helfen nicht wirklich, weil sie nur Abfahrtszeiten anzeigen. Welches der Schiffe fährt in welchen Kanal? Welches Schiff ist das Expressschiff? Wo bekommt man Tickets, im Schiff oder in einem Ticketoffice? Wenn du drei Personen fragst, wirst du in drei Richtungen geschickt. Zuerst ins Ticketoffice. Die schicken uns zurück zum Kai, für das Expressboot werden die Tickets im Schiff gekauft. Am Kai werden wir zu allen möglichen Booten geschickt, bis uns eine junge Frau hilft. Sie bringt uns direkt auf die Sfinta Maria, ein Tragflügelboot, das sich schnell bis zum letzten Platz füllt. Erst nach

Tragflügelboot Sfinta Maria

dem Ablegen wird der Fahrpreis eingehoben. Nun bricht der letzte Abschnitt unserer Reise an. Am Kanalufer können wir die Meilenangaben herunterzählen. 38 Seemeilen sind es bis Sulina. Wortlos sitzen wir am

Fenster. Nach jeder Meile zieht ein Schild an uns vorbei und zählt den Countdown herunter. 8,7,6,5... Unsere Gefühle werden mit jeder Meile intensiver. Ein Auf und Ab zwischen Freude, Glück und Traurigkeit.

Am Ufer stehen viele Pferde. Man sagt, es seien Wildpferde. Vögel gibt es, wohin man schaut, und wir begegnen allerlei Schiffen. Meistens Fischerbooten, aber auch Ausflugsbooten, die zahlende Touristen den ganzen Tag lang durch die vielen Wasserwege des Deltas fahren. Hausboote fahren mit Anglern, die tagelang am Schiff wohnen, durch das Delta. Das gesamte Delta ist Naturschutzgebiet und darf nur mit einer entsprechenden Lizenz befahren werden. Einige Abschnitte, vor allem jene, wo die Pelikane

leben, sind gesperrt und für niemanden zugänglich.

Zwischen Meile Eins und Null legt das Schiff in Sulina an. Die letzte halbe Meile zum Nullpunkt wollen wir feierlich und langsam zu Fuß gehen. An einem kleinen Markt in einer Bar machen wir Halt. Man trinkt Wodka und Cognac aus großen Gläsern. Wir genehmigen uns auch ein großes Glas Cognac. Das Gefühl ist nicht zu beschreiben. Wir stehen kurz vor dem Ziel, wir sind den gesamten Lauf der Donau zu Fuß gewandert. Und was jetzt? Ist

Ausgiebig feiern wir unsere Ankunft in Sulina

es tatsächlich so einfach und schnell zu Ende? Wir müssen das, was wir alles erlebt haben, erst wirklich verstehen, in uns ruhen lassen und verarbeiten. Wir haben uns vorgenommen, dass wir von den Menschen, von denen wir so viel Herzlichkeit erfahren haben, lernen wollen. Wenn wir wieder zu Hause sind, wollen auch wir die Augen öffnen und sehen, wer uns braucht. Und dann wollen wir da sein – einfach als Menschen zur Verfügung stehen.

Wir gehen weiter, und kaufen einem Künstler in einer kleinen Galerie Fotokarten vom alten Leuchtturm ab. Wir setzen uns in ein Restaurant und schreiben bei Fischsuppe und Wein Karten an unser Lieben in der Heimat – mit dem Wissen, dass wir selbst bald wieder zu Hause sein werden. Familie und Freunde warten schon auf uns, und auch wir freuen uns, sie alle wiederzusehen. Aber werden uns die Einsamkeit und die Zweisamkeit fehlen? Wie lange wird es dauern, bis wir den Rucksack wieder packen und fortgehen?

Um unsere Ankunft am Nullpunkt noch hinauszuzögern, kehren wir auch im nächsten Restaurant ein und bestellen Apfelstrudel, Kaffee und Cognac. Auch die Post liegt am Weg, also geben wir die Karten auf und sitzen gleich darauf wieder in einer Bar, bei Gin Tonic und mit Blick auf das Wasser. Unsere geliebte Donau. Wir schätzen uns glücklich, dass wir auch zu Hause an der Donau leben. Von unserem Balkon können wir sie sehen und die Schiffe beobachten. Die

Der alte Leuchtturm von Sulina

Donau bietet eine derartige Vielfalt an Bildern, Gerüchen und Gefühlen. Entlang des gesamten Weges konnten wir die Kraft dieses Stromes spüren, an dem sich seit Urzeiten Menschen angesiedelt haben. Was wir an Geschichte, Kultur und Biologie gelernt haben, hat unser Leben für immer bereichert.

Es gibt nun keine Möglichkeit mehr, den Weg zum alten Leuchtturm zu verzögern, wir stehen vor dem Eingang. „Wir gehen bis zum Leuchtturm in Sulina", haben wir vor Antritt unserer Reise immer gesagt. Jetzt gehen wir die Stufen hinauf und schauen in die Gegend. Auf den Ort Sulina, über das Delta und in Richtung Schwarzes Meer. Wir nehmen uns fest in die Arme. Wie hat doch diese Zeit unsere Beziehung wachsen lassen. Wir haben über so vieles gesprochen, anders als sonst: mit genügend Zeit, nebeneinander gehend, oftmals von langem Schweigen unterbrochen, dann wieder intensiv diskutierend. Und wir haben unsere Sinne geschärft. Was ist gut, was gefällt uns nicht. Und was tun wir, damit wir wieder spüren, wie nahe wir uns sind. Ich habe gelernt, Dinge auszusprechen, für die mir

Uferpromenade von Sulina

vorher die Worte gefehlt haben. Mit Tränen in den Augen sage ich zu Beatrix: „Ich liebe dich – noch mehr, als ich dich bei der Quelle der Donau geliebt habe!“

Vor dem Leuchtturm spricht uns ein junger Mann an. Er heißt Marian, hat in seinem Haus ein Zimmer zu vermieten, und eine Mutter, die gut kochen kann. So beziehen wir bei einer echten Lipowaner Familie, wo die Großmutter noch ausschließlich Russisch spricht, Quartier. Das gesamte Haus und seine Einrichtung könnten aus dem Volkskundemuseum sein. Marian arbeitet bei der Armee und kennt den Offizier des neuen Leuchtturms am Ende der Donau. Das dieses ist inzwischen fünf Meilen von Sulina entfernt, weil der Fluss jedes Jahr 40 Meter Land anschwemmt. Ein kurzes Telefonat, zwei Liter Bier als „Spaga“, als kleine Zuwendung, und wir haben die Genehmigung, den Leuchtturm zu besichtigen. Marian ruft einen Freund mit Boot an, und schon sitzen wir in einer Zille und fahren

Am neuen Leuchtturm

Der neue Leuchtturm von Sulina

Das Ende der Donau
und das Schwarze Meer

ins Schwarze Meer. Der Offizier ermahnt uns noch, keine Fotos im Turm zu machen, weil das militärische Einrichtungen seien. Wir müssen die endlose Wendeltreppe nach oben gehen, der Lift funktioniert schon seit Jahren nicht mehr. Der Ausblick von oben ist überwältigend. Wir sehen, wie sich die Donau mit dem Schwarzen Meer vereinigt.

Kurz vor Sonnenuntergang besuchen wir noch den Friedhof von Sulina. Marian kennt viele Details und zeigt uns besondere Gräber. Hier kann man die multikulturelle Vergangenheit von Sulina auf den Grabsteinen nachlesen. Es gibt wunderschöne Grabsteine für Seefahrer, Piraten, Prinzessinnen und auch für ein jugendliches Liebespaar, das wegen verbotener Ehe den Freitod wählte: Romeo und Julia im echten Leben.

Zwei Pilger am Ende ihrer Reise

Stimmungsvoller
Sonnenuntergang in Sulina

Ein abruptes ENDE

17. Donaudelta

Donaudelta – Heimreise

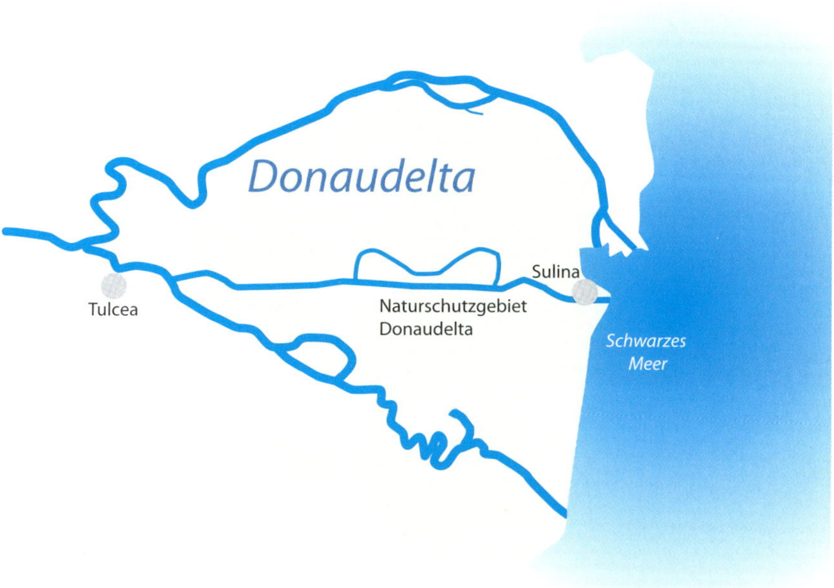

Ein abruptes ENDE

Leider mussten wir unsere Reise schneller beenden, als uns lieb war. Florian und ich waren zu einer Abschlussparty mit Besichtigungstour im Donaudelta eingeladen. Das Fischrestaurant mitten im Delta konnte nur

über Wasserwege erreicht werden. Dabei wurden die Boote, wie es in Rumänien auch auf den Straßen üblich ist, mit maximaler Geschwindigkeit über das Wasser gejagt. Unser Kapitän ließ keine Möglichkeit aus, um mit dem Boot Sprünge zu machen. Als ich gerade achtern Fotos machte, kam uns ein Ozeandampfer entgegen. Deshalb hatte ich keine Hand frei, um mich festzuhalten, als das Boot über die riesige Bugwelle des Frachtschiffs flog. Mit einem Schlag wurde ich in die Luft katapultiert, mit einem weiteren landete ich wieder auf dem Boot.

Dabei habe ich mich am Rücken verletzt. Die Schmerzen waren unerträglich, Tabletten halfen nur vorübergehend. Auch am nächsten Morgen waren die Schmerzen nur mit starken Schmerzmitteln zu unterdrücken. Ich wollte deshalb die Heimreise so schnell wie möglich antreten und mich zu Hause in einem Krankenhaus untersuchen lassen. Wir nahmen einen Bus, der uns in sechs Stunden nach Bukarest brachte. Von dort fuhren wir mit einem Nachtzug nach Linz.

Unsere Reise, und alle damit einhergehenden Freuden waren mit einem Schlag zu Ende.

Mit dem Schlauchboot fahren wir ins Donaudelta

Die Diagnose im Krankenhaus lautete Wirbelbruch, eine Operation war notwendig. Ich musste es erst einmal verkraften, von 100 auf 0, von der großen Freiheit in das Korsett einer Unbeweglichen gepresst zu werden. Ängste und Sorgen waren während der Zeit der Genesung meine Begleiter. Dank moderner Operationsmethoden und einem Titanimplantat bin ich mittlerweile wieder geheilt und beweglich. Ich freue mich schon auf weitere Unternehmungen, Wanderungen und besonders darauf, mit der Imkerei beginnen zu können.

In 122 Tagen waren wir insgesamt mehr als 3 000 Kilometer ununterbrochen zu Fuß auf Straßen, Wanderwegen, Pfaden, Feldern und Wiesen unterwegs. Unser eigener Takt bestimmte unser Leben. Wir wanderten im Frühling los, am Ende hielt der Herbst Einzug. Insgesamt hatten wir mit dem Wetter unglaubliches Glück und mussten das Regencape nur vier Mal aus dem Rucksack holen. Ewig in Erinnerung bleiben werden uns die zweisamen Tage in der Natur, wo wir die Freiheit und Unabhängigkeit über alles genossen haben. Ebenfalls ewig behalten werden wir die Erinnerungen an die vielen wertvollen Begegnungen mit unterschiedlichsten Menschen, mit denen wir so manche bleibende Freundschaft geschlossen haben. Wir haben Gastfreundschaft erfahren, die uns noch immer tief berührt. Weniger erfreulich war es zu beobachten, wie ungleich die Güter verteilt sind. Die unbeschreibliche Armut und Aussichtslosigkeit im letzten Abschnitt unseres Weges haben uns belastet. Auch die industrialisierte Landwirtschaft und Lebensmittelerzeugung, die riesigen Monokulturen und Massentierproduktionen waren für uns abstoßend.

Die Geschwindigkeit, mit der wir uns von Ort zu Ort bewegt haben, hat es uns ermöglicht, den Blick länger auf Landschaften und Situationen ruhen zu lassen. Nur durch die Langsamkeit des Gehens waren intensive Begegnungen mit Menschen und Tieren möglich.

Unsere Wanderung war auch eine Zeitreise in vergangene Jahrhunderte – ins Mittelalter, zu den Römern und sogar in die Steinzeit. Beobachtungen, Speisen, Geschmäcker und Geräusche haben Erinnerungen an unsere Kindheit hervorgerufen.

Viele haben täglich unser Blog gelesen und uns so auf unserem Weg begleitet. Wir konnten die Sehnsucht spüren, die viele Menschen nach einem Leben in Freiheit, in der Natur, in Bewegung haben. Wir sind zur Überzeugung gekommen, dass sich jeder seine Sehnsüchte zumindest teilweise erfüllen kann.

Also, auf worauf noch warten?

Impressionen aus dem Donaudelta

Deutschland
Regensburg
Ulm
Donau Ursprung
Passau
Furtwangen
Wien
Bratislav
Donaueschingen
München
Linz
Österreich
Donau
Zagreb
Kroatien
Adriatisches
Meer